新闻与传播学丛书

新媒体论纲

王长潇 主编

中山大学出版社
·广州·

图书在版编目（CIP）数据

新媒体论纲/王长潇主编．—广州：中山大学出版社，2009.6
（新闻与传播学丛书）
ISBN 978-7-306-03309-3

Ⅰ．新…　Ⅱ．王…　Ⅲ．传播媒介—研究　Ⅳ．G206.2

中国版本图书馆CIP数据核字（2009）第050264号

出 版 人：叶侨健
策划编辑：邹岚萍
责任编辑：邹岚萍
封面设计：冒　君
责任校对：陈　霞
责任技编：黄少伟
出版发行：中山大学出版社
电　　话：编辑部（020）84111996，84113349
　　　　　发行部（020）84111998，84111981，84111160
地　　址：广州市新港西路135号
邮　　编：510275　　传真：（020）84036565
网　　址：http：//www.zsup.com.cn　E-mail：zdcbs@mail.sysu.edu.cn
印 刷 者：江门市新教彩印有限公司印刷
规　　格：787mm×1092mm　1/16　　15.25印张　　306千字
版次印次：2009年6月第1版　2009年6月第1次印刷
印　　数：1-3000册　　　　定　价：32.00元

内 容 提 要

本书从媒介学、大众传播学等视角，通过对各种新媒体的界定归类和案例分析，探讨其内在本体特征以及与传统媒体之间的比较特征，旨在让读者对各种新媒体的传播特点、传播过程、传播效果和传播功能，及其对传统媒体的影响有一个全面系统的了解。在此基础上，进一步揭示并总结新媒体的传播规律、发展趋势、面临挑战及其日益强大的社会影响。

本书内容包括四编，共计 18 章，第一编以新闻网站、门户网站、IPTV 为例，论述了以网络为传播渠道的新媒体；第二编全面系统地论述了能随身携带的手机新媒体；第三编以车载移动电视、楼宇电视为例，论述了户外新媒体及户外分众影像传播的发展与社会影响；第四编基于网络科技 Web 2.0 的指向与应用，以博客、播客、RSS、即时通讯、维客、搜索引擎、SNS、社会书签、虚拟社区为例，全面论述了从网络媒体衍生发展而来的各种新媒体。

目录

第一编　网络新媒体

第二编　手机新媒体

第三编　户外新媒体

第四编　衍生新媒体

第一编　网络新媒体

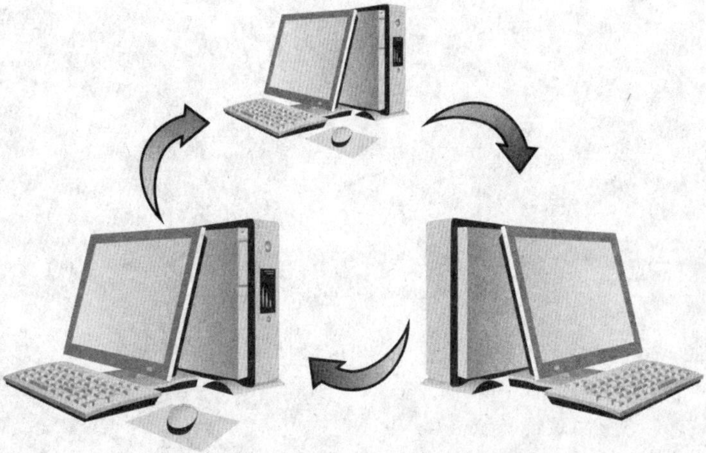

第一章　新闻网站

20世纪90年代以来，互联网以超乎寻常的速度由信息传播工具演变为一种媒体形态。在演变过程中，互联网吸取了传统媒体的一切优点并用新的手段和功能挑战传统媒体，压缩传统媒体的生存空间，其强大的社会影响力促使报刊、广播、电视等传统媒体发挥自己的特长，寻找适合的出路。其中最突出的表现就是传统媒体与互联网融合发展，纷纷上网建站，以新的传播形态扩大自己的影响力，在更大的范围内争夺受众和市场。从此，新闻网站成为了新闻传播领域中一道独特的风景。

第一节　新闻网站的界定及发展概况

一、新闻网站的界定

根据由国务院办公室和信息产业部联合颁布的《互联网站从事登载新闻业务管理暂行规定》所作的解释：新闻网站即“中央新闻单位、中央国家机关各部门单位以及省、自治区、直辖市和省、自治区人民政府所在地的市直属新闻单位依法建立的互联网站”①。目前，国内新闻网站分三级布局，即中央级的国家重点综合性新闻网站如人民网、新华网、央视国际等；省级地方新闻网站如东方网、红网、南方网、浙江在线等；依托传统媒体建设的大型新闻网站如大洋网、山西新闻网、广西新闻网等。本书涉及和讨论的新闻网站指的是由传统主流媒体承办，通过提供高质量的新闻信息服务，能够对受众和舆论产生重大影响，并能通过独立运作取得较大社会效益的综合性新闻网站，如人民网、新华网、央视国际、中国广播网、国际在线等主流媒体新闻网站。

二、中国新闻网站的发展概况

1994年，中国正式全面接入互联网，这一事件被列入当年国家十大科技新闻之一。

---

① 邓忻忻、李兴国：《网络传播与新闻媒体》，北京广播学院出版社2001年版，第487页。

从这一年起，中国进入了网络时代，中国网络新媒体的发展也从此揭开序幕。1995 年，我国第一份中文互联网杂志《神州学人》和第一份上网日报《中国贸易报》进入互联网发行，正式揭开国内传统媒体上网建站的序幕。纵观中国新闻网站的发展道路，可以将其分为以下几个阶段：

第一阶段为萌芽期。1995 年上半年至 1997 年初，是中国新闻网站发展的尝试阶段。这一阶段，少数传统媒体开始触网，但真正定时更新发布新闻的寥寥无几，且量小质差。这期间，政府有关部门关于互联网的政策尚未出台，资本市场对网络新媒体的反应也比较麻木。我国第一份在因特网上创办的电子报刊，是 1995 年 1 月 12 日由国家教委投资的《神州学人》。同年 12 月 20 日，《中国贸易报》正式发行电子版，成为中国第一家在互联网上发行的电子日报。随后，《华声报》、《中国日报》、《人民日报》、新华社、中央电视台、中国国际广播电台等传统媒体也相继上网。这是我国新闻网站发展的初始阶段，在这一阶段，国内的上网用户数量不多，上网速度慢，网站内容更新频率低，传统媒体基本上是将自己的内容移植到互联网上，新闻网站仅仅是传统媒体的电子版。像报纸，除了版面的设计无法沿袭印刷报纸版面外，其内容基本上与母报没有区别。这种网络报纸所起的作用主要是扩大传统媒体的读者范围，提高其知名度与国际影响力，但远远没有发挥出网络传播的优势。

第二阶段为快速成长期。1997 年 1 月 1 日《人民日报》推出网络版，成为中国主流新闻媒体上网建站的标志性事件，也是中国新闻网站发展的一个里程碑。自 1997 年下半年起，网络新闻传播业呈现加速发展的态势，到 1999 年的两年时间内，中国新闻媒体的上网数量急剧增长，报刊、广播、电视、通讯社等各种新闻媒体已经在互联网上全面“开花”。这时，互联网在中国的普及程度日渐提高，1998 年底，网络用户为 210 万人。这一阶段的新闻网站开始走出传统媒体电子版的模式，逐步在报道题材、报道手段、表现方式等方面开始展示出网络自身的优势。与此同时，网上新闻传播在读者中的影响大大提高。通过对海湾战争、中国驻南使馆被炸、中美达成“入世”协议等重大新闻的报道，逐步显示其在时效性、信息量、覆盖面、交互性上的无比优势。《人民日报》网络版在网站开通初期，其访问人数为每天 5000 人次，到 1998 年底已经达到每天 50 万人次。1999 年 5 月北约轰炸我驻南使馆的事件发生后，最高日访问量达到 124 万人次。这意味着《人民日报》网络版创办两年半，其访问量增长了 200 倍。其他新闻网站如新华网、光明网、央视国际等也显示出超常规发展和增长态势。

第三阶段为调整期。新闻网站从 2000 年 4 月至 2003 年年底开始的调整，其直接原因是美国股票市场纳斯达克斯指数的变化，整个网络经济出现泡沫，风险资本的调整在一定程度上加大了中国现有网站市场上的分化。这种分化和调整在一定程度上缓解了商业网站对新闻网站的压力。与此同时，2000 年 11 月 7 日，国务院新闻办公室和信息产业部联合发布了《互联网站从事登载新闻业务管理暂行规定》，11 月 8 日信息产业部发布了《互联网电子服务管理规定》，这两个规定的出台，对规范互联网登载新闻的业务，维护互联网的真实性、准确性、合法性以及保护新闻单位的合法权益，规范电子公告行为，保护知识产权，等等，都起到了关键的作用，其中最大的受益者当数新闻网站。在这种情况下，《人民日报》网络版新版成功推出，并酝酿成立人民网。新华社网站果断改版为新华网，中央电视台网站则从体制到投资都有较大动作，一直沉寂的中央人民广播电台网站也隆重登场，中国新闻网站的新格局正悄然形成。

第四个阶段为深入发展期。这一阶段是伴随着 Web 2.0 时代的到来进行的。2004 年 3 月，欧雷利媒体公司（O'Reilly Media Inc.）负责在线出版及研究的副总裁戴尔·多尔蒂（Dale Dougherty）在公司的一次会议上随口将互联网上最近出现的一些新动向用 Web 2.0 一词来定义。[①] Web 2.0 的本质特征是参与、展示和信息互动，它的出现弥补了 Web 1.0 参与、沟通、交流的匮乏与不足，其典型应用包括了博客、播客、维基百科、RSS、SNS、API、社会书签等等。这时的新闻网站也不甘心落后，纷纷改版以适应受众的新口味，不仅在网站中增加了互动内容，并且将博客、视频、RSS 等作为传播新闻的重要手段。例如四大主流新闻网站——人民网、新华网、央视国际、中国广播网都开辟了音频、视频栏目。此时的新闻网站真正兑现了网络时代的互动和多媒体本质的承诺。无论地方还是中央新闻网站都在积极探索最新的网络传播运作方式，不再满足于单纯的电子版或网络版，开始向网络传播的深度和广度进军，其标志就是各家新闻网站开始自觉利用网络传播的优势来进行内容和形式的取舍，追求时效性，对关键字或有关背景建立超链接，方便受众查阅相关信息，并且大量运用图片、专题，扩展新闻信息的深度，吸引受众的眼球。在服务方面努力发展购物、娱乐、网上社区等其他服务手段和经营模式，新闻网站的个性化追求已经显现出来。

第二节　新闻网站的传播特点

关于新闻网站的传播特点，可谓众说纷纭，诸如开放性、全球性、广容性、集成性、交互性、综合性、选择性、平台性和易检性等等，不一而足。不可否认的是，这些说法以及其他一些近似的说法都有一定的道理，从不同侧面揭示了新闻网站的若干特点，具有一定的参考价值；但其中一些特点并非新闻网站所独有，如前两个特性与国际广播共有，后几个特性与报刊共有。这里重点论述新闻网站三个突出的传播特性：交互

① 张述冠：《破解“第二人生”的商业密码》，载 *CIO Weekly* 2007 年第 14 期。

性、实时性与多媒体性。

一、交互性

美国传播学者麦奎尔（D. McQuail）曾经指出，大众传播是一个复杂微妙的过程，就像两人对话一样，是一种协商、互动、交换的活动。交互性主要是指信息的发布者和接受者直接交互甚至转换角色。也就是说，传者跟受者之间是互动的，受者也可能是传者，对信息能够及时地进行反馈与共享。如果说报纸的本质在于提供观点和思考，广播电视的本质在于刺激消费和提供娱乐，那么，互联网的本质就是交往，网络传播的本质就是大众之间的双向沟通。正是对于人类交往这一基本需求的开发和满足，才使互联网在短时间内迅速风靡世界。互联网区别于传统媒体的根本特征是开放和互动性。正是每一个人都可以自由发布和寻求信息的开放以及传受双方地位的不断切换，使互联网成为革命性的媒体，在各种制度、各种发展阶段的国家和人民中得到了迅速的普及。交互性是新闻网站最突出的一个特性。就新闻网站而言，这种交互性带来了至少两个方面的转变：一是打破线性的传播方式，带来了及时的反馈。网民在主动选择信息并按照自己的需要控制所获得信息顺序的同时可以对所获得的信息做出及时有效的反馈，比如在同一时间与新闻网站的编辑进行互动或者发表评论，这些互动或评论自身就是新闻网站实时发布信息的一部分，网民此时由受者变为了传者。二是新闻网站中的多元把关现象。尽管与传统大众媒介的把关相比，网络传播中“把关人”的功能被削弱了，网络传播也似乎成了没有“把关人”的自由传播。这固然造成了全知全能式“把关人”的退隐，但同时因为网络巨大的公众影响力和技术至上的特征，使得更多的组织甚至个人介入“把关人”角色，呈现出网络“把关人”的无序状态。网络“把关人”不是下岗了，而是有更多的人竞争上岗。现在的网民可以对网络编辑的工作指指点点了，如很多新闻网站都开辟了纠错栏目，而随着 Web 2.0 时代的到来，受众的把关权力会进一步提升。

二、实时性

实时性是新闻网站传播的又一突出特点。新闻网站对新闻时效性的要求是和传统媒体一致的，甚至是有过之而无不及。快速是新闻网站的特色，也是其优势所在。新闻网站上的新闻更新形式像电视新闻的滚动播出，但其刷新的频率更快、更高。例如人民网的整点新闻可以即时更新新闻，对于有连续性的新闻报道，通常网上会即时更新甚至在网上直播。在新闻的时效性上，新闻网站比每日定期更新的报纸要快得多，尽管和电视直播相比，其新闻的刷新还比不上电视新闻的现场直播报道，但是电视并非每时每刻都在进行现场直播，而网络却在不断更新。另外，由于网民的广泛参与，在一些人气旺盛的新闻网站，经常有网民自发在论坛中发布最新信息，往往能够快速传播新闻，尤其是对于突发事件的报道，新闻网站在时效性上表现出了优于通讯社、电视台、报纸和电台的特点。简言之，新闻网站的实时性把全天候新闻报道和按网民需求传播的理想变成了现实。

三、多媒体性

多媒体技术是指由数字通信技术和家用电器技术结合而成的一种具有高度综合性、对多种信息媒体（包括数据、文本、图形、视频、音频）统一数字化并进行交互式处理的技术。从媒介发展看，报纸最早以抽象的方式表现信息，而广播是由声音来表现内容，电视则以最形象的声画结合的方式受到了欢迎，而多媒体技术的使用使得新闻网站成为传统媒体的集大成者。新闻网站使用多媒体技术整合文字、图形、图像、视频、音频等多种报道形式，开通视觉、听觉两个信息渠道，使平面或静止的信息在网络上以立体的、动态的形式“活动”起来。而网络新闻的丰富性、数据库检索等功能为网民精确接近信息提供了条件，从而实现多媒体超文本的信息传播方式。所谓多媒体超文本，是一种非线性的信息组织方式，它是指通过超链接，在各种信息之间建立联系，对超链接图标做微小的一次键击，受众就可以通过几乎无处不在的横向链接（树形分枝检索）或纵向链接（导航）离开一个新闻网站而进入另外一个新闻网站。多媒体超文本链接改变了传统媒体的信息传播方式，使新闻网站的信息结构呈现非线性的特征，这种非线性可以使网络新闻在时间上无限延续，在空间上无限拓展，在保留旧有信息的前提下随时随地增添新的内容，进而实现以视频、音频、文字、动画、游戏、论坛的形式多角度地向人们传播新闻事件。

第三节　新闻网站的发展前景与面临的挑战

一、新闻网站面临的新情况

2005年以来，中国互联网以博客大众化以及各类Web 2.0网站的涌现为标志开始迈进Web 2.0时代，并鲜明地展现出传播者与受众共同创造核心价值的传播理念。相对Web 1.0而言，Web 2.0是新的一类互联网传播应用的统称，它以Blog、TAG、SNS、RSS、Wiki等社会软件的应用为核心，更注重受众与互联网平台的交互作用，受众身在其中，既是互联网内容的消费者，也是创造者，其内涵和外延均已大大扩展并延伸或衍生出多种形态。这些传播内容及形态上的新变化对当前新闻网站的新闻信息传播产生了重大影响，主要表现在以下两个方面：

一方面是受众自制内容并自行发布，即有人所说的“客流媒体”。这类媒体最大的特点是传播的内容完全由普通受众自己采集、制作和发布，包括博客、播客、维客、掘客等，据称目前各类“客”已达30多种，而最典型“用户创造内容”的媒体莫过于播客视频分享网站。其实，互联网的影像多媒体特性自从它诞生起就已具备，但一直以来网络视频内容并不丰富，这其中技术瓶颈是一个方面，但更主要的是提供视频内容的电视台不仅数量少，而且由于制作成本高、垄断性强，网络视频内容也就相对稀缺。进入Web 2.0时代后，播客视频分享网站提供了便捷的视频编辑和制作软件，用户使用家庭DV就能上传自己拍摄的社会、民生和生活等视频内容。于是，内容成本相对低廉的视频分享网站随即大量涌现，例如美国知名视频网站YouTube依靠用户原创内容迅速聚集了人气和流量，并于2006年10月以15.6亿美元高价卖给了Google公司，成为用户创造内容的典范。网上诸如此类的原创信息，由于其在原创性、娱乐性、平民性、参与性、体验性等方面的优势，使新闻网站上的严肃新闻受到了严重挑战。

另一方面是对等互联（P to P）。它是一种将互联网上各个用户重新连接成一个共享网络带宽，共同处理和分享网络资源，去中心化的传播网络。这种对等互联使得人类社会真正进入了大众传播时代，因为对等互联下的大众传播不是由某一家新闻机构面向大众的传播，而是由大众面向大众的传播，控制权完全掌握在构成大众的每个普通人手中。与此同时，移动互联的迅猛发展更是极大地改变了新闻信息传播原有的格局。手机作为“第五媒体”的影响力与日俱增，其他各种无线上网软件、硬件也日益成熟和普及，从而使互联网真正实现了无处不在、无时不有。不仅如此，互联网的超速发展还实现了电子商务、电子政务、电子公务、电子医务、电子教务等多个领域中的交叉和融合，能在更加广阔的领域为社会提供更加全面的服务，而互联网这种改变受众获取和消费信息习惯的力量越来越大。因此，对新闻网站来说，互联网已经不单是一种传播技术，更是一种全新的媒介生态环境，必须在传播理念和经营意识上做出积极的调整，才能在这种新的媒介环境中更好地生存和发展。①

二、新闻网站在Web 2.0时代的发展前景

（一）强化Web 2.0模式下的忧患意识，拓展新的传播领域

作为传统媒体和互联网技术相结合的产物，新闻网站将自身拥有的信息资源与网络传播优势结合起来，以新技术、新手段扩大其传播领域和范围。虽然新闻网站经过十多年的快速发展并进一步走向完善，但是与任何新生技术一样，新闻网站有着自己不够成熟和后天的内在缺陷，加上与速度效率、主张个性、开放互动等特点伴生的在传播体

---

① 赵晏：《新闻网站要有新的营销意识》，载《商情（财经研究）》2007年第10期。

制、传播内容、经营意识、传播理念等方面的不足，其传播效果和影响力不可避免地打了折扣。究其原因，不妨从以下几个方面加以分析：

首先，体制的制约限制了新闻网站的发展。由于新闻网站一般依托母体媒体而成立，所以新闻网站多采用与母体相同的事业管理体制，并没有采取与之相适应的公司化企业管理体制。具体表现在缺乏长远规划和整体设想，信息量少，时效性差，网站的管理体制不顺、机制不活，没有充分发挥母体资源优势和人才优势，从而导致新闻网站在与商业网站的竞争中每况愈下。与之相反，对技术平台的成功应用以及对信息内容的高效整合，使得商业网站在 Web 1.0 时代就有机会做大“眼球经济”，不仅获得了进一步发展的机会，而且还以更强大的实力来拥抱 Web 2.0。尤其在 2002 年前后，正当商业网站逐步尝试 Web 2.0 概念的时候，新闻网站再次受限于政策、体制、观念、人才等因素的制约，发展至今，虽然拥有了官方的权威地位，却未能成为 Web 2.0 时代的主角。[①] 以央视国际为例，2004 年其在全球 4000 多万互联网站中的综合排名曾一度上升至 48 位，在国家八大重点新闻网站中排名第一位，大大缩小了与商业性综合门户网站的距离。但体制的约束始终在牵制新闻网站的发展步伐，使得与商业综合门户网站的距离又渐渐拉大。2007 年以来，包括央视在内的主流新闻网站的世界排名已跌出前 100 名，商业网站则保持在 20 名内。[②] 应当看到，促使商业网站成功的原因有很多，但其中最为重要的是，商业网站自创业初就采用市场配置资源的商业模式，这就使得商业网站从一开始就站在了行业的制高点上，不仅拥有科学的管理制度、丰富的内容、先进的技术以及优秀的专业人才，而且吸引了众多的网民，做大了“眼球经济”。

其次，有效信息资源内容的匮乏始终是新闻网站发展的一个症结。以电视媒体为例，发展初期，国内电视媒体网站主要提供以下内容：一是把整套（或栏目、重要节目）的电视节目原封不动地在因特网上实时广播，以期借因特网把电视内容传得更广、更远。二是将优秀的视频节目重新编排，供受众点播。三是提供文字、图片信息（主要是新闻）。四是把电视与因特网融合起来做节目，一方面在网站上介绍电视栏目、节目，提供背景资料，另一方面受众可以通过因特网的电子邮件、聊天室等发表意见，参与节目。[③] 时至今日，综观各级各类电视媒体网站，除央视国际和为数不多的省级电视网站外，这种因陋就简式的建设局面并没有得到根本上的改进，大多数新闻网站只是把母体电视台的节目资源进行简单的分类和重组后放到网络上，有些内容则带有简单复制

---

① 萧频频：《Web 2.0 时代新闻网站的突围之路》，见 http://news.xinhuanet.com/newmedia/2007-10/21/content_6918511.html。

② 资料来源：www.alexa.com。

③ 董年初、周志强、吴彝蕭、季平：《网上广播电视的发展与思考》，载《广播与电视技术》2001 年 第 6 期。

和剪辑拼凑的痕迹，其结果是没有足够的适合在网上传播的内容，对受众而言没有吸引力和竞争力。如果内容不能做到吸引受众，新闻网站就不能实现更快的发展，尤其在面对数字广播电视、卫星广播电视、商业综合门户网站、商业专业类网站、IPTV 等的竞争时，新闻网站只有全方位地提供具有自身特色的信息内容，才能拥有更好的生存和发展空间。

最后，与有形的信息资源匮乏相比，传播理念不清和经营意识不强则是当前制约新闻网站发展的无形障碍。随着新闻网站的发展和完善，未来新闻网站不应以海量新闻、信息发布为主旨，而应立足于自己的原创新闻，编辑、整合、发布精品新闻，建设专业化的频道作为网站的特色和品牌。未来新闻网站应该是一个个“精品专卖店”的集合体。新闻网站受财力限制，打造门户超市并不现实，因此，应该在做好新闻发布的基础上，集中优势兵力做深做透某一专业领域新闻资讯信息，形成自己的特色频道或精品栏目。而在选择确定特色频道或精品栏目时，要结合自身优势，洞察业界，科学审视分析，寻找符合网民口味的内容投入建设力量。新闻网站可以借鉴商业网站对新闻信息产品的立体化经营和立体性开发的成功经验。

（二）强化“受众为本”的传播意识，拓展新的服务内容

视频文化是伴随 20 世纪 30 年代电视的发明与应用而逐渐形成和发展起来的，有声电影则是其天然的近亲。正因为如此，视频文化具有当代性和大众化的特征，是当下的、通俗的，甚至难免流俗的文化品种。视频文化与生俱来的包容性，使它的成分不免纷繁复杂，既有主流文化，也有非主流文化；既有精英文化，更有大众文化；还有亚文化甚至反文化的因素。其中的优秀作品，往往成为社会生活的风向标，引领时尚，塑造流行，制造明星；某些庸俗以至于低俗、恶俗之作，则常常备受争议甚至成为众矢之的。近 70 年来，视频文化随着电视传播的普及与发展和数字技术所带来的数字文化的发展日益广泛而深刻地渗入人们的生活，影响着人们的生活方式和价值观念，甚至成为了人们日常生活不可或缺的重要组成部分。中国新闻网站在十几年的发展过程中经历了 2000 年之前的窄带新闻提供和 2000 年之后的宽带新闻提供这样两个阶段。如果说窄带传播阶段的新闻网站尚处于读图时代的话，那么，宽带传播阶段的网络媒体则开始了视频时代。2008 年奥运会上，国际奥委会首次将互联网、手机等新媒体作为独立转播机构，新媒体与传统媒体一起被列入奥运会的转播体系。虽然这种突破还是滞后于时代发展，但依然堪称一次很大的突破。其中，互联网全新的视频时代的到来，让人寄予了很大期望。从国外视频网站 YouTube 的兴起到国内土豆、优酷的兴盛，无不体现着互联网的新潮流。作为新闻网站当然也会乘着这股风潮，为自己增添一些新内容。国家级重点新闻网站都将视频或播客栏目纳入了自己的传播体系。当网民从只能浏览纯文本的文字到得以点击日益清晰的图片再到可以观赏生动形象的画面并同步聆听其音频信息的时

候，网络视频文化成功完成了向新闻网站的渗透。①

事实证明，Web 2.0 不仅仅是互联网的一种技术升级换代，更是互联网传播理念和思想体系的变革。新闻网站应该充分利用 Web 2.0 的传播特点和技术优势，实现自身理念和思想的改变。在强化“受众为本”的传播意识上，新闻网站想要做到业务创新，为受众提供差异化的运营服务，使受众享受到数字化的好处，就应借鉴 Web 2.0 先进的技术和成功的经验，开展传统媒体不可比拟的“双向、交互、多功能、多业务”的内容服务，并把互联网上的各种 Web 2.0 的业务转移到新闻网站上，从而开发新闻网站的增值潜力。具体业务包括在网上提供付费电视、视频点播、数据广播、互联网接入、网络游戏、电子政务、电子商务、远程医疗、远程教育等，同时还应提供手机流媒体及短信、彩信、彩铃等增值服务，为产业发展和业务经营开辟新的赢利空间。目前做得较有起色的新闻网站当属 2006 年全新改版的央视国际网站，改版后的央视国际网站为了实现“汇天下精华、扬独家优势”，重点建设了电视指南、新闻、经济、体育、娱乐、电视剧、电影、动画、音乐、生活、科学、教育、社区、网络电视、电子商务等内容板块，加大视频直播与点播等特色服务，引入主持人博客、播客和央视社区等互动新概念，打造网上知名论坛品牌，以央视热播节目为基础，结合社会热点话题，构建形态多样、功能齐备、人气旺盛的系列化论坛群，并与“博客”、“播客”、在线访谈等共同构成综合性网络社区。依托自身特有的名人资源与品牌知名度，建立专门的博客团队，为名主持人、名记者建立个人博客空间，内容包括个人主页、日记、文摘、图片、视音频、Fans 俱乐部等，其目的是为名主持人、名记者搭建一个向网友、观众进行展示，与他们进行沟通、交流的平台。同时，依托央视巨大的电视节目资源，充分利用 Web 2.0 的传播特点，全面借助新媒体技术，包括视频搜索引擎、P2P 流媒体传播、即时通信、视频会议等技术，不仅实现了视频搜索新功能，而且打造了电视活动网上互动参与平台，包括预告、报名、征集、调查、投票、答题、预赛、网上路演等。目前，央视国际网站正不断借助先进技术研发新闻网站的新内容、新功能、新服务，逐步建立包括网站、手机、PC 客户终端等在内的、覆盖面更广的、具有视听互动特色的新媒体服务平台。

在拓展新的服务内容方面，电视媒体网站还应盘活母体电视台拥有的丰富节目资源，理由是我国的电视事业已发展了近半个世纪，经过几代电视工作者的奋斗，积累了庞大的影像节目资源。据不完全统计，仅中央电视台就有成百上千万小时的可开发再利用的影像节目资源。在“内容为王”的网络传播时代，这些节目资源将是新闻网站手

---

① 詹新慧、杨春兰：《新闻网站：行走在传统与嬗变之间》，见 http://media.people.com.cn/GB/40628/4912711.html。

中一张内容制胜的“王牌”。将电视台拥有的视频节目重新编辑加工，精心制作成符合网络传播的再生产品，既可为新闻网站提供丰富多彩的节目内容，又可使传统电视的资源得以盘活，价值得以提升。另外，在创作原创性的节目内容方面，新闻网站拥有自己的优势：一是可以依托母体电视台拥有的高素质采、编、摄、制作队伍进行创作；二是依托母体电视台已经建立的稳固信息来源渠道及政府授予的新闻采访权，能够掌握新闻传播的主导权；三是依托母体电视台已经树立的信息真实可靠的可信度，从而拥有品牌优势。① 同时，新闻网站还具有衍生产品综合开发的优势，通过网络在线、离线的整合互动，其产品容易得到全方位的宣传、包装和推广。新闻网站拥有的这些优势，恰好是其他商业网站在产业竞争中的先天不足。仍以央视国际网站为例，目前，中央电视台近400个电视栏目的主要内容已实现网上传播，栏目内容整体上网270余个。央视国际网站每年在电视台特别节目、晚会大赛中的直播互动已达100多场，全年组织在线访谈近300场，网上社区可支持10万多人同时在线。依托CCTV常规节目，央视国际网站还创办了英语、西班牙语、法语和台语频道，用CDN技术向全球推送CCTV外宣节目，通过互联网扩大电视外宣覆盖面。海外网民来自美国、英国、法国、德国、西班牙、加拿大、巴西、阿根廷、澳大利亚、日本、韩国、中国台湾等150多个国家和地区。②

（三）强化市场经营意识，拓展新的经营模式

作为互联网一种新的传播形态，Web 2.0将在Web 1.0的基础上创造并形成一系列新的商业机会和新的经营模式。因为Web 2.0的理念代表的是一种开放、灵活、互动性的内容创建模式和商业经营模式，所以国内新闻网站应大力推广双向、互动平台，充分利用Web 2.0技术在经营模式上不断探索和创新，将传统的Web 1.0赢利模式与Web 2.0的创新应用紧密结合起来。③ 国内新闻网站经过十余年的发展，已经形成一定规模，在经营上取得了一定成就，但无论规模、产品种类还是市场影响，都无法与商业门户网站相比，在当前赢家通吃的商业大潮中，根本无力与商业网站竞争，维持现状也恐有所不能，所以变革是必需的，也是势在必行。应当看到的是，新闻网站与商业网站相比，具有更多的新闻媒体特性，其最大优势在于新闻信息服务，加上采编力量、品牌效应及发布专营权、器材设施先进等都为一般网站难以企及，因而新闻网站在尝试和探讨各种赢利模式上具有得天独厚的优势。以央视国际网站、凤凰网、SMG网站、湖南金鹰网站为代表的新闻网站已经开始了市场化运作的积极探索，并在努力寻求行之有效

---

① 詹新慧、杨春兰：《新闻网站：行走在传统与嬗变之间》，见 http://media.people.com.cn/GB/40628/4912711.html。

② 资料来源：央视国际 http。://www.cctv.com。

③ 孙大庆：《Web 2.0浪潮下的广播电视业》，见 http://media.people.com.cn/GB/22114/50421/105089/6372521.html。

的经营模式，其探索中的经验和发展方向可概括为以下几个方面：

第一，明确产权关系，逐步实现以独立企业的身份进行市场运作。新闻网站一般脱胎于传统媒体，与母体关系暧昧、产权模糊，组织性质始终在营利与非营利单位之间游走，新闻网站的负责人一般由母体媒体委派，母体为其输送运作经费，同时控制其整体的运作活动。这种特殊身份决定了新闻网站“两不靠”的角色定位：一方面，其竞争对手不是和它同样身份的其他新闻网站，而是完全市场化运作、拥有强大市场阵容且日益咄咄逼人的商业网站；另一方面，其运作要受母体的干涉和控制。在这种身份和产权都不明晰的角色定位下，新闻网站不是一个与商业网站站在同一条跑道上的竞争者，而更像一个在竞争市场上带着“手铐脚镣”的“舞者”。从这里看，新闻网站的改革发展方向首先要明晰产权，建立相应的独立法人企业，并将母体对其资金输入转为资本金投资，从而以企业的身份实施市场运作，与商业网站站在同一竞争跑道上。这样既能保持对新闻网站独家资源利用的优势，同时又可以轻装上阵，实施全方位的商业运作。

第二，树立经营理念，明确自身使命和运营目标。商业网站的成功为新闻网站提供了很好的样板，也提出了严峻的挑战。面对诸多不利的竞争元素，新闻网站必须树立经营理念，以市场模式运作网站，制定战略规划，清晰网站运营战略目标。当然，新闻网站在拓展各种赢利模式上也应从实际出发，量力而行，确立不同的发展目标。无论是从信息资源、人力资源还是经济实力来讲，不同的新闻网站赢利模式存在着较大差异，从新闻网站的级别和层次来看，全国的、省级的和地市的新闻网站由于人脉各不相同，资源优势各有差异，政府支持的力度大小不一，因而对于赢利模式也会有不同的选择和追求。对于实力雄厚的中央级新闻网站来说，由于关注度较高、网民数量可观、人气指数高，其赢利空间较大，可供利用的资源也多，所以宜建成跨地域、全方位、服务型的综合性门户网站。地方新闻网站无力兼顾综合，则可以集中力量根据自身优势在专门化上下功夫，建造特色服务型网站或特色频道，也可以通过区域性联合和资源整合增强实力、建造名牌网站。但无论确立什么样的发展目标，都应积极探索符合网站自身发展规律的经营管理方式，重点突出以 Web 2.0 传播模式来经营新闻网站。

第三，使用合作手段增强自身实力。作为融合了多种媒体特性的新兴媒体，新闻网站具有品牌、资源、人才等多种优势，可以走与其他新兴媒体联合开发之路，通过纵向联合传统媒体，横向联合互联网站和手机等新兴媒体，从而实现立体交互的网络联盟，进而占领互联网传播的有效市场。当前，在国内各网站激烈竞争的大潮中，新闻网站除人民网、新华网、央视国际等少数网站具有一定的实力可与商业门户网站做些抗衡外，其他新闻网站大都规模小、效益低、内容少、服务差，毫无竞争能力可言。尤其在商业网站已经占据主导的情况下，新闻网站要想跟上市场的步伐，必须强化自身实力。而实践证明，小型企业如果自己积累不足，单靠自身力量发展，将是一件非常缓慢的事情，要想快速发展，多方合作就成了必由之路。比如，通过区域性联合和多家新闻网站的资源整合可以在比较短的时间里形成行业强势，从而增强竞争实力。在形式上，可以由各区域网站间各取所需结成区域性的或跨市场的资源共享联盟①，这种联盟一方面可以实现规模效益，另一方面还可降低投资风险，同样能够做大做强。

第四，拓宽融资渠道，推行实质性资本运营。与独立成长运作的商业网站相比，新闻网站脱胎于传统媒体，投资主体不明确、无经营意识的管理模式导致新闻网站的决策者对网站运作持观望态度，并不会在资金、技术、人才方面投入到位，以至于新闻网站在创业之初就失去了与竞争对手抗衡的先机。然而，在当前网站市场已呈白热化竞争的Web 2.0时代，技术驱动呈主导形势，资金则成为新闻网站大力发展的瓶颈制约。没有充裕资金的支撑，要想建设强大的技术平台、吸引优秀的人才、提供优质的服务内容等都将无从谈起。现实中的绝大多数新闻网站都存在融资渠道单一、资金投入不足等问题，仅靠母体的资金给养，已远远不能满足其迅速发展的需要。资金短缺不仅制约网站设备的升级改造，而且阻碍着其节目制作能力的进一步提高以及竞争能力的增强。在这方面，明确产权关系，逐步实现以独立企业的身份进行市场运作就显得尤为重要，因为一旦新闻网站的企业身份得以明确，新闻网站就可以用市场化手段实施资本运营，其融资渠道就会得到充分拓展。

第五，加强与Web 2.0的融合发展。Web 2.0的一个典型特征是去中心化，网站不再是主角，每一个用户个体成为网络的一个个结点，这些结点织成的互联、互通、互动的网构成了Web 2.0网站的全部。Web 2.0的网络生态使新闻网站在Web 1.0时代构筑的传者中心论受到严峻挑战。过去，新闻网站的市场意识和服务意识比较薄弱，为用户提供体验服务，让新闻产品满足用户的需求做得不够。而融入Web 2.0就需要新闻网站抛开以网站为中心的思想，树立为网民服务的意识，以用户的良好体验作为衡量网站的标准。新闻网站可以借助Web 2.0开发新的用户人群，聚集市场人气，进一步提升网站社会知名度和品牌价值，使自己在Web 2.0时代实现华丽转身。在Web 2.0的整体环境促进下，新闻网站参与式新闻传播的趋势将更加明显：一是受众主动参与主流媒体的新闻传播。这类模式一方面表现为主流媒体或其记者建立自己的网站或博客网页，而受众则通过电子邮件或直接发帖对某些新闻事实作评论或补充。另一方面表现为受众直接参与到主流媒体的报道中。二是在各大新闻信息网站或综合网站的博客板块或社区新闻、BBS、论坛上，网民上传自己的文字或视频、音频的原始资料，发表自己的评论，发布自己耳闻目睹的新闻事实。对于Web 2.0，也许现在不确定因素还很多，目前

---

① 詹新慧、杨春兰：《新闻网站：行走在传统与嬗变之间》，见 http://media.people.com.cn/GB/40628/4912711.html。

新闻网站的“动作”还比较有限。虽然目前人民网、新华网、国际在线等国家级重点新闻网站都推出了博客、视频、RSS 等 Web 2.0 服务，但是相较于商业门户网站，影响力较小且缺乏推广。其实，问题还不仅在于各重点新闻网站 Web 2.0 应用服务推出的多少，更大的问题是各重点新闻网站对 Web 2.0 的认识理念和态度。从上述网站推出的 Web 2.0 服务看，提供的应用还比较单一，在网站中的地位也不是很突出，极个别的（如人民网强国社区）除外。由此可见，各新闻网站对于 Web 2.0 的一种矛盾心态，既不能落伍又不能超前，因为传统网络媒体的业务尚在吃力经营，对于全新的 Web 2.0 还没有勇气全方位拓展。[①] 但未来，新闻网站加强与 Web 2.0 的融合发展势在必行。

① 詹新慧：《Web 2.0 如火如荼　新闻网站如何接招》，载《传媒》2007 年第 3 期。

第二章　门户网站

对于门户网站，人们并不陌生。在过去的多年中，雅虎、新浪等知名网站已经成为网民进入互联网的“起始站”。借助它所提供的服务与信息，人们可以畅游于网络世界的海洋中并快速便捷地到达各自的“目的地”。门户网站涵盖了新闻、体育、娱乐、财经、商业、天气等多种信息，同时又具备信息检索、信息交流和信息传递的多种功能，它既是一个通往虚拟世界的门户，又是一个有着大量服务内容的独立网站。门户网站经营者希望用户一打开浏览器就登陆到自己的网站，然后用更多的信息和服务留住用户，从而使网站拥有较高的访问量，以吸引更多的广告和寻求更多的商贸机会。在国外典型的门户网站有Yahoo!、AOL和MSN等，国内则有雅虎、新浪、搜狐、网易以及后起之秀的腾讯、TOM等。

第一节　门户网站的内涵及发展概况

一、门户网站的内涵

根据维基百科上的解释，“门户”（Portal）原意是指正门、入口，现多用于互联网的门户网站和企业应用系统的门户系统。广义上的理解，这里的“门户”是一个应用框架，它将各种应用系统、数据资源和互联网资源集成到一个信息管理平台之上，并以统一的用户界面提供给用户，使企业可以快速地建立企业对客户、企业对内部员工和企业对企业的信息通道，使企业能够释放存储在企业内部和外部的各种信息。狭义上的理解，所谓门户网站是指通向某类综合性互联网信息资源并提供有关信息服务的应用系统。门户网站最初提供搜索引擎、目录服务，后来由于市场竞争日益激烈，门户网站不得不快速地拓展各种新的业务类型，希望通过门类众多的业务来吸引和留住互联网用户，以至于目前门户网站的业务包罗万象，成为网络世界的“百货商场”或“网络超市”。从目前情况看，门户网站主要提供新闻、搜索引擎、网络接入、聊天室、电子公告牌、免费邮箱、影音资讯、电子商务、网络社区、网络游戏、免费虚拟空间、博客与播客空间等多项服务。

二、国内门户网站的发展概况

伴随着互联网技术的发展，在整个社会对网络信息交流充满渴望与期待下，中国的门户网站发展历程大体经过了以下几个阶段：

1. 尝试和探索阶段。1996 年 8 月，爱特信电子技术（北京）有限公司正式注册，这是中国第一家以风险资金建立的互联网公司，即搜狐公司的前身。1998 年搜狐推出中国人自己的搜索引擎“搜狐”，成为当时国内第一家中文搜索引擎，“美国人用雅虎，中国人用搜狐”概念一经推出就得到了上网用户的认可。网站建立初期就致力于内容建设，使其服务范围涵盖新闻、体育、财经、娱乐、教育、免费邮箱等方方面面。实用的搜索引擎、海量的内容，使搜狐网站仅仅用了短短半年多的时间，就发展成中国访问人数最多、知名度最高的网站之一。1996 年 5 月创立的四通利方是新浪的前身，它的第一个正式站点 www. srsnet. com 建在美国租用的一个目录上，每月租金 19 美元，空间 10 兆。① 四通利方的中文论坛和聊天室在当时的网民中颇有声望，发表了诸如老榕的《大连金州不相信眼泪》等轰动一时的帖子。1997 年 11 月底，四通利方推出了体育频道，频道的流量很快超过了论坛。1998 年 12 月，四通利方信息技术有限公司与华渊资讯公司合并，更名为新浪公司并推出同名的中文网站新浪网，开始大规模地提供新闻服务。起初，新浪虽然花了很大力气做新闻，但是访问量却一直没有超过体育，直到他们将新闻放到首页，效果才明显起来，体育也从此变成了新闻的一个子集，新浪新闻模式从此建立。在广州，1998 年 6 月，自立门户的网易将首页向“门户”变了个脸，网易先后推出了免费主页、免费域名、免费邮箱、虚拟社区等服务，网易改版后不到一个月，即受到网民的大力追捧，访问量激增，影响力扩大。通过实实在在的努力以及勇于创新的变革精神，网易让中国的互联网变得“容易”起来。至此，经过创业者们的大胆尝试和积极探索，中国门户网站的雏形已基本形成。

2. 挺进纳斯达克阶段。1996 年雅虎网站在纳斯达克的上市给中国门户网站带来了一种榜样的力量。2000 年，中国互联网开始向海外上市。新浪率先出手，纽约时间 2000 年 4 月 13 日上午，新浪网在纳斯达克挂牌，该交易所外的电视墙打出“纳斯达克欢迎新浪”的字样，新浪成为国内首家在纳斯达克上市的门户网站，首发募集股本总额 7820 万美元；网易、搜狐紧随其后，分别于同年的 6 月和 7 月登陆纳斯达克，但募集资金在数量上都低于新浪，分别为 6975 万美元和 5980 万美元②，三大门户的相继上

---

① 刘韧、韩磊著：《网络媒体教程》，中国广播电视出版社 2005 年版，第 275 页。
② 连枫：《中国门户网站的发展现状分析》，载《山西财经大学学报》2008 年第 1 期。

市成为国内门户网站发展史上的一个里程碑。

3. 网络经济的泡沫与寒冬阶段。国内门户网站刚刚上市，就经历了全球网络经济的泡沫和纳斯达克市场波澜起伏的动荡，这让三大门户网站受到了资本市场无情的冷落和打击，包括新浪、网易、搜狐、中华网在内的所有中国概念网络股都相继下跌，进入2000年11月，继续走低的股市、网站裁员、并购等消息一个接一个，给整个互联网产业的发展带来了灾难性的影响。上市时涨到50多美元还不知足的新浪网一年后只剩下不到2美元，曾经风光一时的搜狐逼近纳斯达克垃圾股，网易则连续9个月跌破1美元，在2002年被停牌，而更多的其他网站则在这个"寒冬"中就地蒸发。

4. 复苏与思变阶段。2000年开始的IT大震荡，给春风得意的互联网界极大的震撼，尤其是门户网站的运营商不得不重新审视自己的经营模式，把眼光转移到如何使网站真正赢利的路子上来。在走过了"内容为王"和"注意力经济"的阶段后，纳斯达克的血雨腥风使门户模式原先被慷慨镀上的金色迅速褪去了。于是从2001年初，人们看到三大门户都在寻求突破，进入了重新审视自己与调整转型的新时期。经过3年的艰苦转型，中国三大门户网站从单纯模仿雅虎过渡到自我创新的成长期，在多元化赢利模式已经清晰的基础上，它们有了各自的新定位：搜狐采用的是立足于技术的多元化战略，目标是"一家新媒体、电子商务、通信和移动增值服务公司"；新浪则集中兵力做好"在线媒体及增值资讯服务提供商"；网易则选择了收费增值服务、网络游戏作为其战略转型的突破口。① 从2004年起，中国门户网站进入了稳定发展阶段。

5. 新发展与新探索阶段。2005年以来，Web 2.0概念的涌入为门户网站的发展注入了新的生命力，如今搜狐、新浪、网易已经摇身一变成为中国最大的Web 2.0基地。人们在各大门户网站中都可以看到博客、视频等Web 2.0的应用，门户网站迎来了中国互联网的第二个春天。然而大而全的门户网站在业务持续增长的同时却不得不居安思危。新的机遇与挑战也为其带来了一些势头强劲的竞争者，腾讯便是其中的佼佼者。借助即时通讯业务起家的腾讯由于具有庞大而稳定的用户群，进军门户网站并取得不俗战绩。除了同类的竞争者，各种专业网站的劲头也势不可挡，它们分割了门户网站原本庞大的市场。根据DCCI互联网数据中心发布的《2008中国互联网网站媒介监测数据、IMI指数报告》显示，搜索引擎的受众到达率已经接近门户网站，优酷、土豆等视频分享类网站访问时长直逼门户网站，而校内网、开心网、豆瓣等SNS社区已经影响了超过七成的网民。在2008年中国互联网网站流量（半年总PV）构成中，其他各种类型网站的总流量占近80%，门户网站仅占20.4%。此外，加上国外资本雄厚的网络公司对国内市场的关注与介入，未来互联网门户网站的竞争将会更加激烈。

---

① 赵枫、苏惠香：《国内门户网站发展过程分析》，载《现代情报》2005年第12期。

第二节 门户网站的传播特点及功能

一、门户网站的传播特点

（一）具有多重角色的传播者

门户网站最主要的信息传播手段是整合其他具有新闻采访权的媒体所提供的海量新闻，通过整理、分类、深化，使其符合自身的传播规律和要求。同时，网站通过设置新闻专题发起讨论，以尽可能丰富的内容吸引广大网民。在这一过程中，网站的新闻编辑、论坛的管理员承担了主要的“把关人”角色，他们既是传播活动的发起者，同时又是信息产品的制作者和社会舆论的引导者，他们对信息的内容、流向和流量进行把关。但是门户网站的媒体属性和传统媒体有着本质上的区别，传统媒体的传播是一小部分精英和意见领袖对大众的单向灌输，而互联网的出现彻底改变了传播者与受众之间的关系，而门户网站“在总体上形成一种散布型网状传播结构，在这种传播结构中，任何一个网结都能够生产、发布信息，所有网结生产、发布的信息都能够以非线性方式流入网络之中”①。网络传播包括了点对点的传播、点对面的传播、多点对多点的传播等多种方式，强调信息传播的互动性以及传者与受众身份地位的平等与转换。网络为受众提供了一个平台，让他们可以成为传播者，使受众能根据自己的需求、兴趣、爱好以及自身掌握的资料，进行个人的信息制作，在因特网上发布信息。这种双向传播在门户网站中体现得最为突出的便是博客与播客的应用。这些个人空间的主人通过这一渠道获得了个人的话语权，使其成为信息的传播者，博客中的许多信息和观点会被网站编辑放在网站首页作为新闻或评论的来源。在门户网站里，传播者的角色是多重性的，与受众的角色是转换的甚至是重合的。

（二）对来自其他媒体信息内容的加工再传播

门户网站由于不具备新闻采访权，因此其信息来源都是通过与其他媒体合作获得的。以往呈现在各大门户网站上的新闻由于大都出自相同的信息源，因此在内容上往往存在很多雷同，有大量冗余信息。但是门户网站的商业属性及其对点击率的追求促使网站想方设法把新闻做得更好看，因此单纯依靠以往复制粘贴的手法已经不能满足受众的要求，也不能满足网站的要求，对新闻的深度整合、专题化制作等方式已被广泛采用，使受众不仅能够看到新闻，更能了解到新闻的背景、故事以及专业人士的分析与评论。

---

① 匡文波：《论网络传播学》，载《国际新闻界》2001 年 第 2 期。

另外，门户网站的逐利本质及其所信奉的“注意力经济”使得它在信息传播活动中并不像传统媒体一样要时刻作为党和政府的喉舌，在一些内容的选择和把握上更具有灵活性，并且由于新闻信息的发布也不会像传统媒体那样经过严格的审查把关，由此也会存在对某些敏感内容打“擦边球”的情况，致使一些不良或不健康的内容有机会通过网站进行传播。因此，对门户网站中不良信息的监管及其从业者新闻职业道德的规范就显得尤为重要。

（三）对网民自主原创内容的吸纳与开放

网民自主原创内容在主流新闻网站所占比例还是微乎其微，而在门户网站中所占的比例却有了相当大的提升，这主要归功于：一是网络技术的不断发展，特别是 Web 2.0 技术的应用，使得个体对于网络内容建设的人人参与成为可能，并提供了简单易行的手段和方法。二是门户网站对网民自主原创内容主动吸纳与开放的传播策略，在对待民间草根内容的态度上，门户网站较之其他媒体更具有包容性和开放性。目前，在门户网站应用最为广泛的便是博客和播客等网民自创内容。这些内容从文章、图像到音频、视频，已成为众多网民享受娱乐和获取信息的重要来源，尤其像在 2008 年的 5・12 地震中，身处事发现场的网友们自拍的视频成为人们在早期获取现场信息的唯一来源，强烈弥补了由于交通和通讯的阻隔所带来的新闻信息传播不畅，安抚了人们在当时的恐慌和不安情绪。

（四）拥有更加综合的信息平台

由于网络的存储空间是无限扩展的，因此门户网站容量巨大的数据库可以非常容易地实现传统媒体所追求的海量信息。在传统媒体中，报纸若多印 1 万字的内容，就需要增加一个版，会给印刷、排版、发行、成本带来很多问题。广播、电视更是如此，内容要精确到几十秒、几秒，字有时要控制到几十个。① 无疑，这对新闻信息量是一个限制，虽然传统媒体在不断地增加版面，努力扩充新闻频道，但仍然无法彻底消除这种差距。门户网站由于没有这种顾虑，因此可以不受篇幅限制详细对信息进行全方位的报道，能够提供新闻、商业、科技、市场、都市、评论、体育、时尚、图片集锦、天气预报、黄页信息、背景资料以及分类广告等各个方面的内容，形成一个综合性的信息平台，留住更多受众的目光。另外，门户网站对信息的表达形式具有多样性及多媒体融合性。印刷媒体通过文字和图片来表达，广播通过声音传递信息，电视则通过画面和声音的有机结合来表现内容，网络则可以作为以上所有表现形式的载体，体现多媒体融合的能量。在门户网站中，新闻和信息的传达可以是文字的、图像的、音频的、视频的、静态的、动态的……所有有利于表现信息内容的形式都可以拿来利用。门户网站根据信息

① 匡文波：《网络媒体概论》，清华大学出版社 2001 年版，第 4 页。

的不同表现方式所设置的分类标签，也可以使用户快速方便地找到符合自己喜好和接受的内容，使网络传播的特点和优势得到最大限度的发挥。

（五）信息传播更具灵活性及个性化

门户网站是一种开放性的网络媒体，它以网民的需求为中心，能迅速对新的技术与服务进行容纳并吸收，其内容模式也会随着网民的需求变化而进行必要的调整，因此具备很强的灵活性。以国内主要的门户网站为例，2004 年紧随着博客到来的步伐，网易、搜狐、新浪相继开通了博客业务，并凭借门户广泛传播性的优势获得了突飞猛进的成长，新浪的名人博客就是最具代表性的证明。而腾讯发展的 QQ 空间依靠其庞大的用户群也获得了长足的发展。由于具备这种灵活性，无论互联网朝哪个方向发展，门户网站都能够适时地调整自身的战略和步伐以适应新的形势变化，使其能够在更多新的领域中占据举足轻重的一席之地。另外，门户网站传播的信息以社会上的一般大众为对象，网站中涵盖了能够满足多数人需求的信息。但是，在门户网站进行大众传播的同时，一种小众传播的趋向也已经越来越突出。围绕着博客、播客、某个专题、某个论坛的网民已经越来越形成自己的人际圈子，这些网民使用的语言形式、所谈论的内容以及在网络上常去的空间日趋固定化、专门化，正是门户网站的种种功能架构为网民提供了建设个性化天地的平台。

（六）网民特点更加鲜明突出

门户网站的网民不再是被动的信息接受者，他们可以通过多种途径及时地与网站传播者进行互动，可以自由地发表自己的看法与见解，还可以主动地选择自己喜欢的内容。人们不再用“受众”来形容这个群体，而是用“网民”来称呼他们。这种称呼上的改变反映了网络受众的基本特点——自主性、参与性，他们与网站传播者处于平等地位，参与网站建设并成为传播活动的组成部分，是作为网络资源而存在的，是网络社会发展的基础。门户网站的网民和传统媒体的受众相比具有以下特征：

一是主动性。网民在获取新闻和信息时主动选择性行为更加突出，他们主动选择自身想了解的、感兴趣的内容去接触，而不像以前那样只能从有限的信息中进行被动的选择。网络技术所带来的互动性也使网民在接触信息的过程中更加积极主动，他们可以在网络上主动发表对新闻或事件的看法、意见，随时与媒体工作者进行面对面的视频、音频对话，还可以通过 BBS、新闻组、聊天室等功能随时传递信息，甚至可以在网络上组织新闻发布会，每个网络用户都充分享有前所未有的话语自由，因为“网络强调的是传播的权利，而不是传播的权力”①。网络技术的发展给那些有知识、有想法、有观点的网民提供了一个施展自己才华的平台。例如那些点击量过千万的草根博客、层出不穷

① 刘宏：《网络启示：后传播时代的到来》，载《现代传播》2000 年第 6 期。

的恶搞短片、层出不穷的网络新星都是在网络这个大舞台中最为突出耀眼的参与者。

二是匿名性。网络提供给大家的是一个虚拟的社会，每个用户的身份都具有不确定性，一连串符号和数字组成的用户名或昵称背后可能是任何人。因此这种匿名性既保证了个体可以畅所欲言地表达自己的观点和态度，同时由于缺乏社会约束力，也会带来一系列弊端。在这种状态中，人们失去了社会责任感和自我控制能力，在一种“无人知道我是谁”的心理支配下，做出种种宣泄原始本能冲动的行为，导致网络中充斥了的大量不真实甚至是不健康的信息。因此，提升网民的媒介素养水平、增强他们的自我管理能力是十分必要的。

三是独立性。传统媒体以组织或单位的形式出现在受众面前，给人以高高在上的权威感觉，受众在接受他们所传播的信息同时，也被信息背后的观点所影响，从而使媒体完成引导舆论的职责。而在网络中，平民化色彩被突出，组织权威失去了它赖以生存的组织和机构。网民重视的是那些有价值的信息，而非传统意义上的新闻。这样，在充斥着大量不同声音和观点的网络中，受众在接收海量信息的同时，能够以独立的身份和眼光来判断每条信息的真伪和价值的大小，确定自己的意见并发布传播，而不再像传统大众媒体中的受众那样，做孤立无援的、听之任之的“靶子”，被动地接受媒体安排好的“议程设置”。

二、门户网站的传播功能

（一）新闻信息的服务功能

门户网站提供的“海量新闻”模式为网民奉上了数以万计的新闻信息，从国际新闻到社会新闻，从财经、科技、军事、娱乐到数码、汽车、体育、房产……涉及的范围相当广泛，使网民可以把世界上每一个角落的变化都尽收眼底。特别是网络上信息传播的超文本链接形式更是为网民获取信息提供了无限的可能，新闻背后的故事可以被无限挖掘，新闻的深度可以随着层层的链接不断触及事件的核心。通过门户网站，网民可以体验到更好的信息服务感受。网站内的新闻信息就像大型连锁超市里面货架上的商品，网民可以完全根据自己的爱好和兴趣随意挑选自己喜欢的商品，而不必像以往使用传统媒体那样，必须线性接受媒体已经安排好的信息。门户网站信息整合能力的增强也使得它所提供的新闻信息越来越好看。通过新闻整合制作出的新闻专题或深度报道，可以对新闻事件做全方位的扫描，同时反映多种不同的声音，不仅能反映新闻的点与面、正与反，而且能对不同群体之间的利益差异进行详细解剖，使新闻内容更加客观、真实、有说服力。如新浪在 2008 年 11 月份做的 2008 美国大选焦点专题，里面的内容涉及了滚动报道、专题图集、视频报道、分析评论、大选支持率、票数分布、初选回顾和 2004 年大选等多个标题，同时还结合文字、图片、视频、图表、漫画等多种表现形式，使整个选举过程分层次、有重点、有深度、立体化地呈现在网民面前，满足了不同层次读者的阅读需求。

（二）作为媒体的舆论监督功能

随着中国互联网的发展及网民数量的迅速增加，网络媒体的监督功能日渐强大，特别是经过主流门户网站广泛传播的新闻信息能够产生强大的影响力。从举世震惊的南丹矿难的揭露到推进中国收容制度改写的孙志刚事件，从高院再审刘涌案到哈尔滨宝马撞人案，从对周正龙“纸老虎”的质疑到热议“范跑跑”，网络舆论的巨大影响力越来越清晰地展现在世人面前，而门户网站更是舆论监督中一支不可忽视的重要力量。门户网站的头条报道、专题报道以及网站编辑发起的网友讨论等环节都会扩大事件的影响力，吸引更多的网民前来关注，由此加大了网站的舆论监督功能。特别值得注意的是，在网络媒体监督作用的过程中，传统媒体也会加入监督的行列，在很大程度上形成了网络媒体与传统媒体的互动，造成了浩大的监督声势。并且，传统媒体的参与和报道又会使事件本身的影响进一步放大，不仅吸引了网民更多的关注，而且为网络舆论的形成提供了更加丰富翔实可靠的事实材料。①

（三）多媒体融合下的娱乐功能

门户网站除了提供内容广泛的新闻信息，形态各异的娱乐内容则是它与传统媒体的区别所在。网站的游戏频道除了图文并茂的游戏资讯，更有许多恢宏制作的大型网游及实时在线的小游戏。娱乐频道中的热点音频视频层出不穷，配合精美的图片吸引着大批受众的眼球。网站提供的用户自助使用平台，让网民在进行自我内容的建设中体验着创作与表达的乐趣。新的草根明星层出不穷，虚拟社区及交友活动使网民可以借助安全的伪装忘乎所以地疯狂，门户网站不断增加的新功能和新服务更是推动网络娱乐浪潮达到一波接一波的高潮。网络所催生的这些日益流行的新娱乐形式和娱乐浪潮，正在改变着人们的娱乐习惯，塑造出新的娱乐文化形态，娱乐文化开始进入“数字化生存”和“自由化传播”的新时代。②

（四）构建公共表达的平台功能

门户网站中设置的开放论坛、博客及新闻后附加的网友评论，为网民构建了一个不受身份、职业、地域、背景等条件限制的开放的话语表达与交流空间，保证了每个网民都可以根据自己的意志自由表达观点。通过这种公共的表达平台，公众可以更广泛地参与到社会公共事务中。著名的互联网学者丹·吉尔摩（Dan Gillmor）就指出：“近几年，越来越多的普通公民成为新闻记者和社会评论员。他们以令人惊叹的速度建立起加

---

① 王茜：《网络媒体的监督功能初探》，载《新闻记者》2005 年第 5 期。
② 李建秋：《新媒体传播与娱乐新形式》，载《新闻界》2008 年第 2 期。

入社会和政治讨论的平台。"① 通过这种平台，网友们汇聚起来的“声音”也强烈地影响着舆论。以2007年引人关注的“华南虎照”事件为例，一场原本发自民间的网络争议话题转化为全国公众参与的公共事件，众多网友的参与将该事件推向了舆论的风口浪尖，并最终引发了关于政府公信力的大讨论。该事件折射出通过公共话语平台形成的网络舆论的强大影响力，也是互联网提升公众话语权的最好诠释。

第三节 门户网站与新闻网站的关系

作为网络新媒体的两大强势集团，门户网站和新闻网站之间的关系十分微妙，双方既是激烈的竞争对手，又是相互依存、彼此依赖的一对，在这种复杂关系的背后存在着无限的商机和密切合作的可能性。

一、新闻网站与商业门户的竞争关系

1. 新闻信息资源的竞争。当数字化、网络化武装起来的网络媒体普遍兴起之时，传统媒体营造的“舆论一律”的信息空间和传播格局开始出现剧烈的失衡。趁着游戏规则尚未完备，市场机制灵活、资金充裕、技术力强的商业网站加入到了新闻主导权的争夺之中。1998年随着网络门户概念的流行，新浪、搜狐等商业网站纷纷上阵，亮出架势闯入传统媒体世袭的新闻领地，通过开辟新闻中心、新闻频道将转载发布新闻作为自己的主打方向。门户网站选取新闻的角度一般立足新闻的原始尺度，能够准确挑动受众隐秘猎奇、追求古怪奇险的心理，凭借整合性和快速反应的特点，通过对弹劾克林顿、伊拉克战争、北约空袭南联盟等突发性事件的报道脱颖而出。2000年11月，《互联网从事登载新闻业务管理暂行规定》出台后，由于受到政策制约，门户网站丧失了采访权，只能在宽松的软性新闻报道方面向传统媒体叫板。门户网站本身固然缺乏传统新闻媒体的资源，但其整合的能力恰恰可以突破传统新闻“八股”写作的藩篱，它们常常能够以最快的速度选择转发国内外传统新闻媒体和其他网站发布的重点新闻，并以网络技术将其集纳成新闻专辑，把各家新闻媒体对事件多视角的透视原原本本地展示在世人面前。结果是，门户网站从新闻网站转载的重点新闻所产生的影响往往大于新闻网站首发新闻所产生的影响。由此，新闻网站陷入了一个悖论，把自己的新闻让商业网站转载，则失去了自己的部分读者，其网络影响力的光环被门户网站轻而易举地摘走。如

---

① 柴如瑾：《试论网络延展公众话语权表达空间——从“华南虎照事件”谈起》，载《东南传播》2008年第5期。

果不与门户网站合作，不让其转载自己的新闻，那么自己的影响力和声音就会越来越小。① 为了应对这一不利局面，新闻网站则想方设法利用自身良好的新闻原创资源为新闻网站注入原创活力，母媒体的记者可以作为网站的记者为其供稿，并且在策划和报道方面尽可能为读者提供独家的东西。通过策划，向报道的广度、深度开掘，把新闻做深做透，在与商业门户的新闻资源争夺中争取主动地位。

2. 财力及人力资源的竞争。门户网站的资金来源很大程度上依靠的是风险投资，其自身的赢利能力仍需继续开发，关于门户网站赢利模式的探讨也是业界和学界讨论最多的话题。新闻网站由于具有传统媒体多年经营与发展的基础，加上背靠国家这棵大树好乘凉，在有形资产上有充足的准备，也不必顾虑市场带来的种种风险，因此在财力上要比门户网站活得轻松。在人才方面，门户网站由于是靠技术起家，在新闻人才的招募和培养上投入了巨大精力，靠高薪吸引了相当数量的人才。门户网站中不仅“海归”云集，也让新闻网站面临人才流失的窘境，那些具有长期传统媒体经验的原新闻网站从业者在投入互联网的怀抱后，经过短期培训调整后，在业务上很快得心应手如鱼得水。

3. 品牌资源的竞争。抢占先机是门户网站的优势来源，门户网站在网络新闻传播上的介入比新闻网站在时间上要早，较早在网民中树立了品牌形象。例如网易的特点是易，新浪的特点是新，搜狐的特点是搜。门户网站对其品牌和影响力的塑造不遗余力，像“网易，网聚人的力量”、“看奥运，上搜狐”等广告标语已经深入人心，品牌优势在受众中不断提升，因此在互联网中确立了绝对地位。新闻网站的优势很大程度在于其母媒体多年经营积累下来的品牌资产，由于品牌延伸效应，网民会将对传统媒体的忠诚延伸到新闻网站，这也意味着网民的注意力很容易被新闻网站吸引。但传统媒体品牌本身并非完美，作为政府的喉舌，加上一些固有的陋习，往往会使受众难以对之产生信赖平等的感觉，而门户网站已经以平等沟通的姿态赢得了众多网民。所以，新闻网站只有将母媒体品牌优势向适合网络传播的方向转变，其品牌优势才能得到最大限度的发挥。

二、门户网站与新闻网站的合作关系

目前，在新闻网站与门户网站的合作中，较多出现的是门户网站购买新闻网站的信息。比如新浪就和多家新闻网站签订了转载新闻的协议，从而确保了其充足的信息来源。新闻网站实际上可以考虑用自己特有的体制优势、品牌优势和资源优势，大胆而又恰到好处地参与其他门户网站的经营业务，甚至可以考虑用兼并、入股、重组等方式，同这些门户网站开展多元化、全方位合作，找到使各方都有更大收益的整合形式。2000年美国在线和时代华纳合并事件就是传统媒体与商业网站合作的一个最佳例子。新闻网

---

① 孙光海：《新闻网站博弈推演与精准定位竞争》，载《对外传播》2008 年第 5 期。

站要从未来长远的战略发展需要出发，主动与门户网站进行合作。由于门户网站的内容发展离不开与新闻网站和传统媒体的合作，缺乏新闻采写权的门户网站一旦离开新闻网站和传统媒体的内容支持，如何生存将会是其首要考虑的问题。同样，新闻网站如果不与门户网站合作，其发展也会陷入停滞不前的泥潭。因为门户网站已有足够高的人气，借助门户网站的平台，新闻网站可以为自己的新闻打通“出口”，扩大自身的影响力。所以，两者虽然所属的利益群体不同，专注的服务领域也有区别，但在媒介融合的大趋势下，门户网站与新闻网站具有广阔的合作空间。

从经济学角度看，合作最根本的理由是为了追求经济利益，即两个合作实体产生的效益价值一般要超过单个实体的效益价值，这也就是经典的“协同理论说”：$1+1>2$ 或 $1+1=3$。在人类的传播史上，从来没有一个像互联网这样的平台，不受任何阻碍地进进出出。在网络空间里，新闻网站目前面临的挑战是与门户网站竞争的高成本代价，而解决这一问题的有效办法之一就是与门户网站进行全方位的深度合作与联盟。

从媒体的角度看，国际上凡是强势媒体都是有一定背景的，因为它发布新闻的意义甚至超越新闻本身，它反映的是某方面一种正式或者非正式的态度。从目前情况看，门户网站一般是很难达到这种强势媒体的传播效应。因此，门户网站和新闻网站的全方位合作将使双方的优势互补、效益倍增。目前，国内新闻网站显然享有行业资格和业务的政策优势，而门户网站的优势在于经营机制上的灵活。新闻网站和门户网站的优势互补必然会创造出一种新的合作模式。尽管我国还没有出现像美国在线与时代华纳这样的整合体，这种整合有体制上的原因，还有其他一些制约因素，但从未来发展看，这是一个必然的趋势。

第四节　门户网站的发展前景与面临的挑战

一、Web 2.0 技术带来的创新与变革

Web 2.0 是互联网上的一次理念和思想体系的升级换代，主要体现在互联网体系由原来的自上而下的以少数资源控制者集中控制为主导转变为自下而上由广大用户集体智慧和力量为主导。作为新一代互联网应用和一种以人为本的新兴网络，Web 2.0 不仅推动互联网从核心内容到外部应用的革命，更重要的是形成了崭新的互联网应用模式。那么到底什么是 Web 2.0？学界和业界对此有着多种定义，这里借用 Blogger Don 在《Web 2.0 概念诠释》里的总结：Web 2.0 是以 Flickr、Craigslist 等网站为代表，以 Bolg、Tag 等应用为核心，依据六度分割、XML、A2JAX 等新理论和技术实现的互联网新一代模

式。门户网站在 Web 2.0 技术的带动下不断开创新内容与新模式。与 Web 1.0 模式相比，门户网站主要出现以下几个方面的转变。

（一）由娱乐化向商业化的转变

门户网站的娱乐化是市场经济条件下产生的必然结果，特别是网络伊始强调的“注意力经济”及对点击率的追求，使得门户网站不可避免地执行市场经济商品的通用原则，即什么商品最好销售，消费群最大，就生产什么。放眼今天的互联网，我们可以看到式样繁多的娱乐景象：“芙蓉姐姐”层出不穷；“后舍男生”的影响力远远超过了“后街男孩”[①]；恶搞成风——从文字、音频到视频，就连传统的红色经典也不放过；全民博客把曾经的秘密日记发布到网上，木子美由此一炮而红；……年轻的一代沉迷于即时通信，连语言都处处充斥着娱乐，“：P”和“囧”等火星文频繁出现在各种文字中，人人试图在网络游戏、虚拟社区中打造一个全新的“自己”，过起一种别样的生活。目前，普遍盛行的新闻娱乐化现象在网络上表现得更为明显，网站编辑们绞尽脑汁地在每条新闻中挖掘噱头，然后用最炫耀的方式放在网站的显要位置，以此吸引更多人的眼球。一般来说，挖掘新闻信息中的娱乐价值，强调故事性、情节性、趣味性和人情味都有一定可取之处，但在实际操作中的过度化和极端化现象需要引起我们的警觉。门户网站发展前期的娱乐化取向为网站赢得了大量的点击率和流动用户，但单纯依靠点击率带来的广告收入作为网站生存发展的来源已经难以为继，因此，随着 Web 2.0 的到来，各种新的应用在网络上迅速展开，门户网站已经开始借着技术带来的便利不断向商业化的方向探索，寻找 Web 2.0 与商业的最佳结合点。

Web 2.0 核心的商业价值在于它的黏着力，有黏着力的网站才能够吸引用户，抓住用户[②]。目前，许多门户网站经常遇到的问题是，尽管有海量内容，网站却未吸引到足够的用户，并使他们长久地逗留。究其原因，是网站没有黏着力或者黏着力不够。Web 2.0 的诸多应用正逐渐改变这一状况，例如新浪博客推出的利润分成系统便是一个最好的例证。新浪网总编辑陈彤称：“新浪的博客已经达到了商业化的相应规模，我们每天更新的文章有 80 万篇，每日的博客流量有 2 亿，如果按目前的流量与收入的转化标准看，每天可以创造 40 万元人民币的广告价值，而一直也有广告商对在个人博客页面投放广告表示极大的兴趣。”[③] 新浪博客商业化的启动是将超强人气所蕴涵的商业价值转变为商业利益的一种成功尝试。Web 2.0 作为新一代互联网，其商业模式还在探索，赢利模式也并未清晰，但随着相关产业链的成熟，尤其是第三代移动通信技术（3G）的

---

① “后街男孩”是美国一个知名的歌唱团体。

② 彭小瑜：《基于 Web 2.0 概念的网站及其商业模式分析》，华中科技大学硕士学位论文。

③ 李宽宽：《新浪启动博客商业化，博主将与网站五五分成》，载《南方都市报》2007 年 9 月 12 日。

商用、互联网和手机上网的进一步融合，将为门户网站提供更加广阔的商业化发展空间。

（二）由网站主体向网民主体的转变

Web 1.0 使门户网站让零散的互联网世界里浮现出若干个硕大的节点，信息通过编辑整理被有序地组织起来，网民只能以“阅读者”的身份参与到网络当中来。这种以网站为主体的传播方式是典型的一对多的传统传播模式。这样的传播方式体现不出网络上的民主性，因为网站编辑的喜好决定了用户看到的内容，首页上的新闻数目有限，网站编辑选择的内容会给人一种先入为主的引导。进入 Web 2.0 时代，网民以更加便捷的“参与”方式加入到互联网的创作活动中来，内容改由每个普通互联网用户来创造。网民可以通过博客、文摘和其他更多的服务形式进行写作、展示图片或者上传下载音频视频文件等等。Web 2.0 以个人对个人的传播为主，网民之间可以自由地分享彼此看到的信息，然后将这些信息通过每个用户的浏览再共同合作地组织起来，形成更加全面、完整、有效的信息，从而实现以网民为主体的转变。

（三）由图文向视频的转变

Web 2.0 之前，门户网站展现信息的主要方式依赖于文字、图片。随着宽带的普及和网民对互联网需求的不断提升，传统的文字、图片等互联网内容已经远远不能满足用户的需求。P2P 流媒体技术的开发以及 Web 2.0 下各种简易便捷的技术应用为互联网视频内容的发展扫清了障碍，网络展现视频的方式越来越丰富，像播客、网络电视、视频直播已经成为许多门户网站的主打产品，网民也拥有了将自己制作的视频与大家分享的平台。2006 年被称作中国互联网的视频元年，各大门户网站都纷纷投入资金建设扩充自己的视频内容。新浪在 2006 年初将宽频业务定位于“资讯 + 娱乐 + 服务”的宽频门户，一如其图文门户大而全的风格。与新浪精而全的宽频战略不同，搜狐则将更多的精力放在体育和娱乐两个细分领域，2008 奥运视频直播的大获成功是其在视频发展领域内交出的一份满意答卷。而腾讯则充分结合自身的特点发布了客户端软件 QQ 直播，选择以 P2P 的方式切入宽频市场。对于网络视频内容资源这块大蛋糕的全面开发与充分利用，各大门户网站之间的争夺战已经打响。

二、门户网站发展面临的挑战

（一）RSS 聚合新闻对门户网站的影响

RSS 的信息聚合功能使得用户可以方便接收到送上门来的新闻，而无须到各家门户网站逐一浏览，这对于门户网站来说，降低了用户的浏览量和点击率，也会降低相应的广告费用，因此它成为门户网站强有力的挑战者。对于用户来讲，为了某一特定信息每天专门打开一个网站的成本是很高的，因此他会尽可能地在一个网站内完成，门户网站当然是首选。可有了 RSS 之后，规模较小的信息提供商就与门户网站站在了同一个起跑线上，这时候对某一行业更加精深的信息提供商将比门户网站更有优势。[①] 显然，这让门户网站不得不主动应用和推广 RSS 技术，因为门户网站所具有的信息广度和数量是其他专业网站和小的信息提供商所难以匹敌的，如果门户网站充分利用自身的信息优势，再将社区、博客以及各类网站的内容有效地整合在一起，可以更好地培养网民对于门户网站的黏性，增加网民的访问量。

（二）垂直网站挑战门户网站

和大而全的门户网站不同，垂直网站的注意力集中在某些特定的领域或某种特定的需求上，提供有关这个领域或需求的全部深度信息和相关服务。面对大量同质化和冗余度高的信息，网民更愿意迅速地找到更加实际、实用和实惠的内容，而不是在信息的海洋中寻寻觅觅。因此越来越多的网民已经开始更愿意浏览专业的垂直网站而不是门户网站。在如今的互联网格局中，有五类垂直网站发展迅速：第一类是近几年快速成长的 IT 类网络媒体；第二类是房产类垂直网站优势明显；第三类是中国财经网站处于快速成长期，目前中国财经网站的目标主要为个人用户市场，个人投资理财用户基数庞大，中国财经网站个人用户市场潜力巨大；第四类是在线视频类网站，无论从覆盖收入还是从媒体黏性角度看，这类网站已经成为当前最聚人气的服务领域；第五类是为用户提供最直接信息服务的垂直网站。作为互联网的新亮点，垂直网站正引起越来越多的人的关注并从多个方面对门户网站产生影响。

（三）个人门户的冲击

当互联网的信息显得“过量”时，人们希望面对的不再是“广场上数以万计的人群”，而是“正在迫切寻找的那几个人，甚至那个人”，“个人门户”因此而出现。[②] 如果将互联网比作信息的海洋，那么个人门户就可以被看做是这个海洋中的一个孤岛，这并非是传统意义上的孤岛，它更像是互联网中的一个结点，当个体需要时，它可以随时融入互联网信息的海洋中源源不断地获取动态更新的信息和服务，而当个体想要保有自己独立的空间时，这一孤岛又可以随时剥离。个人门户在页面的表现形式上差别不大，但在具体的产品实现上则各有不同，其本质都是为了满足个人的需求。如今，众多的互联网厂商逐渐意识到个人门户的发展趋势：Google 推出了以 RSS 订阅为核心的 iGoogle、中搜推出以搜索技术实现的个人门户 IG，Yahoo！的 My Yahoo 更是这一领域的先行者，而现在最热门的，当属 Facebook，拥有 3000 万注册用户的人脉使得其平台迅速被纳入个人门户的主流范畴。在未来的互联网发展中，谁能真正把握住用户的“互联网入

---

① 瞿辉：《门户网站如何应对 RSS 挑战》，载《青年记者》2006 年第 8 期。
② 雍忠玮：《个人门户能否异军突起?》，载《计算机世界报》2007 年 8 月 29 日。

口”，谁就能够拥有更大的主动权。

（四）缺失的新闻采访权

门户网站赢得的知名度及影响力，主要因为其拥有强大的新闻集纳功能，就是能找到“所有”你“最想要”的新闻。但不管是新浪，还是网易、搜狐、腾讯，它们只有新闻发布权却一直没有新闻采访权。尽管门户网站也在通过网络访谈、网络直播等形式来获得变相的新闻采访权，但由于本身不具备新闻采访权，导致了这些网站获得的新闻从一开始就属于二手新闻。因此，在新闻采访政策还未明确的情况下，门户网站的新闻要想获得创造性发展、完全走向成熟尚需时日。

三、Web 2.0 时代门户网站的发展前景

（一）积极、合理地利用新技术

门户网站在对新技术的应用上较其他类型的网络媒体更为敏感，在激烈的用户抢夺战中，它们争相以最新最快的姿态示人，以求先入为主广泛地吸引受众的注意力。从电子邮箱、搜索引擎到博客、RSS 等技术的推广经验看，技术的领先往往是网站占据领先地位的重要条件。如新浪率先推出的“名人博客”就在社会中产生了广泛的影响，奠定了它在博客服务领域的领先优势。在应对新技术的过程中，网站要结合自身的优势和特色，寻求在经济利益和发展潜力上的平衡点，以此来获得长足的良性发展。然而网络一半是技术，一半是文化①，只有领会了技术的内涵特质，才能更好地利用它，而不是仅仅把它作为新的工具。Web 2.0 的各项技术最大的共同点就是以用户的需求和使用感受为出发点，甚至充满了对信息时代的激情和梦想。每一项技术的使用都会对媒介的状态和受众的感受产生影响，这种影响便包含了更多的人文色彩。所以在推广或引用新的技术时，把握好它的根本属性，才能深入地了解它所能带来的功能和价值，从而采用最适合的方式推介给用户使用。

（二）重视个体内容创造的力量

Web 2.0 的各项技术进一步模糊了内容生产与消费的界限，同时信息传播环节被相应简化，网民可以通过博客、播客、维客等手段，更专业地参与到原创性内容的生产中，还可以通过“书签”等方式为他人提供阅读资源，从而将消费过程转化为生产过程。尽管个体还无法成为门户网站内容建设的中坚力量，但作为网站新闻信息的补充来源，个体已经越来越显现出其在内容生产环节中的独特价值。目前，许多门户网站已经将博客、播客等内容作为网站主要的新闻来源之一并将其放置在首页的主要位置。随着 Web 2.0 强调的对个体重视程度的不断加深，个体创建的内容将会在未来的网络传播中

① 赵玲：《试论 Web 2.0 对门户网站新闻频道的影响》，暨南大学硕士学位论文。

占据更大的比例，门户网站如何提供更为全面的服务来满足网民自我创造的需求，如何将网站内容与个体内容更为有效地有机整合，将是门户网站未来长期良性发展的关键。

（三）强化深度互动，提高用户黏性

在未来的竞争格局中，谁手里拥有的用户最多，谁就有更多获胜的筹码，所以，如何吸引用户、提高用户黏性在未来的互联网持久战中的重要性会越来越明显。① 自从网易在游戏业崭露头角之后，其他门户网站也纷纷转战游戏领域，无疑是看中了网络游戏业所带来的巨大赢利价值及其背后所黏住的广大用户群。想要提高用户黏性，必须强化网站与网民之间的深度互动。一方面，门户网站所提供的各种个人化应用强调了个体在使用过程中的深度参与和投入，如博客和播客等的经营，不仅凝聚着个体劳动和精神产品，而且凝结着用户对该网站服务的依赖和黏性；另一方面，门户网站所提供的网络游戏和虚拟社区等服务内容也强化了网民之间的联系，这种关系的培养与维持极大地增强了用户对网站的黏度。因此，门户网站在其所提供的产品和服务中要突出互动，以此来吸引更多的用户。同时，还应强调门户网站各种规则的制定者应该是用户，而不是各个互联网运营商。所以，无论是互联网的内容、服务以及通过互联网建立起来的各种各样的关联应用，最终都由用户来决定。② 因此，门户网站要想真正应对新形势下的挑战，必须为网民提供不同层次的、细分的、整合性的服务，把用户的需求放在首位，最终使门户网站成为一个咨询服务平台，有自己成熟的即时通信工具或社区服务，同时还要成为具备娱乐功能和为用户提供电子商务方面的服务的综合体。

---

① 崔明轩：《新竞争格局如何更好经营主品牌》，见 http://www.iresearch.cn/，2008－07－28。

② 《第三次互联网浪潮：用户对网络的依赖性越来越强》，见 http://www.weamax.com，2007－03－28。

第三章　IPTV

当今的互联互通时代，各种媒体也在巨大商业利益的驱动下，进入到“大融合”的时代。传统媒体、电信、网络以及新兴媒体，都在以惊人的速度融合发展，几乎所有形式的媒体都在互联网的世界中寻找自身的立足之地。从电信产业的角度入手，随着移动技术的不断成熟，移动终端的日趋完善，固定网络和移动网络最终走向融合成为了电信未来发展的主流趋势。然而在这个漫长的进程中，电信固网运营在面对新兴的移动通讯的挑战时必将遭遇阶段性生存危机。传统话音服务逐渐成为竞争中的非稀缺资源，如何实现固定网络的传输优势，如何寻找新的突破点，成为了电信产业转型成功与否的关键。IPTV 就是在这样的时代和技术背景下诞生的融合性产物。

第一节　IPTV 的内涵及发展状况

一、IPTV 的内涵

IPTV（Internet Protocol Television）是一种多媒体的业务电视，视频、语音、文本、图像、数据等业务都是 IPTV 的一种表现形式。同时，IPTV 又是一整套的应用服务解决方案，是一个服务体系，而不是一个具象的产品，它是下一代互联网（NGN）业务的典范代表。从技术层面看，IPTV 即交互式网络电视，是一种集互联网、多媒体、通讯等多种技术于一体，向家庭用户提供包括数字电视在内的多种交互式服务的崭新技术。目前，用户在家中可以有两种方式享受 IPTV 服务：一是计算机；二是网络机顶盒 + 普通电视机。国际电信联盟远程通信标准化小组（ITU－T）给出的定义为：IPTV 是在 IP 网络上传送的包含电视、视频、文本、图形和数据等，提供 QOS（服务质量）/QOE 安全、交互性和可靠性的可管理的多媒体业务。IPTV 的接收终端包括电视机、电脑显示器、掌上电脑（PDA）、手机、移动电视以及其他类似终端。从接收终端看，IPTV 可以分为三种形式，即 PC 平台、TV（机顶盒）平台和手机平台（移动网络）。通过 PC 机收看 IPTV 是当前的主要方式，因为互联网和计算机之间的关系最为紧密，目前已经商业化运营的系统基本上属于此类。基于 TV（机顶盒）平台的 IPTV 以 IP 机顶盒为上网设备，利用电视作为显示终端。虽然电视用户大大多于 PC 用户，但由于电视机的分辨率低、体积大（不适宜近距离收看）等缘故，这种 IPTV 目前还处于推广阶段。而手机电视是 PC 网络的子集和延伸，它通过移动网络传输视频内容。由于它可以随时随地收看，且用户基础巨大，所以可以自成一体。

二、世界各国或地区 IPTV 发展概况

国外 IPTV 业务的雏形可以追溯到 1985 年。当时，美国的几家电信公司（GTE、Ameritech 和 Bell Atlantic）在光纤和 DSL 上进行了视频传输的实验，但是由于这些公司所提供的业务与有线电视公司没有明显的区别，所以电信公司的视频业务没有成为主流业务。真正可以算做 IPTV 业务发展起点的应该是英国 Video Networks 公司 1999 年推出的 IPTV 业务，随后世界各地电信运营商都纷纷开展 IPTV 服务。1999—2003 年，全球推出 IPTV 业务的运营商有 30 多家。欧洲是 IPTV 发展较快的地区，传统电信运营商基本上都已经部署了 IPTV，一些运营商取得了商用上的成功，如英国的 Video Networks、Kingst on Communication、英国电线；挪威的 Telnor；荷兰的 KPN；意大利的意大利电信、Fastweb；法国的法国电信和 Free；瑞士的 Swiss com；等等。意大利的 Fastweb 公司在欧洲 IPTV 发展中扮演着重要的角色，其在 IPTV 经营上的成功，改变了许多运营商原先对 IPTV 的观望态度。到 2005 年 6 月，Fastweb 公司的 IPTV 用户接近 19 万户，是欧洲最大的 IPTV 运营商。而法国凭借 Free、法国电信和 Neuf 电信的快速发展，其 IPTV 用户数接近 27 万户，是欧洲 IPTV 用户最多的国家。尽管英国是欧洲起步最早的 IPTV 市场之一，但由于英国的付费电视市场竞争非常激烈，到 2005 年 6 月，英国 IPTV 用户约为 3 万户左右，远远落后于其他类型的电视用户，如卫星电视用户和有线电视用户。

北美地区的 IPTV 业务主要有美国的 Verizon、DSSI、Qwest Communications、All West Communications 和 Sure West；加拿大的 MTS、Saskte、Manitoba telecom、Tlus、Bell Canada。在北美地区，IPTV 的发展从众多的本地运营商处开始，如美国的 Sure West、加拿大的 MTS。相对于这些本地运营商，传统电信运营商的起步相对较晚。由于进入 IPTV 需要巨额的网络升级投资，北美大型电信公司在初期选择和卫星电视公司合作，以转售卫星广播电视业务的形式来提供视频业务，如美国的 SBC、加拿大的 Bell Canada 等。这些电信运营商从 2004 年开始，也在进行 IPTV 的部署，通过自建网络向用户提供真正的 IPTV 业务。由于美国政府对电信业务、互联网业务、有线电视业务采取的管制政策完全不同，而目前 IPTV 界定为何种类型的业务、由谁来监管、如何监管都没有明确的说法，可以说，这种管制政策上的不明确是阻碍 IPTV 在美国发展的最大障碍。从

2004年部署IPTV以来，Verizon仅在California、Florida、Texas以及Virginia的城市Herndon获得了开展电视业务的本地特许。

在亚洲地区开展的IPTV业务有泰国Shin Satelliet、新加坡的新加坡电信、日本的Yahoo！BB、韩国的TCC、马来西亚的Astro、中国香港的电讯盈科以及中国台湾的中华电信。宽带的发展大大促进了IPTV在亚太地区的部署，许多电信运营商纷纷进入IPTV市场，采用的主要接入方式是DSL和光纤接入。中国香港的电讯盈科是全球IPTV业务开展最好的运营商之一，到2005年6月，电讯盈科的NOW宽带电视用户已经达到44.1万户。由于中国香港现行的广电和电信管理体制相互融合，没有专门制定IPTV管理政策，只是把IPTV业务作为收费电视业务进行监管，没有给IPTV的发展造成很大的障碍。过去，韩国的IPTV处于信息通信部、广播委员会两个政府部门监管的交叉领域，这使其发展面临着复杂的制度环境。直到2006年9月，信息通信部和广播委员会终于就IPTV试验达成一致意见之后，IPTV运营序幕才缓缓拉开。截至2007年底，韩国已有韩国电信和Hanaro电信在提供IPTV业务。Hanaro的Hana TV已经有80万户，而韩国电信的Mega TV业务自2007年7月推出以来，到当年9月底已经发展了14.8万户。2007年12月28日，韩国国会通过一项允许开展IPTV服务的法案，允许电信运营商通过宽带网络播放电视节目和电子商务等互动服务。运营商可以把服务项目捆绑销售，更多地开发现有网络的商业价值，提供视频点播、电视购物、家庭上网和互动教育等服务。2008年1月，韩国电信宣布在全国范围内推出IPTV服务“Mega TV”，此前韩国电信已在首都首尔及周边地区推出试验性IPTV服务。2008年1月下旬，韩国第二大网络门户Daum通信同微软以及本地机顶盒制造商Celrun宣布进入韩国IPTV市场，将从2008年第二季度开始，Daum正式提供IPTV服务。微软将提供技术支持和海外市场服务，Celrun则提供硬件设备。韩国的IPTV市场正步入快速成长的阶段，到2008年底，韩国已拥有300万IPTV用户。

从全球范围来看，以互联网、通信网和有线电视网为代表的网络融合呈现加速的趋势，多网融合正逐渐形成一个更加巨大的产业，整个行业都在把目光转向电视用户。2003年10月13日，当时，微软总裁兼首席软件设计师比尔·盖茨，在瑞士日内瓦召开的世界电信联盟展（ITU Telecom World 2003）上，谈到该公司各业务部门的重要措施时首先指出，微软电视部门将致力于基于互联网协议的电视传送（IPTV）技术的开发，将使有线电视运营商和通信运营商能够通过现有宽带网络，更有效地提供新一代电视服务。随着信息、通信和技术的飞速发展，市场开放以及用户对多种业务需求的与日俱增，三网合一已经成为一种潮流，三类不同的业务、市场和产业也正在相互渗透和融合，IPTV作为融合趋势下的代表，将有更加广阔的发展前景。美国已经出现了通过电话购买电视剧和电影中商品的服务，007用的手表、尼奥的风衣，都可以通过电话购买，人们可以一边看着电影，一边用遥控器选择心仪的商品并下订单购买。目前IPTV的很多功能和服务，在现有性能的机顶盒上已可以直接实现，而复杂一点的3D电视网络游戏的实现则需要开发定制终端。当然，这类高端的定制终端除了可实现3D游戏以外，还可实现更多需要高性能设备才可实现的功能和服务，如一边点播连续剧、一边视频聊天等。

三、国内IPTV发展概况

我国的IPTV业务正式开始于2004年，但在这之前已经出现了一些电视内容和网络宽带融合的构想与业务雏形的推广，发展道路从宽带网络内容提供发起，继而走向终端向家庭电视的转移。1998年成都电信推广宽带电视，这样的构想和举措在当时的国际通信传媒环境极具超前意识。但是由于各种因素，成都广电局和成都电信之间的合作并不愉快，直到2005年，双方又重新坐到一起，共商未来发展大计。

1999年3月10日比尔·盖茨在深圳推出“维纳斯计划”，目的是希望通过改造终端的方式，令中国数以亿计电视机可以通过镶嵌其中的Windows界面与互联网相连接，在当时国内个人电脑还不是很普及的时期，这样的技术和应用的费用对于受众来说是相对低廉的，但是由于当时互联网发展不成熟，加之该方案的推出绕过了广电部门的审核程序，最终成为微软全球项目中少数失败案例之一。

早在2001年，由新华通讯社上海分社和上海市电信有限公司共同投资组建，成立上海新华社电信网络电视公司，该公司依托新华社权威、及时、丰富的新闻资源优势和上海电信高速便捷的宽带网络及先进的信息技术，全力打造集文字、图片、音频、视频于一体的大容量全新互动媒体，但由于政策和技术等多种原因，未在全国范围内产生很大影响。2003年9月，中国电信率先开通商业性的宽带门户网站——互联星空。作为互联网产业价值链核心，互联星空业务主要面向中国电信宽窄带上网用户，以及提供各类内容和应用服务的SP。

2004年5月，中国网通与IDG（技术创业投资基金）等合资组建“天天在线”获准成为首家播放视频的宽带门户网站。2004年6月，长虹与微软签署了一份基于技术层面的战略合作协议，开始致力于IP电视的发展研究。几乎与此同时，中央电视台开播了“央视网络电视”，将丰富的电视节目资源移植到网络新平台。同年8月，央视网络又在上海落地，110万上海电信宽带用户可以在试验阶段免费上网收看中央电视台的网络节目。2004年10月，中国电信在广东、江苏、上海三地开始IPTV试商用。

2005年4月，上海文广新闻传媒集团（以下简称“上海文广”）获国内首张IPTV牌照，其拥有11套电视频道、10套广播频道、两家报纸和两家杂志。通过与中国电信、中国网通的合作，上海文广作为主要内容供应商的IPTV业务已经在国内多个地区开展起来。同年5月，新华社、中央人民广播电台、中国国际广播电台、北京人民广播电台等传统新闻媒体高调进军IPTV。2005年8月8日，央视正式开播以互动视听为特色的CCTV网络电视新闻频道和娱乐频道。

2006年1月，上海电信正式开通IPTV商用。从2006年6月开始，中国电信集团同上海文广新闻传媒集团合作，在上海、广东、浙江、江苏和陕西等5省（市）17座城市进行试点，截至2008年5月，中国电信IPTV用户已累计超过94万户。

作为一种基于宽带网络的交互式视频业务，IPTV为电信运营商创造了新的发展机遇，电信运营商发展IPTV能够促进宽带接入的继续发展，既满足了用户的消费需求，也增加了收入，同时，IPTV的出现也为运营商从传统电信服务商向新型综合信息服务提供商的转型创造了条件，可以借此建立更为稳定的竞争优势。全国各地，从新疆到海南、从西藏到黑龙江，90%以上的省区均已建有IPTV试验局，为市场进一步拓展奠定了基础。但电信运营商发展的IPTV用户较广电有线电视运营商发展的数字电视用户仍有较大差距。在内容提供上，目前国家广电总局已经颁发了5个IPTV运营牌照，其中全国性的单位分别是上海文广、央视国际、国际广播电台，另外两个是地方性牌照。根据广电总局相关机构在2008年发布的有关数据显示，2007年中国有线数字电视用户市场得到全面启动和快速发展，年增长率达到115.38%。2008年有线数字电视用户新增2819万户，累计有线数字电视用户规模达到5615万户，预计2011年累计有线数字电视用户规模达到1.1165亿户。截至2008年9月，中国IPTV用户超过200万户。中国IPTV呈稳步增长态势，显示出良好的市场发展前景。据权威市场研究公司预测，到2010年，中国IPTV用户将超过800万户。

第二节　IPTV的传播特点

一、互动性

互动性作为IPTV的传播特点主要体现在以下几个方面：

一是受众与内容的互动。IPTV的最大特点是将收视的控制权真正交给受众，其手段包括视频点播、互动节目指引和节目录播。其中，视频点播是观众可以通过VOD、NVOD及DVOD等点播技术自主选择节目，从内容上、时间上做收视的主人。这一点突破了传统电视的播出权在播出者手中而受众处于被动的局限地位。

二是媒体内容与内容的互动。这主要体现在多媒体节目及其跨媒体互动上。多媒体内容采用数字电视广播以后，在电视屏幕上不单单能看到视频节目，还可看到文本内容

(如网站网页)，大大丰富了IPTV的表达方式。多媒体表达方法在传统电视上可以通过前端的处理加以实现，比如说电视缺一个横幅，模拟电视可以加一条滚动的字幅，做多媒体播出。但是跨媒体互动可以把不同的表达方式在电视机上同时播出，互相切换，一个典型的模式就可以把一个数字平面静止的内容和一个视频动态的表达联系起来。例如，我们在看娱乐节目的时候，对某一个明星感兴趣，打入这个明星的名字时，会跳出一个静止画面来介绍这个明星的背景，这种表达方式对传统的单一表达方式来说是一个很大的进步。跨媒体的内容制作变成超链接的内容，超链接的概念实际上就是把互联网的概念拿过来，通过电视机达到互联网的效果。

三是传者与受者的互动。IPTV所带来的全新商业模式，就是营运商和用户之间关系的变化。传统的营运商是播出的主控者，而且播出只能面对大众不能面对个人，IPTV诞生以后，由于观众与内容的互动，内容与内容互动以后，将使广播演变成一种个性化的窄播，根据个人的习惯来推动节目的传播，这不仅符合现代社会个性化的潮流，而且又能够有效利用公共的媒体工具以最低的成本达到与互联网相同的效果。可以开展的业务有点歌服务、个人爱好的节目订购等。对播出者而言，由于采用双向互动平台，用户的反映可以在接收机里记录下来，通过在线的用户调研，立刻知道节目是否受欢迎，甚至可以让用户参与到下一步的节目制作中来。

二、开放性

完整的IPTV模式是一个开放式的信息平台。在初期，它的内容由专门的内容提供商供给，具有一定的渠道局限性，但可以根据IPTV所承载的网络类型不同、地域不同进行不同程度的开放。在网络平台中，所有的网民包括个人的内容制作机构、团体都可以成为IPTV平台上的内容提供者，它是一个由大众搭建起来的、共同营造的媒介环境。IPTV技术的成熟是网络融合的一个重要支点性元素，它的出现实质上是统一了业界的标准，使得不同的行业使用同一种技术，对于信息的传输有了统一的标准协议，从而为其全面的开放性设置了一个零门槛。

三、平民化

传统电视总是以一种高高在上的姿态来制作它们的节目，这样就会导致两种极端：一种是以教化的功能为出发点，提供政权意识形态浓厚的电视节目；另一种是电视节目制作机构一味地迎合市场受众，带来电视节目娱乐化及低俗化倾向。两者只是在内容上迥异于彼此，但问题出现的根本原因却是如出一辙，即内容制作与观众收视严重脱节，使得节目本身带有一种距离感。一个完整的传播渠道是需要一个双向的闭合回路，只有当这个闭合回路的传递渠道处于同一介质之中时，传播的互动才能真正平等地实现。完整IPTV的业务功能正好包含着平等传递信息的渠道，互动的模式自然产生。传统电视原先以点对面的传播转化成了IPTV点面互动，其结果就是由庞大受众组成“面”的群体颠覆了由“点”构成的垄断媒体的传播。平民意识、非主流、小众或分众社区成为了IPTV平民化的最大体现。

四、提供海量内容与个性化用户体验

传统电视的频道有限，每个频道播放的内容也有限，黄金时段更为有限，因此传统电视只能摆放那些最大众化的内容，因为它们维护“长尾”的成本太高了，这也解释了模拟电视几乎没有细分电视频道的原因，几乎每个频道都有新闻、综艺、电视剧、广告等。但是IPTV拥有几乎无限的频道资源，像VOD业务让用户可以观看海量内容，突破了内容播放量的限制；用户可以使用Time-shift回看热点节目，突破了黄金时段的限制等。与传统电视相比，IPTV的用户体验实现了四大突破：一是交互的音视频内容突破了单向广播的局限；二是丰富的内容频道突破了有限直播频道的空间局限；三是时移和回看的功能突破了电视节目播出的时间局限；四是动感的窗口化界面突破了分层菜单和单幅图像的局限。

五、受众参与媒体的议题设置

IPTV的出现和发展带来一系列媒介使用功能的转变，最重要的是将受众的地位提升到或接近于主导的地位，其中传统的议程设置策略也在新的传播环境面临新的挑战。最直接的挑战来自于注意力的分散，完整的议程设置过程需要一段时间的媒介关注，在IPTV的媒介环境中，虽然节目形态仍然以频道为构架填充在各个频道中供受众选择，但是，受众不断跳跃的频道转换却使得频道的概念越来越低。尤其是IPTV带来的巨大的信息和内容包容性，议程设置很容易在多元的观点中被打散而难以形成具体的传播效果，传播效果的显著性被大大减弱。在这样的情况下，较之耗时长、见效缓慢的议程设置策略来说，短而小的议题设置可以取而代之，能否在短时间内迅速抓住受众眼球的内容，成为新闻传播效果成败的关键。以互动为特色的IPTV模式，受众的反馈时间大大缩短，在议题和议程设置过程中，议题和议程意见走向也带有极强的偶然性，参与者由最初的内容提供者，逐渐发展到参与其中，多种观点在碰撞中很多时候往往会出现戏剧性的变化，对于传播意见走向的把控、确保传播者本初意见与受众意识的“高度对应”也成为IPTV议题设置传播功能的嬗变之一。

六、再造“客厅娱乐”家庭生活

在传统电视文化时代，以电视机为情感纽带的家庭生活方式已经成型，茶余饭后，

一家老小齐聚电视机旁，一边收看电视节目，一边聊天。有的时候，只是家庭成员聚集在一起，借助任何节目，都可以进行现实的情感沟通，这已经成为家庭生活重要的组成部分。电视机的外壳被赋予了电视群体性媒体特征，这时的电视机具有一种家庭的向心力，可以汇聚起家庭成员的交流氛围。而个人电脑的出现，无论从屏幕大小还是从鼠标、键盘等操作方式上，都不同于传统电视的收视习惯。虽然个人电脑可以轻松地实现互动、点播等功能，但带有过多的个人色彩，是一种个人化的媒体，在营造客厅娱乐氛围上显然略输电视一筹。IPTV 的出现，其媒介功能则集合了传统电视和个人电脑的功能优长，也在一定程度上模糊了电视和电脑的界限。由于目前 IPTV 的目标受众几乎全部来自家庭用户，因此，IPTV 的传播功能对用户行为习惯、家庭结构、人际关系等多方面的社会要素产生了巨大影响，最主要的体现是兼具了传统电视与个人电脑优点的 IPTV，在传统电视的基础上，用带有个人电脑所具有的自主体验为用户再造了一种全新的“客厅娱乐”家庭生活。

第三节　IPTV 的发展前景与面临的挑战

国内 IPTV 在 2004 年破土而出，一度成为广电系统与电信业转型的热点话题，在 2006 年达到前所未有的舆论高峰，然而最近两年的发展势头并没有业界所预料的那般欣欣向荣。2008 年奥运会本应该是 IPTV 发展的绝好契机，却又一次因为各种因素而停滞不前。政策、技术、市场、运营、产业链等等这些当今只要提到 IPTV 就不能不提的关键词，从其自身内涵寓意出发，也能反映出 IPTV 未来发展的机遇与挑战。

一、受众定位与内容整合是发展关键

内容的提供直接决定着 IPTV 的服务质量，也是 IPTV 成败的关键。中国的电视市场极为庞大，IPTV 若想赢得市场，除了自身技术达到一定标准之外，对于市场的准确定位也是尤为关键的一个环节。上海文广总裁黎瑞刚在一次讲话中提出，IPTV 的受众主体将是年轻的一代。这些年轻人对于新鲜事物有着先天的渴求，他们几乎使用过这个时代所有和电子数字相关的产品，他们在对电视节目的不断搜索中寻找自己的收看乐趣，并且他们有着强烈的猎奇心态，旗帜鲜明地表达出自己感兴趣的观点和情节。这是一个没有既定成见的群体，尤其是在城市中成长起来的孩子，无论从道德的固有约束上还是各种民族、国家意识上，都不及他们父辈那代人强烈或者坚定。IPTV 的最初发展需要这样一个对传统媒体没有浓厚情感的受众土壤，因为改变观众的消费习惯毕竟需要付出巨大的人力和物力代价，而且无论对于运营商还是内容提供者来说，其改变的效果

也存在太多的不可控性。同时，IPTV 发展面对的一大瓶颈来自内容的缺乏，如果没有充足的节目源供受众选择，点播就失去了实际意义，能否提供给受众丰富且适合 IPTV 传播特性的专业化互动节目，是提升 IPTV 整个产业水平的关键。

二、打破行业与政策垄断是发展突破口

IPTV 政策的不明朗来自广电部门和电信管理部门的持久博弈，对于 IPTV 产业的归属纷争至今仍在继续且不知最后期限。IPTV 需要电信运营商提供长期稳定的技术支撑和维护，同时也需要广电部门在内容上的供给和审核。国际电信产业在近 5 年的固定话音减缓甚至是负增长的发展态势下，急需产业转型的突破口，而电信运营商最大的优势就是近年来建设起来的宽带基础，因此，IPTV 作为一种全数据传输功能的解决方案便成为最大的发展亮点。其实，广电部门在传统的电视市场中扮演的是一个垄断者的角色。在原来依靠主流电视制作部门制作节目的时代，电视信号通过模拟方式传输需要占有相当大的电磁频谱空间，因而模拟的方式导致了资源的“稀缺”，而掌握稀缺资源的广电部门自然就成为了垄断者。再者，严格的内容审查制度，使得内容制作商也成为竞争中的垄断者，既是规则的制定者，又是游戏的主要参与者，这期间的竞争方式自然可想而知。而以数字宽带为主要传输方式的 IPTV，因为与互联网相连接，其内容体系是一个开放的系统。在此，以比特为单位的数据存在的空间是无限的，渠道也是可以按需添加的，信息传输方式的改变带来的是渠道的“氧气”非稀缺性，原来垄断者的地位将在这样的技术变革中逐渐丧失。较之传统的模拟电视，IPTV 传输渠道的增加且对内容数量和质量要求日益提高。传统电视体制下的节目制作流程以及所耗费的成本无法满足 IPTV 环境下节目内容的需求，这样就会触发一场新的电视节目制作的浪潮，进而成为产业链中的一个关键部分，而内容制作主体的多样性发展在当前又不可避免地触动了内容审核机构的权威地位。

三、推进“三网合一”成为必然选择

三网（电信、电视、互联网）融合概念早在 1998 年就已经提出，但因为当时的技术条件、行业管理体制以及对未来民用信息产业发展方向判断不清等多种原因，及至随后的中国电信拆分，此事不了了之。但在目前的国内外，三网融合已经成为一个不可逆转的大趋势，欧美各国的解决方式是电信和内容制作部门采取合作实现共赢，政府也纷纷修改相关法律法规，允许广电业务与通信互相渗透。然而，我国特殊的舆论宣传政策却又使得合作进行尤为艰难，三网融合也变成了一个极为复杂的问题。目前，在国内，电信网、广电网和计算机网三网合一的关键在于电信网与广电网的合作。三网分离不是网络物理层面上的分离，而是业务层的各自独立，如按政策职能在网络中的分割，带来

的将是巨大的资源耗费和无谓的竞争，这样的网络环境是一种非健康状态，是 IPTV 未来发展的最大制约因素。电信越过广电而独立开展 IPTV 业务，存在着巨大的内容缺口，没有吸引人的精彩电视节目，就无法在市场中形成规模，也就无从发展。而广电近年来开始数字电视的势头正热，由于 IPTV 与数字电视在服务效果上存在着一定的叠加重合，因此两者的竞争也将是一场恶战。广电部门推行数字电视利用了自身原有的广电网，目前国内的电视用户为 4 亿户，而互联网宽带的网民为 2.53 亿（2008 年 7 月 CNNIC 第 22 次中国互联网发展状况统计报告），广电推行数字电视具有先天的内容优势，但在技术改造方面要付出巨大的代价。而电信运营商希望通过合作的方式打开内容豁口却还是受制于广电部门下发牌照的制约。

国家提出的三网合一口号，经历了 10 年之久仍未进入到实质阶段，甚至于 1999 年国务院办公厅下发第 82 号文件，明确规定“电信部门不得从事广播电视业务，广播电视部门不得从事通信业务”，这份 82 号文成为了阻止三网融合进展的政策问题。因此，在多种复杂原因并存的大背景下，政策的不明朗也为 IPTV 未来的发展蒙上了一层阴影。2008 年 1 月，国务院出台《关于鼓励数字电视产业发展若干政策的通知》，明确指出，从 2008 年 2 月 1 日起，国家鼓励广播电视机构，利用国家公用通信网和广播电视网等信息网络，提供数字电视服务和增值电信业务。同时，在符合国家有关投资、融资政策的前提下，支持包括国有电信企业在内的国有资本，参与数字电视接入网络建设和电视接收终端数字化改造。根据这一政策，广电资金实力远弱于电信的问题将得到弥补，增加了融资的政策可能性，比如上市或者与现有电信企业进行合作等。而在国内电信重组完成之后，清晰的板块和市场竞争也会让一直备受争议的 IPTV 赢利模式逐步明朗起来。虽然目前 IPTV 的用户数量仍无法与其对手数字电视的用户数量相比，但是在政策明晰之后，伴随着全球性的新媒体革命，IPTV 定能成为一股新的潮流与趋势。在“十五”规划中，政府表示要“促进电信、电视、计算机三网融合”，经过几年的发展，进一步表示要“加强宽带通信、数字电视网和下一代互联网等信息基础设施建设，推动三网融合”，且对五年内推进三网融合从技术方面整合基础设施资源做了明确的行政指示，由“促进”到“推进”，透露出行业变革的重要信息。政府决心打破横亘在三大产业中的体制壁垒，这一信息引起了业界对三网合一的新一轮关注。

四、来自数字电视的竞争压力

来自广电系统推动下的数字电视发展也给 IPTV 带来了不小的竞争压力。网络高清数字电视和 IPTV 虽然实现的技术迥异，但却有着相同的目标，即通过网络实现远程交互。从显示终端看，高清显示技术将成为承载未来娱乐互动生活的最佳载体。广电部门近年来抓紧时间进行广电网络双向改造，使得网络高清电视终端与数字网络紧密结合，从而使网络生活渗透到每个家庭，这样，数字电视与IPTV在效果上就产生了很大的重合，即使数字电视目前仍然达不到所预想的互动效果，但是因为内容匮乏而停滞不前的IPTV也无法实现自身互动开放的优势。从用户规模来看，IPTV的发展已被有线数字电视远远地甩在身后。据国内的两家调查公司In-Stat和络达咨询的研究报告显示，2008年，有线数字电视用户新增2819万户，用户规模累计达到5615万户。在IPTV用户规模上，根据流媒体网统计，截至2008年1月，我国的IPTV用户逾120万户。随着有线数字电视不断挤压IPTV的市场空间，以及广电运营商在IPTV业务上的愈加强势，一些电信运营商开始探寻新的发展思路，以摆脱在IPTV业务上步履维艰的状况。原中国网通就在2008年4月推出了“视网计划”，该计划绕开了有线电视网，以互联网宽带为基础，以计算机为终端提供IPTV服务。尽管IPTV与有线数字电视的同质化竞争不可避免，但从长远看，二者还是要朝着不同的发展路线前进。毕竟，数字电视以提供高清画质的电视节目为主，而IPTV以提供基于IP网的互动增值业务为主。IPTV和数字电视最终会走向不同的发展方向，在一定时期内将会共存，但最终会形成两种相对独立的服务产业，两者虽有交叉点，但更多的还是差异化发展。

五、产业链不成熟与经营模式不清存隐忧

2004年以来，电信、传媒、网络公司、软件商、系统厂商等纷纷加入IPTV市场的竞争，IPTV的产业链初步形成但并不成熟，商业模式也不清晰，参与其中的电信、广电以及民间力量在整个产业链上的位置都没有最终确定。整个IPTV业务产业链主要由设备厂商（终端制造商、网络平台系统集成商）、内容提供商、内容服务商、网络运营商和最终用户等组成。其中内容提供商针对市场上不同用户服务和应用的要求，向网络电视提供丰富的节目内容；内容服务商负责提供电视节目的管理，包括将内容提供商所制作的内容进行整合、编码、再加工处理等；网络运营商为网络电视提供节目传输的无缝链接。在该产业链中，电信运营商有接入的优势，广电传媒集团有内容政策的优势，究竟谁能成为产业链上直接面向最终用户的关键一环，将是两者较量、平衡的产物。IPTV是一种网络融合的产物，也是业务融合的产物，更是企业合作的产物，IPTV产业链是一条固网与广电交叉在一起的产业链。IPTV的发展需要大量的人力、物力、财力和强大的技术力量，仅仅依靠电信业或广电业中的任何一方都不可能顺利实现目标，所以合作是IPTV价值链的根本。当前，我国电信运营商、广电单位、内容提供商等都展开了一定程度上的合作，但具体的合作模式并不明朗，IPTV产业链上各环节的职责也并不明确。而有效可行的商业模式就是整个产业系统的所有参与者都要找准自己的位置，理顺各环节的经济利益关系，形成高效的运营管理模式。

当前，IPTV在电信和广电产业之间的尴尬地位源于其自身的网络包容性。作为一

个技术解决方案，IPTV 在技术上已经达到了理论上的成熟。作为一种服务模式，IPTV 所实现的多种信息的融合和业务捆绑也是对家庭信息的一次重大整合。作为一种新兴的媒介，IPTV 所带来的交互式的媒介体验需要和用户习惯进行更长时间的磨合。作为一项产业，IPTV 所要面对的是更多来自外部的市场环境和政策氛围的影响。从三网融合的角度来看，无论是电信网、互联网还是广电网，哪个网络渠道可以达到一定的传输容量，那么 IPTV 的归属最终就会呈现出向其行业的偏向，甚至到了未来无线网络技术的发展，IPTV 也有可能通过无线接收的形式传输信息和电视节目，这样的行业争夺随着技术和产业的发展将会越演越烈，政策的调节需要适当跟进，才能保证其良性的竞争和发展。这对于拥有庞大电视用户市场基础的国内 IPTV 产业来说，将是一场旷日持久的竞争。

第二编　手机新媒体

第四章　手机新媒体的兴起与发展

就在十多年前，手机还是一些人炫耀身份和财富的工具，当人们在港台影视剧里看到演员手拿笨重的“大哥大”打电话时，常心生羡慕之情；十几年后，手机却已变成人们不可或缺的日用品，手机的用户数量和普及率飞速上升，大约一半中国消费者已经买过不止一部手机。目前在中国，手机比固定电话和宽带互联网更流行。根据中国互联网信息中心统计报告，截至2008年12月，我国移动电话用户合计达到6.4亿多，普及率为48%，高于25.8%的固定电话普及率①。我国手机用户数早在2001年就超越美国500万户，雄踞世界榜首②。从大众传播学角度看，受众人数达到25%以上才算大众媒体，而当前手机在我国的普及率已经远超这一数字。

第一节　手机新媒体产生的社会语境

手机，又叫移动电话，早期只是一种便捷的语音通讯工具，现在却发展为一种新型媒体形式。1983年世界上第一台移动电话摩托罗拉DynaTAC 8000X在美国问世时，重2磅，销价3995美元，是一块名副其实的贵重“砖头”。最初人们发明手机，只是希望在移动状态下能够实现与他人的言语交流。但随着技术进步和时间推移，手机的功能却在以惊人的速度拓展，现在的手机可以集电话、网络、MP3、电视、报纸、小说、电影、信用卡于一身，将来或许人们只需携带一部手机，就可完成通讯、阅读、娱乐等一切事务。事实上，手机正在由人际传播媒体演变为重叠了人际传播、组织传播和大众传播的新兴媒体。一个事物的存在与流行，必定是由时代决定的。那些独特的历史语境和社会语境，往往催生一个又一个新事物和新现象。研究手机，当然也必须先考察它所处的时代土壤。我们这个时代的哪些因素培育了手机的流行现象？手机为什么会在近几年得到如此广泛的普及，产生如此大的社会影响？本书认为主要有以下几个方面的原因。

---

① 资料来源：http://www.miit.gov.cn/n11293472/n11295057/n11298508/11912660.html。

② 《中国手机用户数超越美国冠全球》，载《重庆晨报》2001年8月13日。

一、技术推动

在这个技术争霸如火如荼的时代，革命性的力量往往能抢占先机，并在纷繁复杂的各方博弈中分得一杯羹。印刷术为人类打开了大众传播的大门，使人类步入了一个崭新的时代。广播电视延伸了人的听觉和视觉，使我们可以直观感受千里之外的世界。手机背后的高科技同样也支撑和推动着它的发展，而这也正是手机不仅是人际传播媒体，而且正在成为大众传播媒体的主要原因。移动电话从问世到普及，经历了两代移动通信系统，目前正在向第三代移动通信系统跨越。第一代移动通信系统是模拟的，主要用于语音传输。第二代为数字式移动通信系统，包括 GSM（Global System for Mobile Communication，全球移动通信系统）和 CDMA（Code Division Multiple Access，码分多址）。但无论是第一代还是第二代，其主要用途都是语音通信。第三代移动通信系统，即 3G 则是较先进的通信系统，可以提供内容丰富的手机多媒体业务。国家信息产业部于 2007 年 9 月颁布了 130 项 3G 标准，这标志着从核心网到基站和辅助设备我国均有了详细的技术规范，必将推动 3G 产业的快速发展。2008 年 4 月 1 日开始，北京、上海、天津、沈阳、广州、深圳、厦门和秦皇岛 8 个城市试用 3G 网络。不仅如此，我国 4G 的规划时间表也已出炉，2007 年 10 月份完成频谱规划，2010 年将完成 4G 标准，到 2012 年实现正式商用①。几十年来，手机所承载的核心技术发生了质的变化，各种各样的手机技术和设备层出不穷是手机媒体蓬勃发展的动力和源泉。未来的手机将朝着体积更小巧、界面更人性化、操作更简单、功能更完善、用途更广泛等方向发展。

二、受众需求

在我国，移动通信网络覆盖了 99% 以上的县市，人口覆盖率超过 97%。不论在高楼林立的城市还是在僻远的乡村，不论在沿海还是在山区，都有手机信号，就连海拔最高、气候最恶劣的珠穆朗玛区域，中国移动也正在建设 GSM 手机通信网络。中国移动通信集团董事长王建宙 2007 年 9 月在接受《财经》杂志采访时说，中国手机用户数要达到 8 亿户才能达到饱和。因此，中国手机比起发达国家来，存在庞大的市场发展空间，普及潜力巨大。

手机消费需求的放大，来自于技术的演进、资费的不断走低和手机产品细分功能的延伸。因为技术的推动，我国手机市场首先将朝着针对高端手机用户的智能手机方向发展。目前，智能手机和多媒体手机的市场需求与日俱增。消费者对于手机的功能要求逐

---

① 《我国 4G 时间表出台：五年后商用以 TD 精品网过渡》，见 http://it.sohu.com/20070917/n252184302.shtml，2007-09-17。

步提高，过去的打电话、发短信、传送图片等简单功能已经不能满足我国众多高端用户的需要，他们需要更加智能化、人性化而且又便携的传播载体来丰富生活，为工作提供方便。中国移动和中国联通已分别开通了基于2.5G或2.75G的无线上网业务，显现了迈向3G时代的强大实力。各大手机厂商更是纷纷推出基于无线网络的智能手机。据赛迪顾问数据报告显示，2008年上半年智能手机的销量达到1179万台，同比增长101.2%，已占到16.4%的市场份额；销售额为290.6亿元，同比增长82.5%。① 从一定程度上讲，手机多媒体、智能功能为未来3G市场的应用做好了前期准备。另外，由于手机厂商的增加、产品线的丰富，特别是低端产品的增多，手机产品价格快速下降，智能手机的目标消费群开始从追求时尚和经济收入较好的消费群向普通消费群迅速扩大。除此之外，我国手机市场另一发展方向是针对低端用户的低价手机，主要市场份额来自于尚未发展成熟的农村市场。2007年在中国智能手机市场获得高速发展的同时，开始出现市场细分的情况，这些细分市场主要关注于某一特定人群的特殊需求，包括双模双待、GPS定位、Push-mail和信息安全等功能。手机媒体比以往任何一种媒体更能满足受众需求。手机是一种多媒体通讯设备，这使它具备了前所未有的包容性。不识字的人不能看报纸，盲人看不了电视，聋人听不了广播，不会使用计算机的人无法上网，而手机受众群则可以包含一切大众，引领人们进入一个多媒体的世界。受众越来越多地接触到更新的多媒体应用，不识字的人可以用手机看手机电视、听音乐，盲人用它打电话，聋人可以用它看小说、读报纸，手机的操作也非常简单，只需具备一定的知识水平就可使用它。MP3、自动聚焦的数码摄像功能、视频输入输出功能、动画浏览、GPS定位、可视电话、网络浏览器、数字广播、手机游戏等新式手机功能都在深深吸引着手机用户。

三、产业链走向成熟

手机新媒体能否拥有清晰的产业链一直是业界关注的话题。当手机电视、手机报纸等新媒体形式刚开始发展起来的时候，电信、广电总局等多方的博弈是束缚手机新媒体发展的瓶颈。如今，这个瓶颈对手机新媒体发展的束缚越来越小。能够提供手机电视或手机报纸的内容提供商，例如中央电视台、新华网等必须通过服务商建构的平台，才能将传播内容提供给运营商，也只有通过移动和联通这两家运营商的代收费模式，它们才能将信息传达给手机用户取得报酬获得赢利。因此，我们可以清晰地看到包括内容提供商（Content Provider，CP）、服务提供商（Service Provider，SP）、运营商和手机用户四方在内的手机新媒体产业链正在逐步形成和完善。内容提供商研发出新的产品提供给服

① 资料来源：http://tech.ccidnet.com/database/。

务提供商，再由服务提供商从电信运营商的分账中分到自己的那一部分。内容提供商生产服务内容，服务提供商负责运营商的协调和市场推广，运营商管理业务平台并向用户收费，这就是最基本最核心的行业生态。以手机电视为例，随着手机电视的推广，相关节目源将越来越多，手机电视收费正在成为电信公司最新的收入来源。例如，广州移动已经与服务提供商——广州富景科技达成初步协议，广州富景将负责手机电视播放软件的开发，以及视频资源的组织和优化工作，而前台的市场营销则由广州移动处理。广州移动市场部的负责人表示，与服务提供商合作、分账的商业模式将大大加快移动手机电视服务市场化的进程。① 另外，移动公司也正积极与 CP 合作，例如，四川移动与广东、上海等地几家卫视台及杭州一家广播电台的合作，使得四川手机电视用户可以收看到这些电视台的节目。同属一地的四川联通已经和国内 12 个电视频道达成了协议，包括中央电视台新闻台、四套、九套，凤凰资讯台，BBC 等。

四、消费社会的诱导

无疑，在市场经济高度发展的中国，消费社会已经到来。在现代消费社会里，人们消费的不仅是物品的使用价值，更是符号和意义，这些符号和意义已经与人的社会地位、身份等联系在一起，人们为了显示个性和品味，就需要消费具有独特意义的商品。在大众媒体上，广告不仅传达着商品信息，而且还传达着社会流行元素和时代信息，甚至还会引导并改变我们的生活方式和思维方式。在广告的诱导下，手机成为一种能体现独特个性和品味的商品，手机代表着“时尚”、“个性”甚至“富有”。手机在消费社会里的象征意义超过了其本身的使用价值。耗巨资打出的手机广告，往往是削弱它的使用价值，赋予它更多的时尚价值，人们于是趋之若鹜，纷纷购买所谓的时尚手机，不自觉地跟着广告制造的潮流而行。比如摩托罗拉 WO 世代系列手机请周杰伦做形象代言人，将消费者分为“全能达人——游刃有余，轻松玩转缤纷职场”、“畅聊达人——聊不完的话题和朋友越聊越起劲”、“型秀达人——打扮的炫潮流让你随意掌控”、“玩乐达人——要音乐拍照游戏，样样都玩得尽兴”四类，每一类都展示一种个性，对应几款机型。广告语为“每一款都极其自我，无论你是哪类达人，都可以找到为你量身定做的手机”，这就告诉消费者，拥有了这样的手机，便能展现独特的个性，在这里，手机被赋予了新的意义，迎合了消费社会中人们的消费心理。手机屏保、手机铃声、手机颜色，也无不诱导消费者主动花钱来消费这些符号和意义。消费社会里，生命个体每时

---

① 《手机电视产业链初显》，见 http://www.cnhubei.com/xwzt/2008zt/hbgg30y/bhdss/gg30sj/sjdlsssh/200804/t272220.shtml，2008-04-01。

每刻都在通过消费确认着自我的存在，谋求别人的在意和认同。① 手机这种随时随地与人们相伴的商品便成了生命个体所能选择的最好消费品。手机这种商品由“物的价值”和“符号的价值”两方面的价值构成，手机消费者买手机不只为了满足接电话、发短信这些“物的价值”需求，还是一种理念上的消费，一种“符号的价值”需求，可以说，是“符号的价值”主导了手机消费。新型手机技术，例如蓝牙、拍照、摄影、传输等，所带来的不仅仅是手机功能上的延伸，更创造了一种全新的生活方式、一种时尚。手机用户希望透过展示自己的手机，创造一种心理满足感，包括个性、权势、地位、身份、财富和创意，从而渴望得到他人的认同。正因为人们追求手机的“符号的价值”，所以才推动商家推陈出新，不断更新手机技术、美化手机外观、延伸手机功能，并在手机广告中给手机强加符号意义，从而促使消费者购买手机，消费时尚符号，用消费来界定人与人之间的不同，展示与他人不同的品味。如今手机商家的开发往往面向“商务人士”、“白领一族”、“发烧友”，对消费者进行细分，设计出不同的手机以适应不同的需求和欲望，手机新媒体便在这个消费时代的社会语境下顺势发展。

五、体验经济时代的必然

1999 年美国的约瑟夫·派恩和詹姆斯·吉尔摩在合著的《体验经济》一书中认为，体验经济是一种以商品为道具，以服务为舞台，通过满足人们的各种体验而产生的经济形态，是一种最新的经济发展浪潮，它超越了传统简单的买卖形式，使人们在得到物质享受的同时得到精神享受。当今科技的发展，消费者闲暇时间的增多，消费需求层次的提高催生了体验经济。在体验经济时代，人们希望能够满足马斯洛所说的最高需求层次——“自我实现”。譬如时下盛行的“DIY（Do It Yourself）”（陶艺、十字绣等）就是消费者自我实现的机会。目前，体验经济已经深刻影响着人们的消费行为，并使得人们的消费观念产生了显著的变化。② “体验”成为社会经济生活中的“商品”、人们愿意为“体验”付费，标志着体验经济时代的到来。2005 年“超级女生”的成功是体验经济时代的产物，它极大地鼓动了受众的参与热情，通过短信投票的方式，让受众自己决定选手的命运，参与到了媒体产品的生产过程中。它满足了受众创造性消费的需要，使受众获得了更多的满足感和成就感。“超级女生”的观众不是被动的，而是主动的，他们全程参与了选手的选拔过程，甚至连他们的疯狂和喜怒哀乐都展现在了大众媒体上。“超级女生”不仅在展示选手，也在展示消费者，它迎合了体验经济时代下的消费心理。通讯技术和数字技术的发展使手机媒体的功能不再局限于打电话，短信、摄像、摄

① 徐宝锋：《消费社会的三个悖论和一种选择》，载《黑龙江社会科学》2007 年第 1 期。
② 向志强、刘国珍：《体验经济时代下的大众媒介消费需求》，载《消费经济》2007 年第 4 期。

影等功能将在体验经济时代中扮演重要角色。人们不满足于被动地接受照片、视频、小说等，而是渴望自己写短信、拍照片、拍电影，从体验中获得快乐。如今的手机可以制作图片、铃声、视频……因此，由于消费与生产的合一，手机可以满足人们的体验需求，消费者成为价值创造的主体。

第二节　手机新媒体传播的比较特性

一、传播内容的综合性

迄今为止，没有哪一种媒体能够像手机那样传播如此广泛的内容。手机可以传播语音、文字、视频、音乐、动画，几乎一切能被受众感知的符号和意义都包括在手机的传播内容中。报纸用文字符号传播，广播用有声语言符号传播，即使是电视、网络，也只能用画面符号、声音符号、文字符号传播。而手机则是以往一切媒体的大融合，它是电话、是信、是报纸、是电视、是电影、是网络……它是现代社会中最具兼容性和综合性的多媒体，有了手机，就好比同时拥有了报纸、电视、网络、电影、书籍……

二、传播载体的贴身性

报纸也许是贴身性较强的媒体了，但也没有人把它 24 小时带在身边；电视可以进行现场直播，但人们必须恰好有时间坐在电视机或电脑前观看；而手机则越来越像人体的一个感觉器官，一个人类获知外界信息的通道，和人们形影相随，不可分割，甚至睡觉都要放在枕边。手机信息的传递不再受时间和地点的限制，以手机号码形式出现的受众比起以地点出现的传统媒体的受众更加容易确定，信息更加容易到达。在没有手机的年代，我们用自己的眼、耳、鼻、口去寻找和发现信息。在手机风靡的年代，各种信息每时每刻源源不断地流向我们每个人，充斥我们的感官，有时让人无所适从。习惯了使用手机的人，一旦哪天手机丢了，便会感觉到社会孤立、信息闭塞和与外界环境的隔绝。

三、传播主体的包容性

作为拥有综合性内容的新媒体，手机是不是将取代以往媒体？会不会导致其他媒体寿终正寝？手机屏幕小这一特性决定了它所传播的内容在篇幅和持续时间上都不可能很长。比如手机报，尽管也是文字传播，但无法像报纸那样用大量篇幅深度报道某一新闻事件，只有传统报纸才能做到这一点。再如，手机电视虽然有很好的发展前景，但手机的小屏幕制约了观赏的乐趣。比起在小屏幕上看电视，受众更愿意在家中的沙发上欣赏宽屏幕的家庭影院。每一种媒体都有自身的特色，正如保罗·莱文森所说，一种新媒体都是对以往媒体缺点的补救，但这种补救并不会导致过往媒体消亡。手机补救了互联网的不可携带性，但它的便捷性却导致了一些固有的缺陷，这种缺陷给人们带来的遗憾只有在其他媒体那里得到满足。因此，在媒体生态系统中，手机媒体不会与原有媒体形成对立，恰恰相反，而是合作与共生的关系。手机媒体有着天生的包容性，它对过往媒体是相当宽容的，它们之间将是一种共进共生、相互协调的关系。手机的发展也许会给其他媒体带来挑战，但不会取代其他媒体的地位。

四、传播接收的强制性

报纸、书籍、电视等传统媒体的信息能否最终到达受众，都是由受众主动来选择的，都是受众自愿的。纵然受众暂时无法选择接收的内容，但他们可以选择中断信息接收过程。报纸文章写得不好，我们可以不看；电视节目倒人胃口，转台、关机，或者离开，怎么都行；网页上各种垃圾信息如影随形，还有各种拦截软件帮我们屏蔽……但是，手机媒体是一个贴身的、私有的媒体。当手机铃音响起的时候，人们不得不被动地、强制地接收这条信息，即使当时不接收，过后也必须去接收。在这一点上，手机媒体使受众丧失了不做受众的权力。

五、传播效果的显著性

手机的信息流动迅速及时，到达率高，信息传递没有中间因素的干扰，因此信息传递效果异常显著。手机用户可以方便地对信息进行加工和再加工，对媒体使用的积极性因而增强，导致对信息传递的控制则越来越难。2008 年 4 月中旬，因有传言说法国家乐福大股东支持达赖和西藏独立，一条“抵制家乐福”的短信迅速流传开来，在国人中引起不小的轰动。短信点燃了“抵制家乐福”战火，一些人甚至到家乐福超市与正在超市购物的顾客发生正面暴力冲突，这一事件立刻成为各大媒体争相报道的焦点，进而在网络、电视、报纸等媒体上形成全国范围的讨论氛围。而类似的事件已发生多起，手机传播的显著效果显而易见。

第五章　手机新媒体传播的形式及其作用

手机最原始最主要的功能是语音通讯，不管是当年的大哥大，还是如今的智能手机，手机首先给人们提供的功能便是为在移动状态下的人际交流提供方便。如今科学技术的发展则给手机带来功能的多样化，手机传播的表达形式可体现在文字传播和影像传播两个大的方面。

第一节　手机文字传播

一、手机短信

手机短信并不是手机固有的功能，而是电信移动运营商为了缓解高额的手机电话费而推出的替补产品。在国外，手机短信并没有被很频繁地使用，但中国人特别青睐手机短信，这可能是因为手机短信价格低廉，而且符合中国人含蓄内敛的个性特征。短信传播可分为三种。

第一种是点对点的原创性个人短信传播，属于人际传播的范畴。原创性个人短信给人们的交流带来很多方便。人们接收手机短信不需要中断另一行为，可以保存在手机里稍后查收。手机短信操作简单方便，不需要专门的技术。根据工业和信息化部统计，2008 年全国手机短信发送量达到 6996.7 亿条，同比增长 18.2%①。中国互联网信息中心调查结果也显示，在短信息使用中，节日问候占 57.9%，日常联系占 50.1%，沟通交流占 37.3%，享受娱乐占 22.2%。但是，手机短信的发展已经带来一系列的社会道德和法律问题，很多负面短信不得不引起重视。例如，以讹传讹的新闻类短信、黄色低俗短信、垃圾短信泛滥，严重影响了正常的社会生活。2007 年 8 月，兰州市凉州区人民法院审结了一起利用手机短信侮辱他人的案件。被告连续 8 次向原告手机发送短信息，用不堪入目的语汇辱骂原告，导致原告遭受身心伤害，被告因此被判道歉并赔款

① 资料来源：http://www.mc21st.com/showPost.aspx？newsID=60984。

3000元。

第二种是点对面的传播，指移动运营商或内容提供商将编辑加工好的内容批量地传播给手机用户，属于大众传播的范畴。短信传播的传播者包括网络媒体的短信频道（例如新浪短信）和专业的短信网站（如讯龙网），主要传播新闻信息、天气预报、商务资讯、彩票信息、娱乐笑话、祝福问候等。这类短信的传播内容相对正规，有的短小精悍像一首小诗，可称之为一篇微型文学作品。2003年当国内几大门户网站正在亏损的时候，是这类短信拯救了它们。从此门户网站找到了赢利点，短信收入在新浪、网易以及搜狐的收入中都占到了30%以上，为几大门户网站由亏损到赢利的转变做出了不小的贡献。

第三种是指传统媒体利用短信增强与受众的互动，参与直播间的游戏竞猜、智力问答等活动的互动性短信传播。比如传统媒体的短信竞猜，通过观众或听众发送短信参与节目的进程与直播间产生互动，增强节目的参与度。同时主持人有选择地宣读受众短信，形成一种舆论场。另外，随着3G技术的发展，网络也逐渐与短信形成互动。目前，一种新的网络互动平台——手机论坛正受追捧，尤其年轻人更是趋之若鹜。手机论坛利用无线网络互动平台，实现手机网友之间的互动交流。据中国共产党新闻网2007年10月20日报道，在2007年中国共产党第十七届代表大会期间，来自人民网、空中网、新浪网、万蝶网等20家手机互联网站的网友在手机强国论坛与十七大代表及专家交流，日均访问量达到近6000条。

二、手机报

手机报是传统报纸的拓展延伸，它的传播途径是传统的，即从媒体到受众。2004年7月1日，《中国妇女报》推出全国第一家“手机报”——《中国妇女·彩信版》，随后各家报纸纷纷开设“手机版”。目前，包括新华网、《中国青年报》、《人民日报》在内的多家影响力较大的媒体纷纷推出了手机报。比起传统报纸，手机报毋庸置疑有着明显的优势：它的便捷，随时随地浏览；它的迅速，在最短的时间内获取当天最重要的新闻；它的价格，每月只需几元钱的定制费用，这些都是手机报区别于传统报纸的特色所在。未来是分众化传播的时代，媒体要想在市场竞争中取胜，必须以敏锐的目光找到自己特定的受众群，为这些特定的受众提供特定的信息，才能获得受众的认可。然而，目前的手机报内容涵盖范围太广，有的只是原来报纸文章的简单压缩和拼凑。以《新华手机报》为例，该手机报每天的内容包括“环球60秒”、“新闻速递”、“轻松阅读”、“体育文娱”、“互动话题”、“今日关注”、“股市行情”、“生活百科”等各个领域，对每个受众都发送相同的信息，受众不能对特定内容进行定制。但是，如果一个只对体育感兴趣的人一下子接收到这么多他不感兴趣的内容，就不一定会对手机报产生好感。因此，对特定内容有特定需求的受众会觉得手机报除了内容简短外，和传统报纸没有任何区别。将来手机报要发展，首先是在内容上要创新，要满足不同消费者的需求，而不是传统报纸内容的简单集合。另外，现在的彩信手机报每天在固定时间给受众发彩信，但笔者认为最好的方法是只要有新闻信息，就立即发送到受众手机上。这样，即使受众在路上，在接触不到其他媒体的环境下，也能收到信息，这样才能体现手机报的优势。

三、手机杂志

继手机报日渐风行后，手机杂志又接踵而来，用手机看杂志成为了一种时尚。手机用户在电脑或手机上下载手机杂志客户端阅读软件，安装到手机上，便可直接浏览或下载订阅各种手机杂志。目前的手机杂志有三种：一是传统杂志的手机版。像《南风窗》、《凤凰生活》、《时尚》、《瑞丽》、《中国国家地理》等近百种知名杂志都有手机版。当新一期刊物出版，不论什么时间地点，借助手机杂志阅读软件，读者就可同步在手机上阅读，省去了抱着厚杂志阅读的麻烦。二是媒体专门为手机量身定制的杂志。例如凤凰网2003年开通了手机杂志，它采用全新的标题式新闻，每条信息中包括2~3条新闻简述，用户每天收到订阅的“新闻标题”后，可采用点播的形式深入了解某一新闻的详细情况。凤凰手机杂志的资讯信息量大大超过单条新闻短信，并对单条新闻配上相关评论，使用户能全面了解凤凰观点。① 再如中央电视台依托央视丰富的视频资源，推出了中国第一本手机视频杂志《手边》，以杂志形态在手机领域开创了无线视频阅读的先河。《手边》以视频为特色，每日向用户实时发送重大新闻视频资讯，让用户在第一时间随身进行视频阅读。② 国内的手机杂志阅读市场目前还处于市场培育期，由于手机杂志阅读软件多适用于智能手机，非智能手机要通过Java技术，产生的GPRS流量费比较昂贵，影响了对手机用户的吸引力和使用方便性，同时多数手机用户还没有养成手机杂志阅读习惯。

四、手机小说

手机小说体现了手机新媒体的个性化和互动性。2004年7月，中国第一部手机小说《城外》和手机报纸一起应运而生。《城外》每70个字为一篇，一共60篇4200字，以连载短信的形式供读者订阅。订阅者花3毛钱得到一条短信，每天两条，30天共18元钱可读完这篇小说。手机文学包含狭义和广义的概念，狭义的手机文学指专门为在手

---

① 资料来源：http://www.phoenixtv.com.cn/home/phweb/wanxiang/。

② 资料来源：http://m.cctv.com/01/index.shtml。

机上阅读而写作的文学作品，例如《城外》；广义的手机文学则是指通过手机浏览的文学作品，它与传统文学的区别在于浏览方式的不同。由于手机屏幕大小的限制，广义的手机文学并不适合在手机上阅读，因此并未引起很大的关注。目前有许多网站提供手机电子书下载，但由于手机容量有限，电子书将占据很大手机容量，所以手机用户下载这些网站上的小说并不多。手机电子书对手机的要求也比较高，某些低端手机用户也无法享用。比较起来，狭义的手机文学更受欢迎，这种手机文学最早产生于日本。2000 年，一部名为《深爱》的小说在手机上发表，立刻在日本引起巨大反响。随后这种手机文学传入台湾，并在短短两三年内蔓延到中国大陆地区。如今，它已经在我国盛行，拥有广大的受众群体，也滋生了一大批手机文学写手，这是一种区别于以往任何一种文学的新型文学形式。手机文学与传统文学的主要区别在于它的简短凝练。由中国移动、《天涯》杂志社和天涯社区联合举办的“e 拇指手机文学原创争霸赛”2006 年 3—11 月举行，所有参赛作品都不超过 350 个字。因此，原创手机文学必须凝练，用最少的语言表达作者的思想。通过短信传播的手机文学资费低，但篇幅的局限却很大，一条短信不能超过 70 个汉字。随着无线网络的普及，手机上网阅读小说开始流行，被更多人关注，无线网络文学也逐渐兴盛起来。但由于具备上网功能的手机远未达到大众化的程度，上网资费也比较昂贵，所以它的发展还不是特别理想。基于彩信的手机文学在字数上得到了重大突破，每条彩信可以容纳 5000 个汉字，和无线上网比起来，彩信的资费也大大降低，但手机文学还是初生牛犊，它的成熟指日可待。

手机文学让每一个人都成为了写手或作家。它不给想出书的人设置任何障碍，凭借先进技术，普通人很容易就能成为文学创作的主体，同时也是文学的消费者，更是传播者，从此文学走出了贵族们的精神之塔，来到普通大众的身边。手机文学虽然目前还处于萌芽阶段，但笔者认为它将在硝烟弥漫的文学市场中异军突起。首先，现代人生活节奏越来越快，空闲时间越来越少，要拿出一段较长的完整时间来阅读书籍并不现实，并且工作压力、学习压力很容易分散人们的精力，沉下心来甘坐冷板凳的人寥寥无几，而将长时间的连续型阅读分散成短时间的阅读则是现实的，手机文学正好满足了这一普遍诉求。比如在日本，人们正利用手机书籍来补读他们尚未读完的经典名著。① 其次，写作手机文学和阅读手机文学的大多是乐于接受新事物、追求新潮时尚的年轻人。随着这部分人在社会生活中占有越来越重要的地位，整个社会的生活方式和观念也随之变化，社会文化消费逐步向简洁、快节奏方向发展。文学作品中快速发展的情节和简单的文字表达是这一变化的标志。最后，在互联网的 BBS、博客、播客、盛行之后，网民们已经习惯了自由地表达思想，积极地参与异彩纷呈的活动和事务，在网络上进行各种观点的

① 青雪：《手机小说有望成为新潮流》，载《英语辅导》2006 年第 1 期。

碰撞与激荡。今后的手机文学爱好者将不仅局限于阅读，而更希望在阅读之后发表自己的意见并与其他读者进行交流。而手机文学简短的特性决定了普通大众更有可能参与进去，因为人们不用花太多时间去像文学家那样写就一部“大部头”的“巨著”，任何时间、任何地点，只要有灵感的火花，就能立刻付诸行动。

第二节　手机影像传播

一、手机电视

用手机看电视在过去还只是梦想，如今在技术上已成现实。手机电视是指利用手机通信终端收看电视节目并进行相关操作的一种多媒体业务，它满足了人们随时随地看电视的欲望。市场咨询机构赛迪顾问调查数据显示，手机用户希望得到的增值服务中手机电视占比率最高，为41.6%。诺盛电信预计，2008年中国手机电视用户数达到5220万户，市场规模约13亿元；此后，经过两年的高速增长，2010年中国手机电视用户数将达到9750万户，市场规模约24亿元①。过去，我国手机电视费用高、技术水平低、网络速度慢、标准不明确，广电部门和信产部门互不相容，使得手机电视一直未能像日本那样普及，如今，手机电视的资费正在逐步调整。2007年9月11日，赛迪网《通讯产业报》报道，上海文广新闻传媒集团下属东方龙新媒体公司从2007年9月起下调上海地区的手机电视业务资费，其信息费由原来的每月10元调整为每月2元。为了市场推广的需要，手机电视的内容也正在不断翻新。为了配合上海手机电视资费的调整，原先上海地区手机电视“海上追梦”业务也正式更名为“上海万象”，内容比原先更加贴近百姓生活。它以上海文广的“新闻综合”和“生活时尚”两个电视频道栏目为依托，设置包括《阿庆讲故事》、阿楠的《人气美食》、曹启泰的《上班这点事儿》，以及《超级模特》、《今日印象》、《新闻坊》等各档节目，手机电视与电视频道同步直播，内容的不断完善有利于培养受众的消费习惯。中国移动与中国国际广播电台（CRI）合作的手机电视与传统电视节目形态完全不同，其内容涵盖新闻、短剧、音乐、影视、自然、人文等各个方面，设计了“早闻快报”、“12点短剧场”、“午夜影院”等频道，新闻资讯是它的主要内容，每天24小时滚动更新。另外，用户可以根据自己的兴趣爱好选择独特的新闻内容服务，手机电视已经把传统的电视大众传播变为小众传播。

---

① 谢静：《手机电视13亿元市场　奥运将规模化商用》，见 http://news.xinhuanet.com/zgjx/2007-09/04/content_6661232.htm。

手机电视技术也越来越成熟。2007 年 8 月 22 日，模拟手机芯片制造商泰景科技在模拟移动电视高峰论坛上宣布，通过在手机内部集成如半个指甲大小的模拟接收模块，可以将一部普通手机变成一部电视手机，并能够免费接收电视节目。另一种手机电视技术基于无线网络。中国移动 2007 年 9 月推出的全新手机电视客户端（Mobile TV）将基于 GPRS 和 EDGE 网络的手机电视速率提高到 5 帧/秒及 8 帧/秒，视频节目实现了流畅播放，较之原来 H. 263 旧版媒体播放器的网络直播效果（2 帧/秒）有了很大的提高。由于主导权不明确，手机电视在 2007 年 8 月以前一直处于发展艰难期。而 2007 年 8 月 21 日，国家广电总局副局长张海涛在出席国际广播影视博览会科技发展论坛时，首次正式对外宣称："移动多媒体广播（俗称'手机电视'）属于新媒体业务，中央已经明确要求由广电主导，并纳入媒体管理。"这意味着一直陷入纷争、制约我国手机电视发展的管理权属终于明确。手机电视最大的优势在于它的新闻直播，通过手机电视，人们可以随时随地看到最新的新闻视频，而不受环境和地点的影响。如路况新闻就非常适合在手机上播出，司机开车时就可随时得知当时的交通状况。手机的移动性和便携性也决定了手机电视是在人们移动的情况下，利用支离破碎的时间收看的，因此，手机电视的内容不宜过长，一般在 3～4 分钟。目前，中央电视台"CCTV 手机电视"业务已经发展得比较成熟。中国移动和联通用户都可通过短信或无线网开通手机电视业务。"CCTV 手机电视"分为"直播"、"轮播"、"点播"、"下载"和"定制"五种形式。"直播"是指用户能够同步收看 CCTV－1 至 CCTV－12 等多套拥有独家版权的节目。"轮播"是指手机电视不间断反复播放 CCTV 各频道节目，目前已开通 CCTV 影视节目精选、CCTV 体育节目精选、《同一首歌》精华版、《百家讲坛》精华版。"点播"是指用户可以随意点播各类节目的形式。"下载"则使用户可以把喜欢的节目资源下载到自己的手机。"定制"则是手机电视根据不同用户的需求，提供的视频产品，用户可以定自己所需，选自己所爱，体现了手机电视的随意性、灵活性、私密性等特色。

二、手机电影

手机电影指专门为在手机上播放而拍摄和制作的电影，可分为原创和非原创两大类型。

1. 原创型的手机电影。这些创作者是一批执著于拿着手机思考、记录、表达的人，他们站在将来怀念现在，不仅记录现实，而且用一种独特的手机电影语言思考现实，表达自我，通过小小的手机屏幕张扬独立的个性和意志。他们不再被媒体所左右，而是创造和传播自我的精神。他们认为这种最民间化的电影必将创造新的电影文化。以"手机记录生活"为口号的"黑匣子"网站就是最好的佐证。

原创型的手机电影以北京电影学院的陈廖宇创作的作品为代表。2005 年 7 月，陈廖宇拍摄了中国第一部手机电影《苹果》。该片虽然只有短短的3分钟，但却蕴涵着深刻的哲学意味。其中的台词："这是被咬了一口的苹果，你随口就回答了，但你看不到事物背后的缺陷"，"遇到一点挫折就选择逃避，不知道勇往直前。这就是我跟你分手的理由"，虽然简短，但内涵丰富，可见手机电影潜在的思想价值。

原创型手机电影具有其独有的特征：首先，以近景和特写为主，以主观镜头为主。手机镜头的屏幕远远小于真正的电影屏幕。再大的手机，也必须以能被握在手里为宜，这就决定了手机电影视听语言的特色，景别以近景和特写为主，场面调度非常简单。由于手机电影是握在手里拍摄的，因此注定了它以主观镜头为主，且没有传统的固定机位概念，镜头给人以不安定的感觉。手机拍摄的一些剪辑技术还不够成熟，所以它不太适合使用较复杂的蒙太奇手法，且多用长镜头，事实上是一种写实主义的回归。当然，有一些手机电影试图用隐喻蒙太奇表现一些隐含的意义，这与手机电影拍摄者的独特个性有关。手机电影特写镜头非常多，而关系镜头少于5%，重内心刻画和表现，因此，它是一种风格化了的电影。其次，在光线和色彩方面，手机电影多用自然光，少有特意强调光线和色彩基调的。最后，手机电影的艺术审美价值要远远低于其文化内涵价值，这是由于其视听语言上的这些局限所致。从传统电影艺术的自身形态及其与现实世界的相互关系上看，它是一种"放大的艺术"，传统电影银幕适合表现那种恢宏的战争场面和重大的历史题材，而手机电影也有其适合表现的独有内容。艺术家创作传统电影的时候，根据格式塔心理学，他们的创造实现了幻觉，通过艺术的形式再现世界，即使是真实记录的影像，也并非完全客观。但手机影像由于创作者是普通观众，叙事手法和策略比较简单，所以它更适宜表现真实生活。原创型的手机电影可以分为以下三种类型：

一是实验电影。指那些采用独特的叙事方式，用实验性的视听语言或影像结构表达独立意志或先锋思想的影片。手机的个人隐私性和便捷性使得普通大众拍摄实验影片方便可行。在"黑匣子"网站上也出现了大量的这一类短片。人们通过手机电影表达前卫的、另类的、超现实的甚至无法理解的思想，在拍摄这类影片的同时，获得了心灵的释放和自由。一部名为《礼物》的短片，描述了一个戴着潜望镜的年轻人拉着一条红丝带围着整个城市绕了一圈，也许整个城市就是这个"礼物"。手机电影为实验电影跨越艺术创作的界限、走向大众创造了可能，为普通人创作实验电影提供了机遇。二是MV（即Music Video，音乐录影带），指那些配合音乐拍摄的电影。MV非常适合在手机上播放，因为它短小，图像简单，很多网站都可以下载MV到手机，一些手机电影爱好者也自己拍摄手机MV。例如"看看MV"网站，可供下载的MV就有几百部。三是娱乐搞笑。手机电影有一大部分是用于娱乐，并没有很深刻的内容，有些甚至比较低俗、庸俗。手机电影中恶作剧、整人的片段比比皆是，而这类手机电影观众却不在少数。在来福鸟爆笑娱乐网上，每一部这样的手机电影下载量都接近10万，有的甚至达到17万之多。

2. 非原创型手机电影。在一些手机电影网站，一些电影被制作成3gp、avi等格式，供人们下载到自己的手机上观看，这就是非原创型的手机电影。2004年，周星驰的新作《功夫》片段先于电影院在手机上最先放映，引起了不小的轰动。该片段总长23分钟，几乎是完整电影版的1/3，为影迷提供了大量的精彩影片信息。2006年10月15日晚，“中国西安首届手机电影年度盛典”颁奖晚会在陕西西安南门瓮城内举行，分别有8部手机电影短片获奖。这次晚会将2005年5月在中国问世的《聚焦这一刻》作为中国手机电影的发轫之作。《聚焦这一刻》是由8位风格迥异的新锐导演以8个不同主题拍摄3分钟、总共24分钟的电影短片，此类手机电影的市场不容小觑。

不管是原创型还是非原创型，手机电影作为手机新媒体最具特色的应用，有其区别传统电影的独特之处：首先是真实。由于实景拍摄，手机电影都尽可能做到真实而不是虚构。现今科技的发达使电影制作超越了影像的似真性，导演们纷纷利用先进的数字技术制作某些电影画面，尽管观众得到了某种程度的视觉享受，但电影形象的可信性逐步降低。而目前的手机电影基本不包含这些特效，即使故事内容再虚构，从空间和时间上来说，它们都是真实的。其次是现实。手机电影立足于当代现实生活，以现实的社会生活为艺术的表现题材，以现实的社会主题为作品的叙事主题，以现实的社会心理为作品的叙事焦点，这也是与一般电影大相径庭的。

第三节　手机摄影与摄像

一、手机摄影

全球第一款拍照手机是2000年9月底推出的夏普J－SH04，当时它内置的摄像头只有11万像素，它的出现并未引起市场的注意。也许那时谁也没有想到，如今拍照几乎成了手机的必备功能。不到3年的时间，拍照手机市场就进入了百万像素的激烈混战。2004年，世界上首款200万像素的拍照手机问世。同年7月，世界首款具有光学变焦功能的拍照手机正式上市。2005年，在第八届中国国际科技产业博览会上，全球首款500万像素拍照手机出现。同年，700万像素和800万像素拍照手机接连问世。2006年，带有1000万像素数码相机的手机又一次推动拍照手机技术的发展。技术的发展使手机摄影和数码相机摄影几乎没有什么不同。很多手机用户开始将自己原创的手机摄影作品上传到网络，手机摄影论坛、手机摄影大赛等如火如荼。因为手机的随身性和移动性，所以往往能以最快的速度记录下新闻事件。虽然以手机为工具的摄影爱好团体和影展层出不穷，带来了艺术创作手段的丰富、信息传播的快捷，但手机摄影也导致了一些社会问题。可拍照手机的快速普及，已开始对人类社会的隐私权构成极大冲击。在购物中心的试衣间和游泳池的更衣室等一些公共场所，它的存在对个人的隐私权是个威胁。如今，互联网上流行着很多在公共场合偷拍的图片，拍摄地点遍及各种公共场所，包括健身房、餐馆、街道甚至是卫生间，一些国家已意识到这一问题的严重性，正在限制这种“隐蔽照相机”的使用范围，部分国家都已制定相应的法规，禁止将拍照手机带入受限制的场所，如健身房、洗手间、公共浴室等，并明令禁止在大剧院、博物馆等场所拍摄，但我国尚无这方面的法律。

二、手机摄像

通过媒体表达自古以来就是一种权力，影像作为一种媒体表达当然不会例外。电影和电视在引起人们神秘感和好奇心的同时，也在传播着一种消费趣味和价值标准。在它成为20世纪最主要也是最流行的艺术形式的时候，“通过人们熟悉的摄影技术和叙事方式”来控制大众的思想①。电影和电视制作者们控制着影像的话语权，时间已经长达一个多世纪。我们就是在这种控制下，津津有味地欣赏着电影艺术，潜移默化地被它影响，逐渐被它的洪流吞噬。直到2005年7月，我们在各大媒体上看到一名乘客用手机拍下的伦敦地铁爆炸案的真实场景，我们才终于意识到，原来影像并不是少数人的专利，手机也可以记录下历史的真实，粗糙而模糊的画面并不会影响意义和震撼力的传播。在这个时候，新闻传媒组织不再是记录者和生产者，大众才是影像传播的主人。当重要事件突发的时刻，媒体往往无法及时赶到现场，只有目击者才可能记录那个有历史意义的瞬间，我们随身携带的手机为这种记录创造了可能，手机摄像就是指这种专门用手机拍摄的手机影像。目前的手机摄像在内容上可以分为新闻记录和生活记录两大类型。

（一）新闻记录

提到新闻记录，不得不提起伦敦地铁爆炸案。2005年7月，许多伦敦地铁乘客和巴士乘客及路人用具有摄像功能的手机拍摄了这次伦敦地铁大爆炸的现场，十几名地铁乘客和被炸巴士附近的路人，在第一时间用手机拍下现场的恐怖画面。② 随后这些画面被世界主流媒体相继播发。手机的摄像头为非专业记者和摄影师在第一时间第一现场拍摄新闻事件提供了便利，手机新闻摄影的空前大众参与性改变了新闻传播格局。如今，当突发事件发生的时刻，最先能拍摄到现场画面的往往不是专业的摄影记者，而是口袋

---

① 贾磊磊：《影像的传播》，广西师范大学出版社2005年版，第33页。
② 匡文波：《手机媒体的传播学思考》，载《国际新闻界》2006年第7期。

里装着手机的大众。虽然他们拍摄到的影像质量无法与专业摄影师相提并论，但新闻媒体选择影像的标准正在悄然发生变化。主流媒体往往会选择像素低但现场感极强的视频，因为虽然它们没有经过多少视听语言艺术的修饰，但最直接真实的现场信息仍然使其具有重大的新闻价值。事实上，手机比专业摄像机更适合新闻摄影，因为它灵巧轻便。手机也是战地新闻报道的理想工具，一旦与外部中继站和国际通讯卫星连接，使用手机的记者就成为战争史上最强有力、最了解情况的记者，他就可以报道事件、进行评论、回答主持人的问题，就可以回答电视新闻节目容许的任何人提出的问题，而且就是在事件发生的当时做新闻报道。① 2003年的伊拉克战争，外国记者就利用手机做嵌入式采访。用手机进行新闻采访，可以最大限度地保持新闻的客观性，因为记者编辑从采访到发布新闻的时间明显缩短，新闻报道不会因为“把关人”的改动而发生意义的扭曲。

（二）生活记录

因为手机影像拍摄者来自草根，来自生活底层，因此他们能接触到生活的原生态。又因为手机的小巧，往往不容易让被拍者发现，因此它是最真实的记录。从丰富多彩的手机生活记录影像中，我们可以观察到各种社会现象，领略到社会现实的善与恶、美与丑，洞察潜在的社会危机。具有代表性的生活纪录影片为《巴士阿叔》。一位22岁的青年用手机在香港巴士上偷偷拍下了一个乘客怒骂另一名乘客的情景，这段视频立即在网络上流传，引起极大反响。影片内容很简单，长达5分多钟的镜头一直聚焦于“巴士阿叔”，他说的话能听得一清二楚，一句“你有压力我有压力”是对现实生活最真实的写照，反映了香港人都处在压力病症的边缘。在《巴士阿叔》中，我们不仅看到一个患有“特发暴躁症”的阿叔，更可以看到在快节奏下生活的香港人的普遍心态，看到一个压力巨大的香港社会。不仅是香港，而且包括中国内地在内的网民对《巴士阿叔》的强烈反应和共鸣，也进一步证实了这种压力在社会中的普遍存在。手机记录生活的震撼力超出了人们的想象，在“黑匣子”网站，有大量记录性质的手机影像。一个系列剧式的《北京空气质量报告》每天拍摄首都北京的天空，在那里可以看到北京每天的空气质量。一个叫《我的城市》的手机影像系列频道专门拍摄城市里的动人瞬间：后海的三轮车夫、初雪的冬天、公园里戴着天使翅膀的小女孩……种种影像利用白描的手法对城市生活进行勾勒，是日常生活最好的写照。

手机影像区别于传统影像有两方面的特征：

第一是独创性。过去的影像都是摄影师、编导等一整套制作班底合作的产物。它们有着巨大的诱导功能，它“全方位”的传播领域和“全能”的传播视点，可以把分散

---

① （美）保罗·莱文森：《手机——挡不住的呼唤》，何道宽译，中国人民大学出版社2004年版，第19页。

的、孤立的、单独的受众行为，变成统一的、群体的社会行为，因此，它甚至是权力阶级话语的工具。人们在看传统的影像时能够找到一种在公共生活中难以找到的共同语言，它不仅仅是消遣和娱乐，而且是一种主流意识形态的强化。但手机影像是平民化、草根化的影像，它完全靠个人进行创作，充分发挥人们的创造性，不用顾忌其他政治的、宗教的、意识形态的制约，因此这种共同语言就消失了。

第二是非商业性。作为大工业时代的产物，影像这种特殊的艺术形式，将看似毫无瓜葛的艺术与商业紧密结合在一起。影像艺术一直以来都是一种产业，它不是那种仅仅靠个人的想象与创造就可以完成的作品，不是那种由个体独自创作和欣赏的博物馆艺术。作为一种大众化的艺术，影视艺术必须得到广大观众的认可才能生存发展，影视艺术与那种完全靠个人进行创作的绘画、文学艺术不同，它们相对复杂的工业化制作过程与高额的制作成本，决定了它们的市场策略必须适应广大观众的审美心理需求，满足一般观众的文化消费取向；否则，其在现代社会中的生存就会受到威胁。① 手机影像则是非商业性的，不会有大批的观众聚集在一起看手机影像，手机影像是放在手掌里看的，看什么内容是个人的隐私。因此，手机影像的制作者不用考虑大部分人的共同需求，也不用考虑高昂的制作成本和能否带来丰厚的经济回报。

第四节　手机影像传播的作用

随着科技的发展，手机承载着当代最新兴的技术手段，超越了最初单一的通讯功能，成为了集通讯、上网、视频、拍摄等多功能于一身的几乎全能的数码产品。其中，便利、自由的拍摄功能及网络传播功能，使手机由传统的通讯工具摇身变为新型的影像制作与传播工具。而且，与广播、电视等传统媒体不同，手机自身既是影像传播主体，也是影像接收主体，这种具有双重视觉传播功能的传播方式，滋生着一个独特的影像传播范式。至此，大众传媒家族又增添了一位新成员：手机影像传播。当前，手机影像传播的发展趋势在向着两个方向快速发展：一是作为影像接收终端的手机电视备受业内外关注；另一个方向则是作为记录影像的新兴拍摄工具得到广大使用者的青睐。前者不仅丰富了影像传播的内涵，而且以便携特征弥补了家用电视、网络电视、移动电视甚至楼宇电视在空间方位和时间时段等方面选择性局限的缺陷；后者则依仗着记录、创作、传播多元化的综合功能，在影像拍摄和制作领域里与 DV 机一争高低。在技术要素上，具有摄像功能的手机，采用数码信号，图像质量已经达到家用 DV、DC 的水平，加上小

① 贾磊磊：《影像的传播》，广西师范大学出版社 2005 年版，第 31 页。

巧、轻便、自由、便宜等特点，其传播功能更加随时、随地和随意。本节着重对手机影像传播的第二个发展方向，即影像记录和传播过程中所产生的积极作用以及伴生问题作出具体分析。

一、手机影像传播的积极作用

成熟的技术为手机摄像带来功能提高和成本降低的双重效果，这一革命性的变化使手机影像传播不再受制于高额的成本预算和难以接近的专业门槛，而成为普通民众乐为也可为的影像传播方式。据统计，截至2008年12月，全世界手机使用者超过30亿人，我国移动电话用户合计达到6.4亿多户，而具有拍摄功能的手机拥有者已经达到3亿多人。[①] 这是一个具有相当潜力的影像记录群体，因为这个群体不但能够极其便利地获取影像，而且能同时拥有相当自由的影像传播权。一旦他们使用好手中这支数码“媒笔”，手机影像传播者将成为一支不可忽视的传播力量。而从已有的实际情况看，这一新兴的传播方式具有以下积极的作用。

（一）促成一种新兴的影像记录和传播方式

作为一种个人化的影像摄录工具，手机带给人们更多的是方便、简单和自由。当前手机影像传播在流行的语意中，通常涉及以下几种含义：一种“带着体温”的拍摄工具；一种个人化的记录方式；一条独立的小型视频编辑线；一种“自媒体”的传播方式。然而，我们对一种新事物的理解，不应简单地停留在技术层面，而是应该拓宽到更为广泛的视野。因为人类历史上任何一次技术的革新，最终的结果总是在形而上的领域里引起人们思维观念的更新、生活方式的改变甚至社会体制的变迁，进而对社会发展进程产生深远的影响。

首先，作为一种个人化的记录方式，手机影像传播不仅聚拢了大量离散的创作主体，并且极大地丰富了民间影像创作的内容。手机影像传播在经历了传播者最初的惊奇和好玩后，现正进入从量变到质变的升华阶段。其核心价值在于，拍摄者能够透过其思想境界、文化素养和道德意识形态等综合因素客观地反映社会现实，记录自己眼中的大千世界，表达个人的思想意识，体现一种独特的价值取向，张扬自己的人生风格，等等。而体现这种变化的标志是大量来自不同背景、不同知识结构、不同意识形态拍摄者的影像内容，在本身各种特性及外部大环境的影响下粉墨登场，从而出现了一种具有特定历史条件的、有别于一般专业影像传播特点的平民化的影像传播现象。这种民间性的影像记录方式不会被所谓的专业观念所限制，每个人都有自己的视角和偏好，从而形成了一个无所不包的“影像库”。

---

① 资料来源：http://www.miit.gov.cn/n11293472/n11295057/n11298508/11912660.html。

其次，作为一种人体延伸的传播工具，手机影像传播延伸并拓展了人类的思维。按照麦克卢汉的观点：一切传播工具都是人体的延伸，一种传播工具对个人与社会的影响，是由于新的功能所造成。在人与传播工具的关系上，麦克卢汉的独特见解影响了人们几十年，却未能明确地揭示出人体的这种延伸所具有的哲学、美学、文化学的内涵。人不是传播工具的奴隶而是主人，并具有主观的创造性和创新性。以手机的拍摄镜头为例，它不仅仅是人视觉功能的延伸，更是人类思维的延伸与拓展。当人们手中掌握了这种现代化的传播工具后，它为人类观察世界、了解世界、思考世界提供了巨大的潜能。

再次，作为影像传播形式的一种，手机影像传播以其特有的技术手段，具备了独有的文化特征，产生了一种有别于其他大众形式的影像文化。因为，带有拍摄功能手机的普及必然会造就大量的活动影像，人类社会就会开始拥有一个极其丰富的民间影像资源库，进而成为影响人类的“公共记忆”。在经过若干年的沉淀后，这些“公共记忆”就会变为一种独特的社会文化财富，成为考究中国历史独特的“活化石”。所以，这种真实记录了当代人千姿百态的生活影像，以及渗透其中的文化内涵，无论是对当今的现实社会，还是对我们的子孙后代来说，都将成为无价的文化财富和社会宝藏。

最后，作为一种低成本、高效能的影像传播工具，手机影像传播带来的是一种时代话语的自由表达。这主要表现在对昂贵器材资源的占有不再是那些专职机构的优势，尤其对那些未掌握专业影像技术的普通受众来说，终于从昂贵器材资源的屈从中解放出来，获得了用画面交流和表达的话语空间。亚历山大－阿司特吕克在其1946年的《一个新先锋派的诞生：摄影机是自来水笔》中曾经“把今天这个新的电影时代叫做‘摄影笔时代’，运用摄影机写作的时代”①。而今天的时代就是一个“手机时代”，一个运用手机进行个人写作和自由表达的时代。

在某种意义上，手机影像传播代表的是一种真正个人化的表达方式，成为了生活在当代社会中人们能够表达自己思想的理想工具。事实上，手机影像传播解构了一种影像权力，并且是一种深层次上的解构，如同摄影技术解构了中世纪帝王将相们的肖像权一样，手机影像传播的出现又进一步地用民间的形式，解构了当今社会影像表达的集权。它让每个大众都拥有了这种影像自由表达权。如果每个人都能恰当地运用好这种权力，那么，这个社会就增加了无数双观察人生、透视社会、监督社会的眼睛。

（二）改变了传统媒体的传播模式

如果说DV已经使影像传播走近普通人的话，那么手机影像传播几乎就是影像传播“泛平民化”的终极表现。“700万像素，3/5倍数字变焦，自动变焦，闪光灯，提供手动变焦，快门速度每秒1/2000th”，等等，一系列数据和功能指标让人混淆了手机和

① （法）马塞尔·马尔丹：《电影语言》，中国电影出版社1980年版，第215页。

DV、DC 的界限。加上手机影像传播具有的便利性和隐蔽性，拍摄者可以随意拍摄并且完全不会引人注意。正是有了这样的手机，我们才有了许多认识“巴士阿叔”之类的乐趣。所以，“在不同国家的文化中，手机赋予了静止时间和过渡空间新的含义”①。发生在 2006 年香港公共汽车上的“巴士阿叔”事件，就是一个因手机拍摄而起、经网络再传播后，从而引起社会各界广泛注意和讨论的“文化事件”。

由于人人都可能成为任何事件和事发现场的记录者，所以，手机影像传播将在某种程度上改变现有大众媒体的传播模式，即由“受众—传者—受众”的传播模式取代原来单一的“传者—受众”的传播模式 。这种改变使得那种传统的自上而下的、填鸭式的新闻传播方式日趋穷途，大量掌握在平民使用者手中的手机将变成电视台的“采访话筒”、“摄像机”和“发射塔”。如“伦敦地铁爆炸案被手机拍到并迅速通过网上传播出去，同时又被其他电视媒体相继采用”就是一个标志性事件。这对传统新闻传播来说具有划时代的意义，因为普罗大众也可以作为新闻传播的源头和传播者，而不再局限于专业记者。从传播学角度而言，这种民间的影像传播，不仅体现了传播者、接受者、信息制造者和把关者四者集于一身，而且真正实现了从以传者为中心到以受众为中心的传播主体的转换。因为手机影像传播“可以是完全个人化的人际传播，纯粹地为了满足个人表达自我，发现真实”②，进而传播真实。随着手机影像传播的不断深入人心，越来越多的突发性新闻事件和事发现场将被手机记录下来并传播开来。由此，受众从旁观者变成了参与者，进而变成了行动者，而且谁也不会低估这种传播模式下“参与者”和“行动者”的力量。

二、手机影像传播的伴生问题

如同所有的新兴事物一样，手机影像传播在发挥其积极作用的同时，也伴生着一些不容回避的问题。因其持有者的个体性、信息表达的主观性以及传播渠道的开放性，导致手机影像传播从一开始就具有管理难、控制难、把关难、监督难等特点。相对于电脑、电视等传播媒体，当前手机影像传播属于法规约束最少的一种传播形式，其伴生问题主要表现在使用者在手机拍摄过程中的道德伦理问题，以及在传播中的法律责任问题。对这两个问题的考察与探究，其目的是使手机使用者充分认识到在手机影像记录与传播中应承担起自律和他律的责任与义务，这也是保障手机影像传播健康发展的一个必要条件。

---

① 《国际金融报》2006 年 8 月 15 日第 4 版，见 http://homea.people.com.cn/GB/4703042.html。

② （美）沃纳·赛佛林：《传播理论——起源、方法与应用》，郭镇之等译，华夏出版社 2000 年版，第 233 页。

（一）手机影像传播的道德伦理问题

这里的道德伦理问题主要指手机影像传播中出现的一些与民族文化、伦理道德相悖的现象，这些现象不仅在一定程度上侵犯了他人的隐私，有时也在不经意间伤害了他人的感情，有时更是造成始料不及的严重后果。之所以产生这样的问题，主要源于手机十分随意、独立、自由的拍摄与传播方式，人们只要有一部具有拍摄功能的高性能手机，就可以想拍什么就拍什么，想编什么就编什么。拍摄是个人自己的事，拍摄什么内容也是由个人自己来确定，人们完全可以如同写信和写日记一样，方便地进行自由的影像写作和表达。这样，许多影像信息是在被拍摄者不知情甚至不情愿的情况下，就已经完成了采集过程，至于以拍摄者主观意识加工后形成的影像作品，就更不是被拍摄对象能够控制得了的。所以，当我们在享受技术带来的种种便利的同时，我们的身体也已经成为被手机监视的一部分。手机无与伦比的随身性和隐蔽性完成了在福柯看来也颇具技术难度的“全景式的监狱”的轻松建造。在多媒体技术的“进化”作用下，手机的全球定位功能、拍照、摄像功能等等已经可以让你的身体时刻“在场”。① 例如，就连一向戒备森严的绞刑室里，萨达姆被施以绞刑的现场和过程，也由一位现场的警卫用手机偷拍下来并在网上广为传播。显然，手机越来越多的功能为暴露个人隐私提供了廉价、易得的手段。在不可能的时候，人们对窥探别人隐私的好奇呈压抑状态；当轻而易得时，暴露隐私的活动可能泛滥。有时可能是恶搞开玩笑，有时可能是为了经济利益，有时可能是为了报复发泄，有时可能是为了政治目的，等等。但是无论哪种可能，而最可能的则是对当事人造成严重的打击和伤害。手机影像传播的道德伦理问题，从下面的几种情况中可见端倪：

作为公众人物，也有一些只适合控制在小范围内的事情，如此类事情被拍摄到并广泛传播后，产生的后果则不仅仅涉及当事人本身，有时还会引起一系列的连锁反应。例如，2007 年初，印尼数以万计的手机用户和网民收到了一段通过手机和电子邮件发来的性爱视频。在这段明显是用手机拍摄的画面中，男主角是印尼元老级政党从业集团党部长级议会秘书亚赫亚·扎伊尼，女主角则是印尼红歌星玛丽娅·爱娃。性爱视频曝光之后，立即在印尼引发一场政治地震，迫于巨大社会压力，扎伊尼已经提出辞职。普通人的生活、常见的客观现象，被拍摄并公开化传播后，也会对当事人产生难以预料的负面伤害。譬如在某大学就曾经发生过这样一件事情：一个女生，白天和她男朋友在校园一角有亲热行为，碰巧，其行为被路过这里并拿着手机的一个好事者给偷拍了下来。令该女生想不到的是，这个好事者竟把这段手机影像传到了网上。片子流传开了以后，同学们议论纷纷，该女生觉得无脸见人，最后被迫退学，而那位好事者则受到了被开除学

---

① 参见《手机人》，载《新周刊》第 243 期专辑，见 http://blog. sina. com. cn/u/4900756601000 7。

籍的处罚。此类事例，在手机影像传播已成趋势的今天，并不是个别现象。全世界几亿部具有拍摄功能的手机，对人类社会的隐私权构成了极大冲击。无论是在拥挤的公共汽车上、购物中心的试衣间，还是在游泳池的更衣室、公共厕所里等这些在过去一向被认为相对安全的公共场所，普通人的隐私也屡遭侵犯。

（二）手机影像传播的法律责任问题

这个问题其实是对上一个问题的进一步探讨。在道德与法律的关系中，道德是感性的，法律是理性的。道德象征着文化沉淀由人们自愿遵守，法律体现着统治威严可强行制裁。任何社会的和谐与协调都是来自于道德引导和法律约束双重规范，而任何不和谐的社会现象无一不出自道德缺失或法律漏洞。前面说过，手机影像传播是法规约束最少的一种传播方式，对手机影像传播缺乏有效管理和有力监督，是该领域问题频生的直接原因。鉴于网络已经成为满足民间影像传播的一种理想平台，一些人喜欢将自己用手机拍摄的内容传到网络上传播，这就把手机影像传播的范围扩大到了网络领域，无形中加大了问题的复杂性和管理难度。凡此种种可以说明，当人们在享受技术快感的同时，也要承受科技带来的问题和困扰，正如有些社会学家担忧的那样，手机对社会结构可能产生巨大变化，因为通过手机的互动主体已不再是单个的人，而是推及至群体和组织甚至国家政府。同时，互动结构的其他维度也在发生着变化，包括情景、道具、沟通本身的感官参与等等。① 如果说强化道德伦理可以让人们自觉克制内心窥探别人隐私的好奇，以及无节制恶搞玩笑，从自觉自愿的角度还手机影像传播一片纯净蓝天的话，那么，法律体系的健全则可以用强制的手段摈除个别人建立在自私自利、发泄报复，以及在不正当目的基础上的不良行为，从法制的层面为手机影像传播拓清一条健康的道路。好在，许多国家和地区已经意识到这些问题的严重性，加大了限制使用可拍摄手机的使用范围。例如，在英国，健身房等场所的顾客不能携带可拍摄手机入内；在美国芝加哥市，在公共浴池和淋浴间，未征得当事人允许，禁止对其进行各种形式的拍照和拍摄；在中国香港，律政司建议引用普通法的“破坏公共体统罪”控告偷拍者，以取代目前刑罚较轻的“游荡罪”罪名。疑犯一经定罪，最高可判入狱 7 年；而日本政府规定，禁止在公共浴室、更衣室、健身房、全国性政府机关等地点使用可拍摄手机。

在中国，2006 年 3 月 1 日实施的治安管理处罚条例中明确规定：针对偷窥、偷拍（包括手机拍摄）他人卧室、浴室等隐私场所，或者窃听他人隐私的行为，将处 5 日以下拘留或者 500 元以下罚款；情节严重的，处 5 日以上 10 日以下拘留，可以并处 500 元以下罚款。应该说，以往的法律和道德多以调整物权为主，手机影像传播介入人们的生活后，产生了很多与此相关的新问题，而影像信息权力的界定和归属至今仍旧是一个

---

① 参见《手机人》，载《新周刊》第 243 期专辑，见 http://blog.sina.com.cn/u/4900756601000 7。

空白，有关法律法规也不健全。也正因为如此，在手机影像传播活动中，强化社会道德和伦理规范的作用同样是不可缺少的。总之，无论过去、现在还是将来，手机影像传播都应当有自己的道德标准和行为规范。一方面是整体社会公德对手机影像传播的约束与要求；另一方面，作为一种新兴的传播方式也要考虑自身对社会、对拍摄对象可能造成的负面影响。所以，手机拍摄者应该具备应有的社会责任感和使命感，对自己能够掌控的影像“时间”和“空间”负责。从这一点上说，这就要求表现形态非常感性的手机影像传播，其核心价值观则要非常的理性。需要强调的是，任何社会体系中的表达必然是有限的表达，自由必然是有限的自由。因此，手机影像传播行为必须在自律和他律之间找到一个平衡点，而且人类在长期社会生活实践中所积累起来的各项规范和法律，应该是手机拍摄者必须遵守的原则。同时，要使每个手机拍摄者都明白，手机的拍摄虽然有极大的自由度，但只要内容参与公开传播，就必须受到社会基本规则的约束，而那些过了“度”的个性内容，就会触犯行业规则甚至触犯法律而受到严厉的处罚。

第六章　手机新媒体的社会影响

从某种意义上说，人类社会的发展史，就是一部传播媒体变迁史。人为了生存，就必须同外界打交道，信息交流自然不可或缺，而信息交流离不开传播媒体，传播媒体正是随着社会生产力的发展而不断发展和变化的。人类在创造并驾驭媒体的同时也被媒体不断渗透，媒体正在重新改造世界，影响甚至改变着人类的生活方式、思维方式和价值观念，发明和使用传播媒体的人在不知不觉中被媒体所左右。

第一节　身陷新部落时代

一、人类部落时代的演变

著名传播学者麦克卢汉认为，一切技术都具有点金术的性质。每当社会开发出使自身延伸的技术时，社会中的其他一切功能都要改变，以适应那种技术的形式。一旦新技术深入社会，它就立刻渗透到社会的一切制度中，因此新技术是一种革命的动因。“媒介即讯息”是麦克卢汉最著名的警句，他说：“任何媒介（即人的任何延伸）对个人和社会的任何影响，都是由于新的尺度产生的，我们的任何一种延伸（或曰任何一种新的技术），都要在我们的事物中引起一种新的尺度。”从历史发展的角度来看，根据传播技术的差别，迄今为止，人类传播媒体的发展可分为蒙昧的部落时代、部落化时代、脱离部落时代和重返部落时代四个阶段。

在前语言传播时代，无所谓真正意义上的媒介，人们在不得不交流信息时，他们更多地借助于实物而不是抽象的符号或者专门的媒介。这个时期的人类从肢体到精神都没有得到什么延伸，他们只是固守着生理活动的时空范围，信息交流十分有限，人们感知和认识世界的方式是低级蒙昧的，可称之为蒙昧的部落时代。

劳动创造了语言，语言的产生，对于人类的传播史具有重要的意义。人类最原始的媒介就是直接交流的口语媒介，口语媒介借助于人际间面对面的接触，通过身体和声音得以传播，具有直观、形象、生动的特点。在交流信息的过程中，人们需要调动一切感官，而不能只突出一种感官，部落人就生活在这样一个感官平衡的听觉空间中，但由于受到听力范围的局限，人们必须生活在小空间的部落群体中，相互保持近距离的联系，这正是麦克卢汉所说的部落化时代。

文字的出现打破了部落文化的樊篱，它的出现根本性地改写了传播史，使文化的传播成为一种破解和使用文字符号的技术，克服了人类文化交流中时空的限制，发展了人类抽象思维的能力和想象的能力。文字是视觉功能的强化和延伸，它的出现打破了感官的平衡，削弱了听觉和触觉的功能，使人用眼睛代替了耳朵，用线性的视觉价值和分割意识取代整体、深刻、公共的互动，人们开始习惯于机械的、线性的思考。印刷术造成了文化偏重线性逻辑，强调同一性的特点，书面文化的发展强化的是同质化的力量。麦克卢汉认为印刷术产生了西方文明的一切：民族国家、民主制度、宗教改革、装配线、工业革命、因果观念、笛卡尔和牛顿的宇宙观、艺术中的头饰、文字中的叙事排列、心理学中的内省或内部指向等，因此，文字和印刷术使人类脱离了部落时代。

电子媒体包括电话、广播、电视、电影、电脑等多媒体，它们的诞生具有划时代的意义。麦克卢汉认为，电子媒体的问世，废弃了空间的向度和时间的差异，摧毁了由印刷媒体导致的民族主义。经过电流或者电波的转换，声音完成了远程投递，并且在这种远程投递之中保持声音的即时性和逼真性，它使人的感官重新恢复平衡，使人们和谐相处、结为一体而“重新部落化”，世界也由此摆脱分离与割裂而走向“地球村”。广播电视有着符号技术上不可思议的进步，它一改文字的分析、抽象、线性和分裂肢解，整合视觉、听觉等感官，模拟现实物性，创造了类似耳闻目睹式的传播面貌。然而，这还不能真正代替面对面的直接交流。电视地球村中，观众与电视上的东西仍然有着无法逾越的鸿沟。电视代理了人们的社会交流和主体思考，受众的主体力量从来没有显得如此脆弱。电视虽然是大众媒体，但它不可避免地受到国家、政府的控制，在这种“新意识形态”把持下，受众被征服、消耗并丧失了主体性，彻底滑向失落的深渊。

网络的出现，使麦克卢汉所预言的真正意义上的地球村成为现实。通过它，人们不仅可以自由地选择信息，而且可以发布信息，在媒体中发出自己的声音。在网络世界中，传统的权威开始被颠覆，信息权力与信息资源已被分散到万维网的每一个终端，造成了无数分散的中心（即无中心），不仅是阅读、收听、收看的中心，而且是创造、编辑、生产、传播的中心。它高度兼容并整合着视听感官，打破了声音、文字和图像等媒体之间的形式壁垒，空前发展人与人、人与机、机与机之间多形式的实时、人性化的互动，大众传播的面貌正在逐日更新，“受众”的概念从“大众”向“分众”及“个体”演变。以电子媒体为基础的文化是人类文化的发展经过文字和印刷媒体向口语媒介更高层次的回归，它既具有口语媒介的直观直觉性质，也能像文字符号一样克服人类直接交流中的时间限制。同时，由于电子媒体使文化重新通过声音和形象得以传播，从而消除了文字印刷媒体的文字符号对大众的限制，因此，电子媒体使人类重返部落时代。当手机普及后，它不可避免地影响人们的感知和行为方式，改变人们的思维方式和社会化进程，社会交流、社会行为、社会制度都受到了重大影响。因为手机，我们与他人交流的方式发生了前所未有的变化，对世界的认知也产生了革命性的变革。手机媒体的诞生，为麦克卢汉所说的人类部落时代的演进增添了崭新的内容。

二、手机新部落时代的到来

电子媒体使人类重返部落化，形成了一个麦克卢汉笔下的"地球村"。手机则让我们身陷一个新的部落时代，这个部落时代的特点就是每个部落成员都以手机为交流工具，这是一个每时每刻都能互相联络的新部落时代，是一个消灭了数字鸿沟的新部落时代。手机新部落时代形成一种新的、基于手机而存在的社会，可以称之为手机社会，它是当代现实社会非现实的核心。手机媒体的同步性和贴身性，使人类结成了一个密切相互作用、无法静居独处的、紧密的小社区，人们在这个部落群体中无时无刻不处于曝光状态，隐私的概念被瓦解或重构，公共与私人的界限变得模糊。在手机新部落中，生活在地球上的所有拥有手机的人融为了一个整体，人与人、人与社会相互依存，相互影响，社会形成一种新的网状结构，由传统媒体造成的数字鸿沟有望被消除。早在20世纪70年代，就有美国学者提出了"知识沟"理论，他们认为社会经济地位高者更容易获得信息，从而获得更多知识和利益。随着科学技术的发展，这个"知识沟"有扩大的趋势，经济地位在很大程度上影响着社会成员接触新技术的能力，只有拥有了新技术，才能以更快的速度获得更多的信息，从而缩小因技术水平带来的"数字鸿沟"。在信息时代，一个人获得的信息越多越快，意味着他将获得更多的机会和利益。

在手机新部落中，"数字鸿沟"有望填平。过去，由于我国大部分贫困落后地区至今未通互联网，这些地区的居民在信息接收方面明显处于弱势地位。例如，国内电脑宽带市场整体中低端用户、农村用户宽带拥有率仍不足5%。区域经济不协调导致了我国居民之间的"数字鸿沟"①。依照1974年卡茨曼的"信息沟"理论，新媒体技术层出不穷，更新换代周期越来越短，其趋势更可能是"老沟"未能填平，而"新沟"又不断出现。这种状况，在新媒体的采用过程中尤其明显。② 但手机的出现有望打破这一"信息沟"理论。据信息产业部2008年1—5月通信行业运营状况报告，与2007年同期相比，东、中、西部新增移动电话用户均有所增加，但西部移动电话用户增速最快，达到818.2万户。东部和中部的移动电话用户基本持平，均达到1200多万户，甚至中部

---

① 资料来源：http://www.miit.gov.cn/n11293472/n11295057/n11298508/11874740.html。

② 郭庆光：《传播学教程》，中国人民大学出版社1999年版，第229~234页。

比东部地区更多一些。[1] 尽管区域经济不平衡，移动电话持有量却在不同区域基本持平，且都有较快增长，而且经济欠发达地区增长速度更快。对于农村来说，电脑的普及率还尚需时日，但手机市场却方兴未艾。早在2001年，指标网与零点调查合作完成的《2001年中国农村通讯产品研究报告》就指出，16.8%的农村家庭拥有手机，且有17.5%的家庭打算在未来两年内购买手机。2006年中国移动的新增用户中，几乎有半数来自农村市场。[2] 移动电话接收信息的功能是巨大的，因此，移动电话在经济欠发达地区的普及将会有助于早日消除“数字鸿沟”。另外，国与国之间的贫富差距多半是由于其社会成员接收信息能力的差距所致。2002年，欧洲每百人就有50.41人拥有手机。而我国在2002年时的手机普及率仅为13.86%。而目前手机的普及率已上升至近49%，并仍在飞速增长。由于我国手机高度的普及，我国与发达国家的某些差距也有望在不久的将来逐渐缩小。[3]

三、人人都是电子人

麦克卢汉认为，媒体对信息、知识、内容有强烈的反作用，它是积极的、能动的、对信息有重大的影响，它决定着信息的清晰度和结构方式。媒体与人的关系是相对独立的，反过来对于人的感知有强烈的影响，不同的媒体对不同的感官起作用。书面媒体影响视觉，使人的感知成线状结构；视听媒体影响触觉，使人的感知成三维结构。[4] 麦克卢汉理论的继承者和拓展者保罗·莱文森认为，技术在模仿甚至是复制人体的某些功能，在模仿或复制人的感知模式和认知模式，从而改变人的感官和行为。

在手机新部落时代，我们已经无法摆脱手机的诱惑而深受其影响。和20多年前的电视机一样，手机也正在改变着我们的生活方式。明明几步路可以走到的地方，我们却只想打手机解决问题。逢年过节，亲友间发短信互致问候已是家常便饭。根据工业和信息化部统计，2008年全国手机短信发送量达到6996.7亿条，同比增长18.2%，日均发送短信超过16亿条。每年春节前后，每天的短信发送量都有翻番的趋势。[5] 移动世界的数据显示，2007—2008年全球有一半人都在使用手机[6]。在北京、上海、深圳等大城

---

① 资料来源：http://www.miit.gov.cn/n11293472/n11295057/n11298508/11874740.html。

② 王建宙：《我国手机用户到八亿时将达到饱和》，见 http://www.ce.cn/cysc/communications/zczx/200709/10/t20070910_12846698.shtml。

③ 资料来源：http://www.miit.gov.cn/n11293472/n11295057/n11298508/11874740.html。

④ （加）马歇尔·麦克卢汉：《理解媒介》，何道宽译，商务印书馆2000年版，第23页。

⑤ 资料来源：http://www.ce.cn/cysc/communications/yjdt/200901/27/t20090127_18061837.shtml。

⑥ 同上。

市，手机普及率都已高达90%[①]。也许我们会每天坐在电视机前，但那也许只是晚饭后的几小时；也许我们会阅读报纸，但它早已是网民数量激增的最大受害者[②]；也许人们会上网，但网络普及率比起其他媒体来依然微不足道。而手机则24小时陪在我们身边，伴随我们的生活，目睹我们的一举一动。最极端的例子乃是许多澳大利亚人对自己的手机都怀有深厚而持久的感情，以至于死亡也无法将他们分开。澳大利亚葬礼承办者发现，越来越多的人选择让死去的亲人与手机一同下葬。[③] 如今许多人都患上了手机依赖症，手机没有带在身边就心烦意乱，无法安心工作，坐卧不宁，一段时间手机铃声不响就下意识地看铃声设置是否正确，经常把别人的手机铃声当成自己的手机在响，脾气也变得暴躁起来……随着手机在中国的普及，特别是年轻人手机拥有率的提高，越来越多的中国年轻人开始被"手机依赖症"困扰，人们已经越来越离不开手机。

在手机新部落时代，人人都是电子人，电子设备由外置变成内置，我们手上已经没有手机了，手机已经成为我们身体的一部分，手机式通信已内化为我们的身体机能，就像一个嵌入身体内部的电子芯片，依靠它，我们能够完成人际交流、移动商务和无线娱乐等一切功能。拥有手机的人从此都成为了多功能的电子人，所能掌控的范围远远超出人的机体本身能到达的范围。我们每时每刻都通过手机与外界维持通信，每时每刻都身处一个电子通信网络。人与人的关系基于这个无线通讯网络而存在，人们都处在这个网络的交点上，与其他交点上的人时刻保持着联系。人类回归了口耳相传的时代，但传递信息的方式远比原始的口耳相传时代快捷方便，传递的信息内容前所未有地丰富和久远。历史告诉我们，人们总是能越来越快地适应不断变革和创新的媒体技术。从世界范围来看，报纸成为大众媒体用了200余年，广播用了38年，电视用了13年，互联网用了5年[④]。正如麦克卢汉所说"媒介即讯息"，传播技术创造了新的社会观念、新的风俗习惯，而不仅仅提供内容。在《无线世界》一书中，作者指出了移动电话技术的关键特征是它不像个人电脑，它的体积小，永远在线而且永远被链接，手机的"移动性"和"永远在线"使得它在社会中扮演重要的角色[⑤]。人与人之间的交往方式改变了，与手机有联系的社会行为也受到了影响。日本筑波大学的Kenichi Ishii在他的文章《移动的影响：个人交往媒介在日常生活中的应用》（2006）中说："'移动性'不能被单纯

---

① 资料来源：http://www.ce.cn/cysc/communications/yjdt/200901/27/t20090127_18061837.shtml。

② 喻国明：《网络崛起时代：北京人媒介接触行为的结构性变化及其特点》，中华传媒网http://academic.mediachina.net/article.php?id=2560，2005-11-28。

③ 《手机陪葬》，载《参考消息》2006年3月13日。

④ 陶丹、张浩达：《新媒介与网络广告》，科学出版社2001年版，第20页。

⑤ Brown，B. *Wireless World*：*Social and Interactional Aspects of the Mobile Age*. London：Springer，2002.

定义为地理位置上的改变，而是一个更为广泛的概念，我们至少应该从人类交往中三个互相联系的维度来理解，即空间、时间和情境。"① 在这里，"空间"代表地理位置的移动，它是手机最直接的特点，"时间"则是空间移动的结果。有了手机，人们的生活节奏加快，人与人之间的交往节省了许多时间，人们可以在任何时候使用手机。而第三个维度"情境"则是研究手机给人们带来的影响中最关键的方面。"情境"在人际交往行为中扮演着很重要的角色。情境移动指人们会在不同的情况下使用手机，人与人的交往再也不受情境的限制，人们变得更自由。一方面，手机模糊了公共空间和私人空间的概念。当一个人在公共场所大声打着私人电话时，他已经将公共行为与私人行为混淆了。因为工作的需要，很多人不得不 24 小时开机，以备老板打来的电话，他们的工作与生活已没有明显的界限，手机永远伴随着人们，不管是在工作还是在度假。有些人害怕遗漏一个电话或短信，喜欢被老板或者客户关注的感觉。另一方面，手机又给人们说谎制造了条件，明明在消遣，却说成在加班，明明在公园，却说成在公司。不喜欢接的电话可以不接，不想回复的消息可以说没有收到，人际交往尽管更频繁，但却更虚伪。

手机改变了人们获取信息的时间和空间，人类的感官模式变为一种电子人式的感官模式，它改变了我们的行为和社会认知。人的行为因手机社会的环境而变化，因手机对我们的教化和改造而受到影响。比如，因为手机短信缺少人际交往的最主要元素，即声音语言、身体语言、面部表情和身体接触。一些社会学家认为，手机短信会影响年轻人与他人面对面交往的能力，人际交往开始缺少深度，甚至出现人际交往的冷漠和拒斥的态度。过多地玩手机会影响人们吸收和反省知识的能力，人对讯息的感知理解成平面化、仪式化趋势。用拇指说话的习惯也造成了人的语言能力、阅读能力和人际交往能力的下降。可见，虽然手机是一种"现代化"的高科技产品，但却不能推动人的素质的普遍提高和全面发展，反而有可能阻碍人的"现代化"过程。当人们的思维能力、阅读能力都呈现简单化、平面化趋势的时候，人能否更快地适应新的现代生活环境、积极推动现代社会的发展，将是一个未知数。

第二节　手机对大众媒体的历史性总结

手机媒体把过往的一切媒体融合为自己的内容，不仅如此，手机更延伸了人腿的机能，使人能够在移动状态下收发信息，是对过往一切媒体的完全补救。可以说，它是过往所有媒体的历史性总结，这一点可以从三个方面加以分析。

---

① 资料来源：Kenichi Ishii. *Journal of Communication*，ISSN 0021－9916，2006。

一、媒体内容的融合

麦克卢汉认为，“任何媒介的‘内容’都是另一种媒介。文字的内容是言语，正如文字是印刷的内容，印刷又是电报的内容一样”①。他认为一种媒体的影响之所以广泛强烈，正是因为另一种媒体变成了它的内容。事实上，当我们探究进去后会发现一种新的媒体技术的问世之所以迅速地使另外一个甚至多个媒体技术“过时”，重要的原因在于其他的媒体成了该媒体的内容，而该媒体又满足了人类不断变化的需要。②从上文的论述中我们可以看出，手机几乎无所不包。手机可以当做一支笔，用来记录工作或学习的日程表，像一本小型日记；手机是备忘录，如果有重要事务，可以设置响铃，到时候手机会像闹钟一样做提醒；因为近距离通信技术的发展，手机又可当信用卡，成为一种安全、便捷、快速与时尚的支付和票务工具；手机也是播放器，集收音机、MP3、MP4于一身，到处可以看到头戴耳机、手拿手机的少男少女们边欣赏音乐边发短信聊天；手机还是地图，装上了 GPS 卫星定位语音导航系统的手机可以给司机指路。手机既是电话又是照相机，还是 DV、录音机、收音机、电视、电影，甚至钟表、闹钟、备忘录、万年历、手电筒、信用卡，我们可以用手机完成其他媒体可以完成的一切事务。更重要的是，一部手机的功能不是固定不变的，它的功能可以由手机用户自己去开发和拓展，智能手机便是如此。智能手机几年前就开始流行，它像个人电脑一样，具有独立的操作系统，可以由用户自行安装软件、游戏等第三方服务商提供的程序，通过此类程序来不断对手机的功能进行扩充，并可以通过移动通讯来实现无线网络接入。简单地说，智能手机就是一部像电脑一样可以通过下载安装软件来拓展手机出厂的基本功能的手机。有学者认为，以 Internet 为中心的电子媒体把人类常用的媒体都包容进去了，是媒体的终结。笔者认为，计算机终端体积过于庞大无法方便地携带，不可能包容手表、信用卡、DV 机等媒体，因此它不是媒体的终结，只有手机才终结了媒体在“内容”方面继续演变的可能。

二、时间与空间的整合

一种媒体要想找到它生存的土壤，必须有区别于其他媒体的独有特征，使其具有不可替代性和不可复制性。报纸因为它的内容深度和便携而经久不衰，电视因为它的视觉感而后来居上，互联网的繁荣则立足于它的个性、自由和百科全书式的信息资源。手机

① （加）马歇尔·麦克卢汉：《理解媒介——论人的延伸》，何道宽译，商务印书馆 2000 年版，第 34 页。

② 孙存照：《论媒介的终结》，见 http://vip.bokee.com/200305077324.html。

的移动性自然就是其最重要的特征。手机与计算机互联网相比，功能是相似的：它们都可以把文字、图片、影像、声音综合起来呈现在一块屏幕上；它们都可以让我们自由地表达思想和意志，实现心灵的互通；它们都能以最便捷的方式提供大量丰富的资源。可惜的是，台式计算机把我们牢牢地束缚在办公桌旁，而手机则解放了我们，把我们引入多姿多彩的大千世界。从此，动与静的界限消失了，不管你是坐在家里的沙发上，还是坐在奔驰的列车上，你的状态对于手机另一端的亲朋好友来说，已经没有任何区别。因为手机的移动性，无论我们在哪个角落，都可以第一时间获得信息。如今社会生活节奏越来越快，人们对信息需求速度的不断提高，所以今后将有越来越多的人选择用手机获取信息。另外，手机不仅成为信息接收终端，而且变为随时随地的信息发送设备。带有摄像和摄影功能的手机为我们提供了记录日常生活点点滴滴的可能，这一点任何其他媒体都不能超越，从这个意义上说，手机赶超互联网也不是没有可能的。保罗·莱文森在其著作《手机——挡不住的呼唤》中认为，任何一种后继的媒体，都是一种补救措施。手机媒体将更受青睐，因为它补偿了互联网无法移动的先天不足。正因为手机可以实现移动状态下的传播，时间和空间的分离不复存在，手机是唯一将时间与空间整合到一起的媒体。人类过去也常常尝试用媒体达到时间与空间的整合，比如发明可随身携带的收音机、MP3、DV 机等，但是，它们要么只能收信息，要么只能发信息，只有手机实现了将距离的远近和时间的差异缩短为无穷小，达到极限，从而信息的传递达到速度的极限（电子或光的速度），实现了人类对媒体的最完美构想。在人类的未来中，不再可能有比这样的速度更快的媒体，媒体的演进在速度方面达到了终点。

三、人类感官延伸的阶段性终结

“媒介是人的延伸”是麦克卢汉的最重要理论之一。在人类发展的历史长河中，人类总是试图延伸自己的器官，以抵抗外界的压力，获得身心的平衡。他认为，衣服是皮肤的延伸，用来抵抗寒冷；轮子是脚的延伸，用来抵抗远途奔走的疲劳；口语是思想的延伸，用来表达思想；电话是耳朵的延伸，用来听远处的声音；而电子媒体则延伸了人的中枢神经系统，是一次从技术上模拟意识的延伸。但这次延伸并没有延伸人类的所有官能，并没有实现延伸人类自己，达到延伸的终结，因为不管是电视、电影还是互联网等电子媒体，都没有解放人类的手，延伸人类的腿。人们不得不用手指敲打键盘，不得不在室内收发信息，无法到室外享受大千世界的美妙，从而获得身心的自由。但是只有走出室外，才是人固有的天性。手机解放了人类的手，通过语音控制（即声控菜单），人们可以控制电话的接听或挂断，也可以对手机的某些功能实现操作，而无须翻阅菜单键。只需在手机中储存一个号码，然后训练手机将该号码与所说出的一个词联系起来，人们就可以用对着手机讲话的方式进行拨号。手机延伸了腿的机能，在技术时代之前，人们可以边走路边说话，用整个感官来认知世界。技术的发展，割裂了人的器官，人的整体性开始分裂。人们只能用眼睛看报纸、用耳朵听广播，要不就是坐在家里上网而不能将腿与其他器官整合为一体。手机将过去被割裂了的感官又全都整合起来，使人类恢复到以前的整合状态，人们又可以边走路边说话，达到最自然的交流，它就像是人类自己。就目前的技术发展水平来看，手机使人类可以延伸的感官都得到了延伸，媒体技术在这个历史阶段已经接近完美，可以说，手机在人体的延伸方面达到了阶段性的终结。

第三节　手机新部落文化的形成、特色及反思

作为一种可以将移动中的人群联系起来的新兴媒体，手机正以空前的速度发展着。无论从使用人数、传播范围还是传播效果看，手机已经成为名副其实的大众传播媒体。更为重要的是手机媒体给人类带来了全新的生活方式，不仅影响了人类的思维方式和社会行为，而且对整个社会发展产生了前所未有的影响，促使人类社会迈进了一个不同于以往的新部落时代。在这个由手机媒体孕育的新部落时代中，人类社会呈现出一种独特的手机新部落文化景观。对于这种文化景观，人们不仅要加以理性的分析和评判，而且更要洞察和反思它给人类社会带来的隐忧。

一、终结传统——手机新部落文化形成

技术，不仅给人类社会带来新的生活方式、新的社会结构，也带来新的文化形态。拥有高科技装备的大众媒体，既是文化的重要组成部分，也是建构文化的一个重要角色。无论就质或量的观点来说，在资本主义高度发达的20世纪，大众媒体在文化领域已经取得决定性的主导地位。只有通过大众媒体传播，文化才能成为联结人类社会交往的中介，成为社会结构的重要黏合手段。不仅如此，媒体的重要性还可以从其演变的历程中体现出来：在口语时代，人类只能在特定空间区域内传播语言，但不能保存，文化被部落化；在印刷时代，文化可以较长时间地在空间上延续下去，并能传播到较远的区域，但由于书面语只有一部分人掌握，因此它成为了权贵阶层控制、阐释的工具，成为了精英文化的代名词，人类进入书写文化时期；在电子传播时代，主要体现在电视、广播等电子媒体成为孕育大众文化的摇篮，形成了一个麦克卢汉笔下的“地球村”，人类重新部落化；在新媒体时代，人类则身陷一个新的部落时代，各种新兴媒体进一步重构了既有的文化形态，从深层上制约和影响每个个体和每一种社会活动，进而形成一种主导性的新部落文化形态。

在构建这个新部落文化形态的过程中，手机媒体独树一帜，以其鲜明的传播特性，彻底改变了人们获得和传播信息内容的方式，即不同的人可以用不同的方式传递不同的个性化内容，不同的个性化内容可以被不同的人接收和再传播。各种社会思潮、各种思想理念、各种价值观念都会通过手机这一互动性的传播媒体自由地向社会各个方面渗透，社会控制将逐渐弱化，主流意识形态将不再占优势，经典权威将逐渐消解。尽管同属新兴媒体的其他网络媒体也能使人们享有自由表达的权利，但当下因其普及率还不够高，并未在真正意义上使社会每个成员能够享有这一权利。于是，手机率先创造了一个多元、开放、自由的媒介环境和文化氛围，构筑了一个别具一格的手机新部落文化体系。在这个手机新部落文化体系里，生活在地球上的人将融为一个整体，彼此通过某种共同的思想和价值观相互依赖，部分和整体相互依存、相互影响，隐私的概念将被瓦解或重构，公共与私人的界限将变得模糊。更为重要的是，这个文化体系使得人人能够生活在一个处处皆中心、无处是边缘的深度联通和相互依赖的无限时空，而这个无限空间将成为打造和形成每个成员特有文化品格与价值观念的温床，进而凝结成为整个文化体系的特色。

二、解构经典——手机新部落文化特色

在中国当代文化批判的研究中，有一批学者认为文化工业的本质就是反文化，参与文化工业制造的人真正关心的绝不是什么“文化”，而是最大限度地获取利润。手机媒体虽然没有像电脑、电视那样诱使人们学习预置好的各种“神话”，但目前手机媒体传播的文本和符号依然是一种工业化的“快餐文化”。无论从传播技术、内容需求和传播效果看，手机新部落文化将以其鲜明的传播特色对传统文化、主流文化、精英文化造成前所未有的冲击和影响。

（一）娱乐性

文化娱乐是大众媒体的一项重要功能。从《快乐大本营》到《超级女生》，从《幸运52》到《红楼梦中人》，大众传媒制造了一个庞大的娱乐产业。随着经济的发展，人们的生活需求已经由单纯的温饱提高到追求质量和品位。在发达国家，休闲产业是国民生产的主导产业和国民收入的重要来源，成为国际公认的高利润产业。在中国，从经济、文化与社会发展的总体水平看，休闲时代的到来尚需时日，但在消费结构上，休闲消费支出呈明显上升趋势。如今，娱乐至上似乎已成为一种主流，手机在其中无疑起到推波助澜的作用。手机作为一种新兴的大众媒体，其重要功能之一就是提供娱乐。手机和娱乐好像天生的一对，不管是最初的诺基亚8250，还是先进的苹果iPhone，几乎没有哪一款手机不附带内置游戏，与手机小说、手机电影等新“玩意儿”并驾齐驱，在我们繁忙工作的间隙提供或多或少的消遣。实际上，手机的娱乐性有其深刻的社会背

景，现代生活的压力非常大，节奏非常快，人们在为工作生活烦心之余，往往希望大众媒体能够提供消遣和娱乐，能够帮助人们释放日常生活中的压力和负担，从而获得一种情绪上的解脱。无论是手机短信、手机电影还是手机小说，手机媒体传播的大多数内容都是用于娱乐。我们在汽车站等车时，在坐火车时，在排队时，常常拿出手机来把玩：听一首歌，看一段手机电影，读一则笑话，玩一会游戏，等等。从目前看，手机不仅是简单的通讯工具，更像是一个数字娱乐中心。就在刚刚过去的几年里，电视媒体中娱乐的泛滥、众多年轻人对娱乐节目疯狂的痴迷曾经引起批评界的担忧和反思。那么，对于扑面而来的手机娱乐，我们是否有足够的心理准备呢？手机娱乐洪流是否会带来另一次批评话语的浪潮？

（二）简约性

一条手机报新闻只有一到两句话，一部手机小说只有几十个字，一部手机电影最多十来分钟，手机报、手机小说、手机电影的简约是它们共有的特色。但是，简约并不一定不包含深刻的道理。以手机文学为例，很多手机短信文学“是对汉语的一种魔方式的拼贴，其中运用很多隐喻、双关语、藏头诗、回形诗等写作的方式，表现了现代反讽的精神、狂欢的气质、幽默感等，其中很有文学性”①。很多手机文学语言虽然简短，但运用特有的修辞技巧、独特的表现力，常常“言已尽而意有余”。手机文学改变了文学传播方式和人们的阅读习惯，也改变了文学的文体形式。然而，如此言简意赅的文字毕竟是少数，对于大多数手机小说，从其简短的字里行间并不能发现任何深邃的内涵。这种“快餐文化”会不会带领我们走另向一个极端？当人们习惯于几十个字的小说和两三分钟的电影时，还会不会静下心来安坐几小时去欣赏高雅经典的文艺作品？我们会不会在追求速度的文化语境中迷失自我？遥望历史，中国人一直是追求内心的深刻自省的，不管是在国家富强鼎盛、文化豪迈恢宏之时，还是在国力衰颓式微、民族危难之秋，中国人始终都固守坚定的信念，用理性而深邃的目光观察世界，用睿智而隽永的文字反思自身。然而，当今经济的发展、GDP的不断攀升、股市的暴涨，使人们丧失了静穆心田的真诚自省，人们开始执著于短暂的利益诉求或一笑而过的娱乐。令人担忧的是，手机简约性文化的浪潮，不但强化了这种目光短浅的利益诉求，而且使深沉而持久的理性思考显得越来越不入潮流。

（三）时尚性

所谓时尚，是在大众内部产生的非常规的行为方式的流行现象，具体地说，是指一个时期内相当多的人对特定趣味、语言、思想和行为等各种模型或标本的随从和追

---

① 石寒：《短信文学浪击文坛》，载《潇湘晨报》2004年8月6日。

求。[1] 而时尚和流行是分不开的，在中国，作为拥有5亿多用户的媒体，手机已经具备了流行的充分必要条件。从手机外在形式看，时尚又是对现行事物的模仿，少男少女纷纷互相模仿在手机上挂上挂件、贴上贴纸、更换外壳等，这些都是手机时尚的表征。拥有一款能拍照、能摄像、能上网的手机已经成为身份和时髦的象征。手机化妆、手机美容更是时尚的符号，像手机加香、手机镶钻、手机签名、手机个性饰品等各种高科技产品已经开始流行，且具备巨大的消费市场。由于手机是人们随身携带之物，其颜色、形状、铃声音响无不向世人展示着拥有者的格调和趣味。与追求外在时尚相同，手机传播内容也与时尚流行密不可分，例如，大众对手机小说的题材就有特定的趣味和追求，遗憾的是这种趣味不是千百年经久不衰的经典名著，而是一些最近兴盛起来的、流行于当代社会的文学题材。目前最流行的手机小说是武侠玄幻文学和言情青春文学，它们占去手机电子书的大部分市场，在各大手机小说网站中始终处于排行榜的前列。以“手机电子书”网站为例，下载最多的小说是金庸武侠全集和古龙武侠全集，下载数分别达到8万次和6万多次。其次是《魔法学徒》和各种情色小说，下载数也都达到5万多次。相比而言，经典文学名著、诗词散文下载次数寥寥，像《唐诗三百首》到目前也只有几人下载。在影像传播方面，哪一部手机电影下载次数最多，往往取决于目前哪部电影最风靡。当一部电影风行起来后，便会有很多人纷纷下载，其点击率和下载率都非常高，而经典伦理片、文艺片在手机电影网站上几乎找不到。大众对手机电影的品味非常集中，并且与手机小说雷同，也是动作、武侠、爱情、科幻等题材。在用手机拍摄的影像中，最流行的是一两分钟的生活纪录片段，在分享视频网站上，其点击率、观看率都是最高的。随着3G技术发展的步伐加快，受众与受众之间可以互相发送手机小说和手机电影，这会进一步使某些题材的手机小说和手机电影越来越成为时尚。长此以往，经典和理性被时尚和流行淹没的危机离人们越来越近。

（四）低俗性

与其他大众媒体一样，手机传播的内容理应通俗易懂、雅俗共赏，然而通俗并不等于庸俗、媚俗、低俗。由于手机是个人的贴身媒体，具有极高的私密性，大多数手机用户认为，手机属于纯粹的个人私用物品，机主对手机的使用拥有绝对主导权。于是在手机短信、手机小说、手机影像传播中，低俗内容比比皆是。例如“有色幽默”、“魅惑写真”、“私房幽默”等黄色、低俗类短信和彩信图片在坊间早已大行其道。在手机小说网站上，充斥着各种内容不健康的小说。手机影像也泛滥着不健康信息，打开“火柴盒手机娱乐空间”网站，各种“激情视屏”、“风情写真”目不暇接，这些不良信息已经对人类精神文明建设产生了前所未有的负面影响。另外，在多媒体技术的“进化”

---

① 周晓虹：《现代社会心理学》，江苏人民出版社1991年版，第442页。

作用下，手机的全球定位功能、拍照、摄像功能已经可以让每个人的身体时刻“在场”，加上无与伦比的随身性和隐蔽性，使手机完成了在福柯看来也颇具技术难度的“全景式监狱”的轻松建造。显然，手机越来越多的功能为暴露个人隐私、恶搞、危害公共信息安全等不良行为提供了隐蔽、廉价、易得的手段。这些不良行为不仅在一定程度上侵犯他人的隐私，有时也在不经意间伤害他人的感情，有时更是造成始料未及的严重后果。从手机传播的主导内容看，其负面影响令人担忧，其审美标准、价值取向、文化追求不得不令人反思。

三、文化倒退——手机新部落文化反思

手机新部落的形成，无形中造成了对传统文化、主流文化、精英文化的冲击和影响，更衍生出一种新的社会机制。这种机制在改造社会文化、控制大众思维方式及社会行为的同时，进而形成一种独具特色的手机新部落文化。事实上，这种文化将大众控制在无形但又无处不在的媒介时空环境中，大众却“集体无意识”，心甘情愿地顺从和依附这种文化。于是，一旦追求娱乐、庸俗、平面、流行的手机新部落文化逐渐成为社会的主导力量时，文化倒退似乎不可避免。

（一）无深度的平面文化

没有杰出的文化生产，公众就会失去精神家园。在中国，千年之前的人们会在那些优美醇厚的文字里得到精神的慰藉，关照人生中的至真、至善和至美。而如今的手机新部落文化所呈现出的却是一种无历史深度的平面流行文化，具体表现在：业余影像和简短化的文字取代了深层的文字和书籍的表达与阅读；一味追求感官欲望的满足，突出自我，突出个性的放纵，试图通过娱乐功能而达到商业目的；为了满足受众的低层次需求，更注重形式而忽视内容，使得娱乐题材泛滥，庸俗内容充斥。这时的手机新部落文化，“其精髓已不是提升人的内心世界的动力，而是成为满足人的欲望的一种消费品。它没有承传过去的传统根基，也没有对于未来的长远规划，而是立足于此时此地的公众个人”①。如果这样的平面文化嵌入我们未来的生活中，那么，我们的文化底蕴势必会出现浅薄化趋势，更不利于传统文化的传承与弘扬。近百年的社会动荡、战火炮乱、外族侵略、内部纷争等等，使千百年来支撑中国社会深层结构的传统文化元气大伤。时下，娱乐、“恶搞”充斥大众媒体，传统文化之根在当代社会语境中渐趋淹没乃至消解。本该作为民族文化承载者的大众媒体非但没有肩负起重新建构传统文化的重任，反而进一步推动低俗文化的成长蔓延。但是，手机媒体和其他大众媒体一样具有商业属性，不得不将经典名著缩短以迎合手机阅读，不得不以娱乐为主导以适应受众需求……

---

① 王岳川：《媒介哲学》，河南大学出版社2004年版，第61页。

这就使得手机不仅在传统文化传承上发挥的作用微乎其微，而且在以满足受众趣味为目标的同时，再造、改变、诱导了大众的文化趣味及追求。结果是，受众在盲目、被迫接收手机媒体那些无历史深度、平面化的信息时，也使自己在民族文化精神认知方面更加迷茫和缺失。

（二）多元文化的悖论

手机能够创造多元文化体系，也能体现文化多元的时代特征。这可以从两个方面加以评判：一方面，正如法国学者克洛德·莱维·斯特劳斯所说："文化多元发展对世界和谐与稳定的作用日益突出和重要。"另一位美国学者罗杰也认为："文化的歧异多端是一项极其重要的人类资源。一旦去除了文化的差异，出现了一个一致的世界文化——虽然若干政治整合的问题得以解决——就可能会剥夺人类一切智慧和理想的源泉，以及充满分歧和选择的各种可能性。……去除了人类的多样性，可能到最后会付出持续的意想不到的代价。"因此，手机为各种文化创造了一个展现其魅力四射的舞台，这有利于社会发展和国家进步。但另一方面也应看到，在大众媒体高速发展的同时，媒体文化的主宰地位是建立在传统文化、主流文化和精英文化被逐步边缘化的基础上的。手机新部落文化的形成和发展，势必会进一步排挤主流文化，冲击和挤压传统文化，解构精英文化。其表现是：人们更愿意看看简短的手机小说，而不去捧着大部头的经典著作而读；更多的人选择看看轻松的手机电影，读几段幽默的短信笑话，而不是去阅读闪烁着理性思想火花的主流作品。从表象看，手机新媒体为多元文化的生存提供了空间，实质上则纵容了浅薄化、简单化的文化生存，导致了传统文化、主流文化以及精英文化的缺失。当我们为文化多元时代到来而欢呼的时候，已经不知不觉落入了文化迷失的陷阱。因为手机新部落文化是一种"文化工业"，看似启蒙大众，创造自由民主，实则消解了大众的自主意识和独立判断能力，使人一步步走向异化。

（三）进一步远离现代化

尽管从百年前的洋务运动开始，中国人就踏上了现代化的艰难进程，民主、科学、自由、平等、公正等精神追求成为一代代人为之奋斗的文化品格。然而事实是，中国从来都没有实现现代化，它在中国社会中本质上是"不在场"和"无根基"的，这一点，透过文化层面就可"略知全豹"①。随着中国社会急剧转型，在文化层面上最突出的体现是大众文化的兴起。然而，这种大众文化的兴起却与现代化的进程相悖，因为现代化在精神层面上指的是理性的启蒙精神，强调人的主体性和本质力量，探求人生的价值、理想、真理和意义。但是，出于对几十年计划经济条件下理想主义教条的反抗，加之全社会商品化浪潮和功利心态的引导，社会转型期中国民众的主导性文化模式是一种贴近

① 衣俊卿：《现代化与文化阻滞力》，人民出版社2005年版，第14页。

生活原生态的平面文化。人们放弃了传统精英文化关注理性的思考、人生的价值、历史的意义、人的终极关怀等深度文化价值取向，开始向衣食住行、饮食男女等日常生计（生活的原生态）回归。[①] 如果说20世纪上半叶还有鲁迅、杨沫等作家超越琐碎的日常生活，关注人的主体性问题，20世纪80年代中期还有《班主任》、《你不可改变我》等文学作品反思历史、追求人生价值，那么，如今的手机短信、手机文学、手机影像则彻底抛弃了对价值意义的追求，回归到最简单化的日常生活叙事。如果说传统大众传媒只是媒体组织在告别文化启蒙、弘扬通俗文化，让世人被动地接受"以此时此刻为关切中心、以吃喝玩乐为基本内涵"[②] 的消费文化，那么手机媒体则使大众开始自在自觉地游离于哲学精英话语控制的主导性价值取向，开始自发地解构和剔除主体性精神，进而使人们无时无刻、私密地、随心所欲地吸收和消化各种日常生活的原生态文化。由此，如果我们不合理地规范手机传播内容，不适度地引导手机用户的价值取向，只是潜心于商业利益的追逐而无视更宏大深刻的整体社会精神，那么，手机新部落文化的风靡将阻滞现代化的进程进而导致传统文化、精英文化和主流文化的边缘化，而大众不仅在现实中被高科技带来的"现代化"左右而失去自我，而且在心灵上也会越来越远离"现代化"的精神家园。

① 衣俊卿：《现代化与文化阻滞力》，人民出版社2005年版，第14页。
② 同上。

第三编　户外新媒体

第七章　车载移动电视

在户外新媒体中，有人做过这样的描述："电视长了脚，跟着观众跑。"在电梯里你可以看到电视；在公交车上你可以看到电视；在出租车上你可以看到电视；在城市轻轨上你也可以看到电视；在地铁中你依然可以看到电视；当你出差时还可以在火车上看到电视；当周围什么都没有时，你还可以掏出手机来看电视……人们曾经对电视的"移动梦想"，如今变成了生动的现实，毫不夸张地说，移动电视已经无孔不入地渗透到人们的日常生活，随时、随地、随意地观看移动电视，已经构成人们日常生活的一个重要组成部分。目前，车载移动电视是最受人瞩目的移动电视族群中的一员，也是本章论述的主要对象。

第一节　车载移动电视的发展概况

一、移动电视的内涵

移动电视（TV-on-Mobile）是目前区别于传统家庭模拟电视和有线网络电视的一种新型电视媒体，也称数字电视地面广播。作为一种全新的大众媒体，移动电视是指在移动过程中接收电视、广播节目信号的一种媒体，它采用世界上先进的数字电视广播技术，通过无线数字电视信号发射、地面接收的方式进行电视和广播节目同步转播。在移动电视信号覆盖范围内，用户只要安装接收机，通过天线就可以接收电视节目。作为一种新型的传播媒体，移动电视具有覆盖面广、反应迅速、移动性能强等优点，同时还具备城市应急信息发布的功能。其最大的特点是在处于移动状态、时速不超过 120 公里的交通工具或通讯工具上，能保持电视信号的稳定，且清晰度高，音响效果好，它让人们实现了无论何时何地都可以像在家里一样看电视的梦想。移动电视的移动性主要体现在：一是终端移动性。比如将接收终端固定安放在公交车、大巴士、轿车等交通工具上。二是个人移动性。比如旅游和出门在外的行人随身携带手机等接收装置。此外，类似多媒体通信，移动电视还可以进行交互式操作。如进行互联网接入、VOD 点播和网络游戏等，因此，在很大程度上，它又是一种全新的宽带通信传播媒体。移动电视的接收终端可以是公交车、出租车、私家车、轮渡、轻轨、磁悬浮列车、城铁、火车、长途汽车、飞机和轮船等交通工具，也可以是手机等通讯工具。移动电视的传播空间除了交通工具和通讯工具所构建的环境之外，流动人群密集的场所，像广场、楼宇、步行街、机场、医院、超市、银行、加油站也可以成为其理想的传播空间。

二、移动电视的类别

根据接收终端的不同，移动电视大致可以分为三类：一是“随车看”——车载接收机：在公交车、出租车、商务车、私家车等交通工具上安装机顶盒就可以实现电视节目无线接收；二是“随身看”——手持接收机：旅行外出的用户，通过手中轻巧的手机就可以收看电视节目；三是“随处看”——普通接收机：在移动人群密集的场所，如广场、楼宇、机场、医院、超市、银行、加油站也可以收看电视节目。目前，移动电视已经开始在我国大中城市的公交车、出租车、手机等移动载体上得到广泛应用，其中以车载移动电视和手机移动电视最为常见也最为典型。车载移动电视和手机移动电视两者的工作原理基本一致，其最大的区别在于接收终端：一个是公交车或出租车等交通工具，一个是支持3G技术的手机等通讯工具。由于手机移动电视另有章节专门论述，这里重点介绍的是车载移动电视。

三、车载移动电视的发展概况

移动电视最早出现的应用形态是车载移动电视，这也是移动电视目前最成熟的一种形态。在亚洲，新加坡于2001年2月开始在全国试播移动电视，首次在1500辆公共汽车上为150万人次的乘客提供移动电视的服务；同时，节目也覆盖境内的所有地铁线路。由于图像清晰，实时性强，特别是通过2002年世界杯足球比赛报道，这一新兴媒体已经被人们接受，有力地推动了移动电视在亚洲的商业发展。在国内，早在20世纪90年代末，国家就提出了在北京、上海、深圳发展数字移动电视，但由于技术原因，直到2002年底，上海才首先开播了数字移动电视。虽然北京的移动电视在2003年年底才开始，但发展迅速，目前，其传播数量规模和覆盖范围是国内最大的，也是世界上最大的。由于移动电视的“移动性”，决定了其适用领域的可无限性。目前，全国移动电视传播主要集中在公共交通汽车、出租车、客运火车等载客运输工具上。近年来，国内移动电视项目开发已取得较大进展，以下是一些在移动电视发展中具有代表性的事例：

1998年9月，我国实现了数字电视功能样机系统在中央电视塔的试播。

1999年5月，上海开始数字电视地面广播试验。同年国庆期间，我国又进一步实现了数字高清晰度电视H－DTV的小范围用户试播。

2000年，国家在上海、北京和深圳3个城市进行移动电视试验，极大地推动了其核心技术及运行模式的研究和发展。

2002年，国内首套公交数字移动电视系统在上海正式投入商业使用，它覆盖了90%以上的上海市区。

2003年1月1日，经国家广电总局批准，上海正式推出以公交车辆为主要载体的移动电视商用系统，成为中国第一个推行移动电视传播的城市。与此同时，经国家广电总局批准，由东方明珠、上海文化广播影视集团、上海文广新闻传媒集团、上海东方明珠传输有限公司和上海广播科学研究所共同发起组建东方明珠移动电视，成为国内第一家试行、开发、普及移动电视的媒体。到2004年年底，东方明珠移动电视在上海市区范围内130多条优质公交线路的近3000辆车况良好的公交车上，以及城市标志性景观、轮渡码头、浦江游轮和部分三级甲等医院、连锁快餐店、100多家24小时便利店、东方绿舟青少年活动基地等处开播移动电视，总接收终端数达6000多个。

2006年，上海已经构建起立体公交平台，收视终端广泛覆盖于8000多辆公交车、1万辆出租车以及轨道交通站点和水上巴士等，收视终端总数已经超过16220个，日受众数超过1200万人次。东方明珠移动电视现每天播出17小时40分钟，有近40个栏目，涉及新闻、娱乐、体育、生活资讯等众多与市民息息相关的方面，具有很强的信息性、时效性、实用性、可看性和互动性，同时还能根据客户的需求制作各类其他栏目，以满足不同客户群体的需求。目前，上海市区固定和移动的信号覆盖率已达95%，接收率达97%以上。

2004年5月28日，移动电视在北京公交车上亮相。到2004年12月，北京已有4000多辆公交车、3000辆出租车安装了移动电视。

2006年5月，北京北广传媒移动电视有限公司完成5000辆公交车、5000辆出租车、1000辆公务车及1列城铁，共16000多个移动电视终端的建设，日覆盖受众443.5万人次，基本形成覆盖公交、出租、轨道交通和社会车辆完整的终端体系。移动电视全天共播出节目17小时，主要包括：新闻类节目，占播出比例30%；娱乐类节目，占播出比例17%；法制类节目，占播出比例6%；专题类节目，占播出比例21%；服务信息类节目，占播出比例6%；广告，占播出比例20%。

另外，北京移动电视与市交通管理局共同制作的《出行导航》，形成了整点播出路况信息及不定时播出为其主要特色的移动概念。继《出行导航》之后，北京移动电视陆续推出整点路况直播、实时路况直播和早晚高峰的路况直播节目，利用北京市交通管理局遍布全市的700多个摄像头，为观众呈现整个北京城的原状态路况现场，及时疏导社会交通；积极同城市管理部门配合，进一步完善公司作为城市综合管理平台和应急系统的各项功能。到2008年，北京移动电视已搭建起公交电视、出租电视、地铁电视、楼宇电视、户外大屏幕电视、社会车辆电视六大运营平台。其终端总数超过5万个，日覆盖受众已超过1000万人次，在全市公共场所形成全方位的立体覆盖。从全国范围看，已经有上海、北京、武汉、南京、广州、合肥、杭州、长沙、西安、郑州、深圳、兰州、青岛、大连、沈阳、长春、济南、佛山等100多个省会或地级城市开始运营车载移动电视。

第二节 车载移动电视的传播特点

与传统的家庭电视相比，车载移动电视是一种新兴的传播媒体，也是对传统电视媒体传播内容和渠道的一种拓展和延伸，具有自身的传播特性。美国著名传播学理论家、“传播学四大奠基人”之一的拉斯韦尔率先提出了“谁传播、传播了什么、通过什么渠道、向谁传播、有什么效果”的“5W”分析模式。之后，美国传播学研究者布雷多克在这一模式基础上添加了两个“W”，即在何种具体环境情景下传播，传播的目的、动机如何。“7W”要素的提出进一步完善了对大众传媒的分析模式。通过分析七个要素，可以比较出传统家庭电视与车载移动电视之间存在的差异（见表7－1）：

表7－1 传统家庭电视与车载移动电视之间的比较

类别/传播过程	谁传播	传播了什么	通过什么渠道	向谁传播	有什么效果	在何种具体环境情景下传播	传播的目的、动机如何
家庭电视	电视台	电视节目	家庭电视	家庭用户	可测定	家庭环境	公益服务与商业运营均有
车载移动电视	数字移动电视公司	电视节目	车载移动电视	公交乘客	难测定	公共环境	公益性和商业性兼具

从以上比较分析中可以发现，车载移动电视的传播特征主要体现在以下几个方面。

一、传播渠道的多样性与伴随性

与家庭电视相比，车载移动电视传播渠道的最大优势在于，受众可以在移动过程中接收数字电视节目信号，这不仅扩展了传统电视传播的有效范围和影响区域，而且突破了传播时间和空间上的局限性。移动电视介于广播、户外媒体和家庭电视之间，具有鲜明的自身特点，又具备三者兼容的优势。车载移动电视集多种媒体优势于一身，并在形式、内容、传播效果上有新的突破。

二、传播环境的封闭性与强制性

车载移动电视实现传播过程的具体环境是在行驶中的公交车等交通工具内，具有相对的封闭性。一方面，在公交车内，无论乘客喜不喜欢这个节目或广告，都会在不经意的情况下接触到；另一方面，乘客即使看不到图像，也不可避免地接收到声音讯息。车载移动电视这种封闭性的收视空间，使得车载移动移动电视具有强制性收视、节目内容的不可选择性等特点。出行者一般固定在相对封闭的车内空间，构成强制收视的效果。

三、传播受众的开放性与指向性

车载移动电视针对的是一个特殊的群体，“电视长了脚，跟着乘客跑”，其目标受众就是移动过程中的人群。目前，其第一个目标受众是那些乘坐城市公共交通工具的人群；第二个目标受众是那些出租车、公务车和私家车的人群；第三个目标受众是那些乘坐火车、长途汽车、飞机和轮船的人群。家庭电视的受众是相对固定的、稳定的，而车载移动电视的受众构成是开放的、流动不居的、时常变化的。由于受众群的特殊性，一方面使得车载移动电视拥有潜在的、庞大的、流动的受众群体，信息传播的覆盖面广，尚待开发的潜力巨大；但另一方面，受众的流动性又大大增加了传播效果的不可测性。交通工具上的乘客是涣散的，是异质人群的短暂聚合，具有真正的匿名性和“Mass”特征，带有很大的流动性和随机性。因为单位乘客在某交通工具上的居留时间是不固定的、短暂的，单位时间内交通工具上的乘客数量和构成特点也是不确定的。因此，车载移动电视的信息传播就带有了很大的偶然性、短暂性与随机性。与传统电视媒体不同，车载移动电视的目标受众就是在城市公交车或出租车移动过程中，作短暂停留的人群，两者受众的比较特点如下（见表7－2）：

表7－2　传统电视与车载移动电视目标受众特点的比较

类别/传播过程	受众接收的权力	接收信息的时间、地点	受众的信息反馈灵敏度	受众主体构成
传统家庭电视	有一定的主动性	在家里固定位置	较强	以家庭为单位的集体
车载移动电视	完全被动	在路上移动过程中	较弱	大众

四、传播内容的丰富性与时效性

传播内容对于任何一个媒体而言，始终具有举足轻重的地位，如何以丰富的内容、鲜明的特色来吸引移动人群的眼球，也是车载移动电视生存与发展的基本要求。由于其目标受众是移动过程中短暂停留的人群，那么，其节目内容应该短小精悍，其中资讯类的节目要及时播出，发挥电视直播优势，以利于受众在乘车的短暂时间内观看到比较完整的节目，随时随地了解到一些最新动态。

从公众出行习惯来看，受众处于乘车等待的过程中，大多无事可做，而车载移动电视的出现则弥补了这个空缺，其节目总体定位以新闻资讯为主，以生活服务为辅，以相声小品和滑稽幽默录像等娱乐节目为依托。其节目设计和编排制作应该有特殊策略，以短小、精致、快捷为原则，使受众在较短时间内可以比较完整地看到节目。同时，应当突出电视直播功能，新闻资讯节目力争在第一时间采用直播，并做到重大事件随时插播。

考虑到目前公交车移动电视具有“强制收视”和乘客乘车时间一般为40分钟以及大部分乘客对新闻类节目更感兴趣等特点，移动电视的节目安排，一般采用“黄金1小时”的节目布局原则。即以1小时为一个单元，以整点新闻直播作为每个单元的“虎头”；以公益宣传、服务信息、短信互动节目作为“龙身”；以MTV、幽默小品等娱乐性节目为“豹尾”，充分满足乘客对新闻信息、道德修养和服务娱乐的需求。移动电视节目的全天编排采用“周循环错位滚动式”的播出方案，让那些在固定时间乘车的观众每天都能看到不同的节目，在一周之内可以看到本周移动电视的绝大部分节目。

由于车载移动电视的受众具有平民化特征，那么其电视节目就应具备大众口味，要重民生，重相关利益，重新鲜，重娱乐，重时尚，重潮流，重变化，等等。

五、传播效果的随机性

传播效果是指报刊、广播、电视等大众传播媒介的传播活动对受传者和社会所产生的一切影响和结果的总和。车载移动电视的出现，应该说填补了传统电视媒体的一个空白。作为数字电视传播方式之一的移动电视，具备无线数字电视的优点，较之卫星接收，有实现容易、价格低廉的特点；较之有线接收，不易受城市施工建设、自然灾害等因素造成的影响。从严格意义上说，移动电视是一个完整的电视频道，具有移动性和伴随性收视的独特优势。

同时，人们都有好奇、求新的心理，移动电视对他们而言，毫无疑问是新事物，自然会吸引较多的观众。移动电视集平面媒体、广播电视的优势于一体，具有直观、生动、“耳闻目睹”的电视特性，也能够通过插播、滚动字幕等平面手段，使其最大限度地吸纳其他媒体的优势，达到周期短、反应快、信息量大、生动活泼的传播效果。

第三节　车载移动电视面临的问题及发展前景

一、车载移动电视现存的主要问题

（一）技术标准不统一

在数字地面无线传输方面，中国虽然走在世界同行的前列，但地面数字电视播出信号的标准还没有明确出台，标准的不确定，严重束缚了车载移动电视产业化的发展进程。在技术应用标准方面，有些地区采用清华的DMB－T与欧洲DVB－T标准，有些地区则采用上海交大ADTB－T标准。目前，备选的三大标准方案是欧洲DVB－T方案、上海交大的ADTB－T方案和清华DMB－T方案。

（二）技术手段不成熟

尽管车载移动电视具有乐观的发展前景，但其面临着防行车震动等许多技术问题。由于车载移动电视装置也在城市中快速移动，移动电视的接收条件差，加上楼群、高架桥阻挡等原因，出现黑屏和信号中断等故障比较多。

（三）收视环境差和收视心理不理想

收视环境中干扰因素多，移动人群大都处于行走，乘坐公交车、出租车、地铁等交通工具的状态中，环境嘈杂，人群拥挤，人们要随时应对在移动中发生的各种情况，注意力很难集中。在收视心理上，乘客上下班时行色匆匆，有看不完的心理预期，记着下车的牵挂，使乘客难以平心静气地观看，这些也是影响传播效果的重要原因。

（四）赢利模式单一

与传统电视媒体的覆盖率及局限性相比，车载移动电视以突破性的新型信息传输展露着强大的优势和乐观的前景。作为一种新的媒体形式，必将带来新的商业传播价值。从目前全国车载移动电视开发的实际情况分析，其赢利模式主要是用丰富多样的节目来吸引尽可能多的具有购买能力的观众，通过这些观众群的数据来吸引广告，这只是沿袭了传统电视传播的赢利模式，并没有找到行之有效的经营之道。除了北京、上海等特大城市的车载移动电视略有赢利外，全国绝大多数城市的车载移动电视尚未走出亏损之路。

二、车载移动电视的发展前景

（一）应用领域和传播渠道将进一步扩大

从国内开发车载移动电视项目看，大部分城市都是从公交车、出租车领域起步，建立起一套合适的运营模式后，再拓展到其他应用领域，其应用范围已从公交车、出租车等车辆扩展到了地铁、轮渡、列车和楼宇、边远居民家中的固定接收以及城市信息应急系统等。虽然目前车载移动电视市场还主要集中于公交车、出租车领域，但私家车将是中国车载电视最具潜力的市场，随着私家车市场逐步培育成熟，车载电视市场也会随之不断扩大。2003 年经国家广电总局批准，广源传媒成为国内唯一一家列车车载电视试点企业，成立中国列车移动电视（CTTV）网络传播公司，为广大的旅客提供各类喜闻乐见的电视节目。中国列车移动电视从诞生起就依托贯通全国的铁路网络，一举成为国内受众范围最广、实力最强的户外移动媒体。目前，广源传媒拥有全国 80% 以上的列车资源，已安装列车移动电视的列车途经全国 70% 的铁路线。CTTV 所有节目按“快乐列车”的主题来配置，让旅客尽情享受旅途的愉悦。同时，CTTV 立志打造精品荟萃的电视频道，除了原创品牌节目外，还与全国权威电视台、大型传媒机构、专业电视制作公司强强合作，把全国各地最优秀的电视精品节目汇聚在列车移动电视上。同样，移动电视的发展不会忽视庞大的私家车群体，只要时机成熟，私家车将会成为移动电视的新宠。针对非公交车辆，中国列车移动电视公司将依照不同的需求，为私家车量身定做更适合的节目，开播更大容量的交通路况、新闻、体育、财经、娱乐、电影、动画等内容。“私家车频道”的节目将加大实时路况信息的播报力度，提高收视节目的个性化设计。另外，地铁、城铁、长途汽车、飞机、轮船等交通工具也会成为移动电视发展的新领域。例如，北京的八通线和城铁，从 2007 年起开始全面安装移动电视系统，电视屏幕安装数量已达到 2000 块，每个车厢安装 4 ~ 6 块液晶显示屏，站台上也安装有电视屏幕。车载移动电视实时播放新闻和资讯，在 2008 年奥运会期间，乘坐地铁、城铁的市民实现了在第一时间收看比赛转播的愿望。

（二）潜在受众数量将进一步增加

车载移动电视拥有巨大的未被开发的受众群体，这些受众是传统电视的“盲点”、广播的“无竞争空间”。数据显示，北京市公交车数量已达到 2 万多辆，每天乘坐公交车的人次高达 1180 万，年运营总人数近 50 亿人次，乘坐出租车的人次每天接近 200 万，地铁人流量每天达 130 万人次，而北京现有 6 万多辆出租车，小轿车已超过 400 万辆。上海每天有超过 500 万人次通过公交出行，平均每个人要在公交车上花去 40 分钟时间，公交车年客流量 30 亿人次。一个中型城市公交车辆达 2000 ~ 5000 辆，流动人口不下 300 万人次。全国列车年运载量 2003 年达到 13 亿人次，预计 2010—2020 年将达到20亿~40亿人次。如此惊人的移动受众数量，可以说是传统电视的未接受人群，这样一个规模巨大的市场带给车载移动电视的将是巨大的发展空间。

（三）赢利模式将进一步多元化

车载移动电视是数字技术发展的必然结果，它带来的不仅仅是技术的变革，更重要的是运营模式的变革。所以，车载移动电视的发展不能仅仅定位在电视移动化上，而是应该抓住它对电视行业变革提供了千载难逢的机会来定位。然而，一个产业能否健康成长并形成规模化的发展，很大程度上取决于它的运营模式。因此，车载移动电视应充分利用数字技术的特性梳理现有运营模式，铺设新的业务平台，使车载移动电视从传统电视媒体以生产为导向的传统运营模式解放出来，构建以市场营销为导向的现代商业模式，其赢利模式将进一步多元化，具体体现在以下几个方面：一是广告赢利模式，车载移动电视公司将移动电视免费安装到公交车上并使之进入本地电视网，同时自办移动电视频道来扩大收视群体，吸引广告投入，扩大广告商的投资渠道。二是有偿服务模式，车载移动电视公司为私家车、商务车等安装接收机、显示屏和收取用户收视费来赢利。三是战略合作伙伴模式，网络运营商与内容提供商以互利共赢、共同发展为原则，结成长期的战略合作伙伴，联手运营，合作分成。其中，网络运营商负责内容信息的传输、宽带接入、业务管理和营销、用户管理、计费与收费等。四是跨行业合作模式。随着广电网、电信网、互联网的逐渐融合，车载移动电视公司可采取与当地电信运营商、IT网络运营商合作的方式，建立跨行业互联、互通、互惠的全数字交互移动电视网络，逐步扩大数字移动电视的业务功能。全数字交互移动电视网络是将电视、通信、IT等曾经分离的技术逐步融为一体，实现业务上的互相渗透、融合、会聚。这种发展趋势，使移动电视网络不仅可单向传输节目，还能提供各种形式及不同层次的交互式服务，如视频点播、商务电视、信息资讯、数据服务、车载导航系统、网上点播服务、股市行情、可视电话等各类无线移动宽带服务。总之，车载移动电视作为一种新兴媒体，从理论上讲，中国车载移动电视有着巨大的市场潜力和美好的发展前景，但是如何进行有效的市场化运作，建立完整的产业链，实现规模效益，赢得受众和广告商的青睐，仍有很长的路要走。

第八章　楼宇电视

楼宇电视是指采用数字电视机为接收终端，把楼、堂、馆、所等公共场所作为传播空间，播放各种信息的新兴电视传播形态。由于出发点不同，楼宇电视又被称为楼宇液晶电视、城市电视等。这里，我们从楼宇电视的传播内容上给予划分，将其分为两大类型：一为楼宇广告电视，一为楼宇数字电视。下面分别对楼宇广告电视和楼宇数字电视的发展概况、传播特点、经营模式及社会影响等内容进行分析。

第一节　楼宇广告电视

一、楼宇广告电视的形成及发展概况

楼宇广告电视又指楼宇液晶电视，是指用液晶电子屏在商业楼宇、高档住宅、办公大楼等场所播放商业广告的一种新兴媒体形态。1995 年，加拿大的 Captive Network Inc 公司在北美首次成功地创立了高档场所电视显示媒体。目前，它的业务已覆盖北美 1100 多个商务楼宇，拥有 130 多万收视人群，并且与很多知名企业建立了长期合作关系。2002 年末，这一媒体形态传入中国，并在不到一年的时间里迅速在全国扩展开来。其基本运行方式是：一般把 17 英寸多功能、高清晰、超薄液晶电视机，安置于消费能力较高的白领聚集的甲级智能化办公楼宇，以及人流量密集的中高档知名商厦的电梯轿箱内或电梯等候厅按钮上方，每天自动循环播放高品位的商业广告、各类娱乐信息以及社会公益宣传片；多以每 12 分钟循环一次，每天多频次播放，每个广告时长约 30 秒。一般采用 DVD 机播放，平时不需要专人照看，从早 8 时到晚 20 时自动定时启动与停止，每天 60 次自动循环播放，并配备无线同步追踪技术，以确保互相之间的同步运行；为了保证安全和防止黑客恶意攻击，楼宇广告电视一般不直接联网，采用单机独立，并且每台液晶电视都设有单独的人工开启密码。

成立于 2003 年 5 月的分众传媒控股有限公司（以下简称“分众传媒”）是中国目前最大的户外视频广告运营商，它以在高端商业楼宇和大卖场中安装液晶显示屏为广告

主提供集中化影像宣传为赢利点。2002 年 12 月商务楼宇液晶电视网在上海初步成形，浦东大厦等 50 幢楼宇开始试播。分众传媒的正式成立，搭建起了广告主和目标消费者之间的分类广告信息视频传播平台。作为中国楼宇广告电视网络的创建者，分众传媒（Focus Media）目前已经拥有商业楼宇视频媒体、卖场终端视频媒体、公寓电梯平面媒体（框架媒介）、户外大型 LED 彩屏媒体、手机无线广告媒体、分众直效商务 DM 媒体及数据库营销渠道等多个针对特征受众，并可以相互有机整合的媒体网络。2005 年是我国楼宇广告电视蓬勃发展的一年，其标志性的事件是，分众传媒控股有限公司以 1.1 亿美元收购国内最大的社区公寓电梯平面广告商“框架媒体”并在纳斯达克成功上市。2006 年 1 月 9 日，分众传媒又以 3.25 亿美元的高价收购国内最大的竞争对手聚众传媒控股有限公司。其后分众传媒的销售业绩一路攀升，市场份额不断加大，其商业楼宇联播网已覆盖我国 70 多个城市、3 万多栋楼宇、6 万多个显示屏，占据了整个行业中约 96.5% ~98% 的份额，一段时期，分众传媒几乎成为了楼宇广告电视的代名词。

二、楼宇广告电视传播的比较优势

（一）分众化

楼宇广告电视的目标受众十分明确，就是有效锁定企业主、经理人和白领受众，充分覆盖 25 ~50 岁之间都市高学历、高收入族群。因为他们是社会财富的主要创造者，是社会最活跃的消费阶层，中高档、时尚商品的领先购买者和意见领袖（目标受众分类见表 8 -1）。

表 8 -1　楼宇广告电视目标受众分类

楼宇性质	目标受众
高尔夫会所、机场贵宾厅	行业领袖人士
写字楼、商住楼	商务白领人士
航机电视、机场巴士、机场安检、候机厅、高档宾馆	商旅白领人士
Shopping、Mall、KTV、酒吧、健身会所	时尚人士

（二）生动性

传统户外广告一般只能提示品牌记忆，告知简单信息，而楼宇广告电视联播网以数字科技与液晶电视相结合，将户外广告影视化，以音频视频相结合的方式，充分提升户外广告的生动性，强化受众的感知，改善受众的品牌认知，建立品牌偏好，以激发受众的消费欲望。同属于上班途中广告媒介，楼宇广告电视有着与传统户外广告媒体不同的特点。这既体现在它影像传播的优势上，也体现在它与众不同的渠道创新上（具体见表 8－2 所示）。

表 8－2　楼宇广告电视与传统户外广告媒体传播特点的比较

媒介类型	接触受众群	媒介特点	广告效果
户外广告	该区域日人流量/不固定/非目标受众/千人成本较高	平面居多/静态为主/远离视线/关注度低/干扰度高/更新周期长	强化区域性的品牌认知度，无固定行业，形象广告为主，立足于长期的品牌打造
楼宇广告电视	楼宇内工作人员和往来客户/固定/目标受众/千人成本较低	液晶电视/动态/接近视线/关注度高/干扰度低/更新周期短	针对中高端消费者的品牌认知和劝服购买，以高档消费品为主，配合阶段性促销活动，形成该时期楼宇广告网络

（三）收视强制性

将液晶电视放置在电梯口或电梯内，在有限的空间内与受众几乎零距离地面对面，从而构成强制性的收视效果和收视心理。

（四）不可选择性

目前有线或卫星电视一般有 60 多个不同频道，而在商业楼宇中只有一个频道，无从选择，广告内容不可回避地进入了人们的视野。楼宇广告电视的出现和兴盛，既是对传统大众影像传媒市场的一种拓展，也代表了以媒体技术为核心的大媒体业的日益走俏和在媒体竞争中的决胜地位。它不仅是传播渠道拓展的一个创意，而且又一次证明了以受众为中心的传播观的优势所在。

三、楼宇广告电视传播的比较弱势

（一）只传递广告信息，过多的宣传倾向容易使人反感

广告未必时刻受欢迎，赤裸裸的商品信息往往令受众心生排斥，甚至在某种程度上，楼宇电视侵害了人们的公共空间，单一播发商业广告，是一种“视觉污染”。长期处于这种强迫下的媒介接触环境，高层次的受众群必然要做出自己的价值判断和心理定位。虽然说影像传播在现代媒介中仍具有较强的吸引力，但是一旦有受众产生了逆反的

阅读心理，便会适得其反。另外，楼宇广告信息多以移动硬盘的存储方式循环播出，更新速度慢，重复性强，容易使该区域固定受众厌倦。

（二）楼宇广告电视传播的强制性可能招致抵触

楼宇广告电视的强制性在于，受众不能随意切换频道，无法控制这种传播形式。传播固然是高效的，但缺乏变化、过度反复播放内容单一而又乏味的广告，会使经常使用电梯的受众产生反感，以至于对这种媒体产生逆反心理，并加以排斥、抗拒。目前在美国以及其他一些发达国家已经出现一种情况——品牌拒绝，造成这种局面的原因就是因为品牌广告过多地增加了人们注意力的负担。这里面存在一个两难选择：越是公众场所，群体的特征就越混乱，信息传递的有效性就越低。但在公众性比较弱的场所，虽然可以达到比较好的传播效果，但如果频繁、无孔不入地出现，将会无休止地增加人们注意力的负担。

（三）随机性的媒介接触造成传播的信息内容不够完整

楼宇广告电视联播网或卖场联播网仅仅是受众瞬间的或暂时的生活场景，媒介接触也多是被动和随机性的，因此只能传达一个信息片段，受众往往会因为电梯来了或者购物时间的限制等原因影响收视内容的完整性。

（四）媒体传播的单向性

由于楼宇广告电视只能是一维单向的播放形式，受众也只可以单向接受，没有互动过程，受众无法对传播内容达成消费以外的双向沟通和反馈。

（五）资源的有限性

因为楼宇广告电视只是高级商务楼中特有的媒体形态，资源有限，随着行业竞争者逐渐增多，势必造成媒介价格持续上扬，提高了广告主的宣传成本，不利于媒介长久生命周期的延续。

四、楼宇广告电视创造核心价值的几种方式

（一）媒体时空环境产生“强制性”的收视效果

媒体具有很强的时空传播特质，主要体现在媒体的时空环境决定了它的信息发布形式和内容以及给受众带来的影响和效用。受众在不同的媒体时空中会有不同的需求，而楼宇广告电视就重组了一个全新的媒体时空，从而创造出受众的一个全新的需求。从空间上看，楼宇广告电视设在上班族的必经之地——写字楼的电梯口，相对于户外来说，写字楼的环境更为安静，也是一个较为封闭的空间，这样更利于受众接收信息。从时间上看，人们在等候电梯的时候一般都无所事事，不知道该干什么，往往处于空虚无聊的状态之中，在这样一个特定的时空里，人们产生了新的需求——如何打发等待和无聊。在这种需求的推动下，受众会对楼宇广告电视——这个此时他们身边容易接触的媒体产

生了使用的需要，由此产生了一种新的媒体市场供求：“无聊经济”或“等候经济”。在一个“眼球经济”时代里，注意力这种极其稀缺的资源自然成为了广告客户和媒体共同追逐的目标，哪怕是短短几分钟的注意力也不放过。在国外，媒体往往通过许多具有创造性的方法来满足人们的不同需求。例如，传媒大亨泰德·特纳开办了一个机场电视频道；一些航空公司在长途飞行中提供视听娱乐；超市有带可视屏幕的手推车；一些饭店和咖啡馆桌子上会有电脑以便让其顾客在吃晚饭前上网冲浪；只分发到医生候诊室的特别杂志；人们还能在公共厕所的墙上和分隔单间的门背后发现广告；等等。应该说，国外早就把这种“无聊经济”或“等候经济”做到了位，并产生了很好的经济效益和社会效益。而国内的“无聊经济”或“等候经济”才刚刚开了个头，楼宇广告电视则是创造“无聊经济”或“等候经济”的佼佼者。

从楼宇广告电视的传播特征看，楼宇广告电视抓住了人们在家庭以外的各种频繁进出的空间和注意力更为集中与兴奋的白天时间，突破了传统电视的时空限度，创造了一个全新的电视广告发布的时空。与此同时，楼宇广告电视充分利用了人群被动地在某个空间集结的特点，从受众的手中收回了收视选择权，进而构成了对受众收视的“强制性”。但是，这种特殊环境下的“强制性”中蕴涵着的是一种“能动性”，因为楼宇广告电视所传播的信息内容在特定的环境下不仅帮助受众打发了等待和无聊，而且及时地满足了受众的特定需求，所以这种“强制性”的收视行为才得以实现。从这一点看，在一个短暂的时间内，对受众来讲，其收视行为与其说是强制，倒不如说是一种满足。央视市场研究股份有限公司撰写的《楼宇视频广告效果总体评估报告》中得出的结论表明：“目标群体每天乘坐电梯的平均次数为5.5次，而在这5.5次中，收看液晶电视的平均次数为4.7次，也就是说，有85%的乘电梯次数会用来收看液晶电视。平均来讲，目标受众每天收看液晶电视的时间约为4～5分钟，在这段时间当中，目标受众可以注意力非常集中地收看18个15秒的广告或9个30秒的广告。超过45%的目标受众表示看过液晶电视广告1～3次后就会印象深刻。平均而言，看过液晶电视广告4～5次后，被访者会对广告印象深刻。近80%的人表示喜欢楼宇电视媒体。”从楼宇广告电视的传播效果看，楼宇广告电视利用受众的零散时间来满足特定时空下受众的需要，此时的广告并没有被受众抵制，而是已经成为一种信息被欣然接受了，而广告客户也乐意看到这样一个没有被抵制的广告发布过程。正是这种对无聊或等待的打发方式嫁接了广告客户和受众的双重需求，同时，这也成为了创造楼宇广告电视核心价值的一种重要的方式。

（二）传播内容的“一元性”创造楼宇广告电视的核心价值

媒介市场学里有一个著名的“二次售卖理论”，它是指媒介单位先将媒介产品卖给终端消费者（读者、听众、观众），然后再将消费者的时间（或注意力）卖给广告商或广告主的过程。其实，早在30多年前，加拿大传播学者麦克卢汉就发现了其中的奥妙。他指出，电视台实际上是不动声色地租用人们的眼睛和耳朵来经营，为了尽可能“租用”到更多的眼睛和耳朵，电视台以“好”节目做“诱饵”，这恰好造成了观众免费收看节目的假象。但世界上没有免费的午餐，电视台也不是慈善机构，它实际上是通过隐性收费——观众在不知不觉中以其对节目的关注来“收费”——获取巨大的资源，然后再把这一宝贵的资源以不菲的价值卖给急需这一资源的人——需要做广告或做宣传的人。媒体工业建构的这个二元产品市场是媒体经济最显著的特征，经过两个市场的交易以后，媒体就完成了它的价值创造过程。

在楼宇广告电视兴起的过程中，对于它该不该播放其他节目、该不该延续传统电视的赢利模式一直是业界争论的焦点。例如楼宇广告电视的始作俑者——分众传媒始终坚持只播广告，而像上海东方明珠移动电视和北京城市电视等后起之秀们却认为，如果不播其他节目，广告又有谁来关注呢？其实，不管是报纸、广播、电视等传统媒体，还是楼宇电视、城市电视等新兴媒体，都有自己的赢利模式和价值创造方式（见图8-1和图8-2）。但是，楼宇广告电视作为一个新兴媒体，正是以其“强制性”的传播特征，才保证它可以在自己的传播平台上只播广告，而只播广告恰恰是它独特赢利模式存在的可行性和价值核心所在，也是它最能吸引广告客户的特色所在。

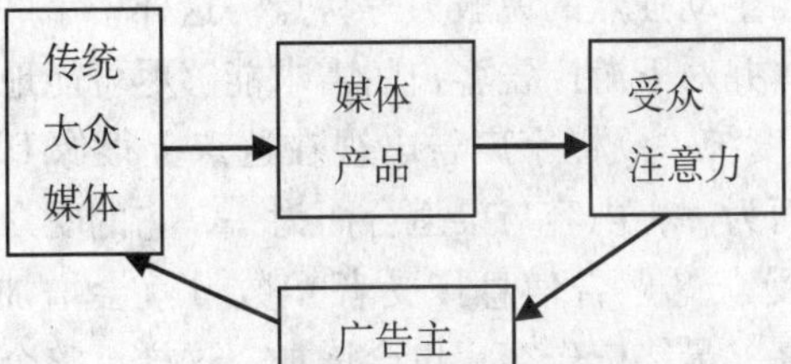

图8-1　传统媒体赢利模式

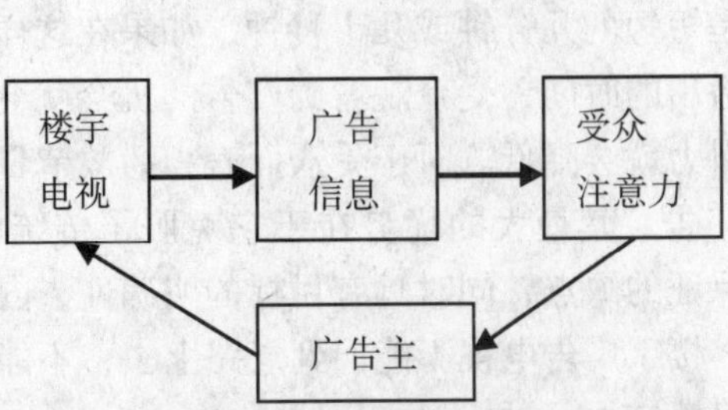

图8-2　楼宇电视赢利模式

从以上两个图示中可以看出，楼宇广告电视与传统大众媒体相比具有以下几个特点：

1. 去中间性。媒体产品是传统大众传媒产业“投入到产出”全过程中的一个“中间产品”，它的价值在于集聚受众的注意力资源，或者说媒体产品是集聚受众注意力的一个手段或形式。在这个过程中，真正有价值的不是信息本身，而是注意力资源。楼宇广告电视则不提供节目内容，也不依靠提供节目内容来获取注意力，而是打造了一个电视广告发布平台，直接发送广告信息，从而把这个中间产品从自己的产业价值链上去掉。

2. 一元目的。传媒经济学家皮卡德曾经指出，媒介产业与其他产业相比，具有独特的双重产品市场（Dual Product Market）。以大众传媒为载体的广告媒体，一般称为“二元目的媒体”，即既要传播节目（报道）内容，又要传播广告信息。而只用来传播广告信息的媒体称为“一元目的媒体”。楼宇广告电视是一个“一元目的媒体”，它不用承担制作或播出节目的职责，也就节约了这部分的成本。同时，在产业价值链中，它没有上游节目供应企业，所以自己能够牢牢把握产业价值链的重心。

3. 融合与嫁接。实际上，楼宇广告电视并不只是一个简单发布广告信息的“一元目的媒体”，它集合了传统户外广告媒体（路牌、海报、灯箱等）和传统电视媒体的优点，不仅有着户外媒体反复诉求、环境适应性强的特点，同时又兼具电视媒体诉诸视听、图文并茂的冲击力、生动强烈的说服力等特点。这样楼宇广告电视在自己的产业价值链中的优势相当明显，并对下游广告客户的需求能够尽可能地给予满足。

4. 内容与渠道的高度统一。楼宇广告电视在这点上很像DM杂志，这种媒体杂志的内容和广告的信息合而为一，内容与渠道合而为一，它的受众就是广告商品信息的接受者。一旦渠道扩大，受众（广告信息接受者）数量就会增加，广告信息的传播率、影响率和有效率就会提高，最终广告客户也会增加，这样，整个媒体产业链就会完善起来。楼宇广告电视自创建起就坚持只播放商业广告的信条，虽然业界对它该不该播放广告之外的节目、该不该延续传统电视的经营模式一直争论不休。从受众接触楼宇广告电视的时间看，一般也就是短短的几分钟或几十秒钟，如果在这样短暂的时间内加入其他节目，势必会压缩广告播出的时间，受众观看到广告的机会就会大大降低。对于广告客户而言，投放广告的吸引力就会降低。对于受众而言，播放节目的效用也不会明显。如果楼宇广告电视只播出广告，其最大的优势在于它克服了传统电视广告目标受众不明确、广告播出时间不能保证的缺点，同时具有目标的明确性、内容上的反复性、时间上的充分性等特点。所以，楼宇广告电视不能回到老路上去，不能放弃自己本身产业价值链条上的核心价值——只播广告。

（三）借鉴沃尔玛“垄断经营”打造楼宇广告电视的传播超市

作为全球最大的连锁零售商，沃尔玛凭借自己巨大无比的垄断渠道网络资源，让超市上游供应商和下游消费者对其产生依赖，在上下游产业链利益分配中占据主导地位，挤压上游利润空间，从而巩固并扩大其赢利空间，获得超额的利润。“只播广告”可以让楼宇广告电视借鉴沃尔玛的“垄断经营”模式，使其发展成为一个广告的播出超市。从目前的实际情况看，楼宇广告电视一般依靠快速的资本聚集进行业务扩张。当扩张到一定规模并抢占到最多的渠道网络资源的时候，就可以把自己打造成一个巨大的广告播出平台，就像沃尔玛那样形成一个巨大的、带有垄断性质的传播超市，那时，大量的广告客户特别是高端产品的广告客户就不得不对这个巨大的传播平台产生依赖，这样楼宇广告电视就在产业价值链中占据了中枢主干位置，掌握着最终价值获取的主动权。要想实现这种理想的经营模式，楼宇广告电视将凭借哪些经营策略和优势资源才能让广告客户对其产生依赖呢？

一是依靠从地理位置优势向优质渠道优势的转变。渠道是产品、信息走向终端消费者和受众的“通路”。从地理位置优势看，国内楼宇广告电视网络铺设面广阔，从一线城市到省级城市再到二线城市，均已有所涉及。实际上，它的网络覆盖和广告发布能力并不亚于一个中等规模的省级卫视。按照国内现今的宏观经济发展速度和房地产开发速度，并不用担心楼宇资源的枯竭。这样一个庞大的全国性的联播网络，相信任何一个广告客户都不会忽视它的存在、发展和影响力。从优质渠道优势看，楼宇广告电视设在写字楼、商住楼、高档宾馆、高级健身房等“高学历、高收入、高消费”阶层经常光顾的地方。这个“三高”阶层有着巨大的消费购买力，是很多高端产品广告客户追逐的目标受众，而这些“三高”阶层的目标受众是产生优质渠道优势的基础。这样，楼宇广告电视就在地理位置优势的基础上进一步转变成了优质渠道优势，而使广告客户真正对楼宇广告电视产生依赖的正是它的优质渠道优势。

二是依靠对楼宇资源的统一调度和对受众注意力资源的细分整合。超市的特点就是提供给消费者各种各样的商品，满足他们的不同需求。楼宇广告电视也像超市一样，由于自身能对楼宇资源的统一调度和对受众注意力资源的进一步细分整合，可以开发出“琳琅满目的信息商品”来满足广告客户的传播需求。例如楼宇广告电视能够凭借自己垂直管理的优势，根据广告客户的不同行业，不同的产品性质，不同的传播目的，不同级别的市场，甚至不同的楼宇，实行统一的组合式投放。在这个过程中，楼宇广告电视运营商不仅仅是一个媒体渠道的提供者，而且成为了广告客户的媒体战略咨询者。这种新的增值服务和对资源的整合利用能力对于广告客户来说，不但可以降低发布费用，而且还可以节约选择媒体的时间成本。反之，广告客户也可以根据自身产品特点，灵活的选择投放周期、层次和频率，从而使广告费用的分配更加合理。从以上分析中不难看出，楼宇广告电视让电视离开了家庭，利用受众零散的时间，用视频广告帮助在电梯口等待的人们打发掉了等待和无聊，同时满足了他们彼时彼地的需要，但并没有给受众更多的选择机会。这样，重新收回主动权的楼宇广告电视找到了自己最核心的价值——只播广告。这个只播广告的电视还能建立一个庞大的"垄断经营"的渠道网络，这个网络不但能覆盖广阔地域上的目标受众，而且还让广告客户产生不能自主的依赖。也许不久的将来，楼宇广告电视的广告客户们只能用这种看似原始的、初级的、直接的"强制性"，"一元化"与"垄断性"的广告发布形式，去打动他们的目标消费者。

第二节　楼宇数字电视

一、楼宇数字电视的形成及发展概况

2005 年 7 月，正当分众传媒踌躇满志地筹建中国最大的"户外生活圈媒体群"时，以上海公共视频信息平台楼宇电视和北京北广传媒城市电视信息平台（以下简称"北广传媒城市电视"）为代表的另一种新兴媒体，也悄然进入楼宇电视领域。这种从传统电视媒体延伸出来并依托传统电视媒体资源，选择楼、堂、馆、所等公共场所作为播出空间的媒体就是楼宇数字电视，有的也称其为城市电视。本书中的楼宇数字电视是指采用数字技术，通过无线数字信号发射，在楼宇内的液晶屏幕上接收，可即时传播新闻资讯、时尚娱乐、经济金融、体育人文等栏目以及城市预警、突发事件、交通信息、天气预报、股市动态等公共信息的另一种新兴电视媒体。

以北广传媒城市电视为例，自 2005 年开播到 2007 年初，已经在北京市 1000 多个重要场所安装了 3000 多个液晶电视屏，涉及银行、医院、邮局、商场、超市、高校、写字楼、酒店和会所等，每天及时播放新闻资讯和文娱节目，覆盖北京五环路以内地区。北广传媒城市电视有限公司成立于 2004 年 12 月，是目前北京地区唯一经过广电管理部门和宣传部门正式批准开办的新型城市电视媒体，也是北京奥组委宣传部唯一授权的户外电视宣传平台。它以城市流动人群为目标受众，以大尺寸液晶电视屏为终端，实时播放信息资讯。在传播内容上，楼宇数字电视的节目均由电视台和专业制作公司提供，除了转播电视台新闻节目，还辅以日常实用信息，如天气预报、交通信息、政府法令、股市行情、展会信息等等，经过编辑加工，制作成三五分钟甚至更短、更紧凑的节目，以适应城市电视的收视需求。在传播技术上，楼宇数字电视采用了先进的 DVB－T 数字电视地面广播技术，从播控中心发出的数字电视信号经过中央发射塔传送到各个终端，再通过机顶盒还原成图像播出，具有实时传播、随时更新、统一发射、安全清晰的

特点。城市电视的这些技术优势保证了播出内容的实效性和安全性，使这一新型媒体具备快速、广泛、安全的传播能力。在传播推广上，由于楼宇数字电视前景良好，具有赢利空间和推广价值，在2006年，楼宇数字电视又显现出新一轮的发展热潮，全国各大城市的电视经营媒体纷纷加入这一新阵营。例如在上海，来自国资背景的东方明珠已经拥有上海市区包括城市标志性景观、渡轮码头、部分三等甲级医院等6000个数字播放平台。上海市的行政商务楼宇、部分甲级医院、文化教育系统、标志性文化景点等已经有了东方公众传媒的视频终端。上海公共视频信息平台楼宇电视通过播出新闻资讯类节目，直播上海电视台、东方电视台和东方卫视的新闻栏目和热点赛事，发布灾害天气预警、警方提醒等信息，以此来体现"关注民生，服务大众"的媒介定位。目前，全国已开办楼宇数字电视的城市已超300多个。由于受众定位的接近和媒体市场的竞争，楼宇数字电视联播网的成功促使各地广电系统积极筹建广电系统楼宇数字电视广告联盟。2007年初，各省市城市电视公司或移动电视公司呼吁以北广传媒城市电视为首建立全国楼宇数字电视联盟，并通过联盟展开同步的终端推广和广告营销，以提高全国城市楼宇数字电视的市场占有率。作为影像传媒资源重组和优化的一种积极尝试，楼宇数字电视经过自身的快速发展，已经显现出全面市场化和行业化的趋势。随着这一新兴媒体的不断发展，其媒介优势和缺陷也在逐步凸现和改进之中，这必定引起传媒人和传媒业对于传统电视传播和楼宇数字电视传播的新一轮深思和媒介市场的进一步调整。

二、楼宇数字电视传播比较优势

楼宇数字电视是由主流大众电视媒体衍生的新兴的电视传播平台，而楼宇广告电视则是影像广告发布平台。相对于楼宇广告电视来说，其比较优势表现为以下几个方面：

1．楼宇数字电视是唯一经过国家广电管理部门和宣传部门正式批准开办的新型城市电视媒体；楼宇广告电视仅仅是广告媒体，只拥有户外广告刊播权。

2．楼宇数字电视能够实时播放广播电视节目，把提供时事新闻和服务资讯当做主营业务，对重大新闻、突发事件或百姓关注的热点问题还可以采用现场直播、字幕滚动播报等方式及时报道；楼宇广告电视只是广告播放器，没有电视节目播出权，故只能播放商业广告。

3．楼宇数字电视由于能够提供新闻、资讯和娱乐节目给受众，其本身的服务性将代替付给合作楼宇的租金；而楼宇广告电视的经营者要付给楼宇物业租金来安装楼宇广告电视，传播成本较高。

4．楼宇数字电视以新闻等服务性信息为主导，更体现以受众需求为中心的传播观，更强调媒介的社会服务功能；而楼宇广告电视只立足于媒介的经济功能。

5．楼宇数字电视以其实时传播的特点，有能力配合政府工作，及时发布政府权威信息，并承担城市应急系统的功能，正确引导公众。这种应急功能也暗合了大众传播媒介社会雷达和舆论引导的功能，主要体现在以下三个方面：一是突发事件紧急播报。例如2006年1月19日晚，楼宇数字电视第一时间公布了一条最新消息：受郑州等地大到暴雪天气影响，部分由北京西站发出的列车晚点，3万多旅客滞留在车站内，车站已启动红色预警方案。二是政府信息及时播报。例如2006年1月3日，北京东三环京广桥周边部分路面塌陷，楼宇数字电视在第一时间做出最迅速的反应，通过滚动播报的形式让市民及时了解塌陷路段抢修进展，选择最佳出行路线。三是重大事件全程播报。例如2008年9月25日、27日，“神舟七号”发射的全程直播以及航天员翟志刚太空出舱的全过程形成了公共场所的关注焦点，许多不能在家收看电视的观众通过楼宇数字电视观看了发射的全过程，见证了中国太空行走第一人的英姿和风采，共度了这些激动人心的历史时刻。

三、楼宇数字电视传播的比较弱势

1. 目标受众混杂。楼宇广告电视的目标受众多是在该处写字楼上班的稳定白领人士或者有业务往来的同类流动人士，其消费层次和群体价值基本相似，易于消费信息和群体价值观传播，传播效果比较明显，属于强势分众影像传播媒体；而楼宇数字电视较广的传播空间，涵盖银行、医院、邮局、商场、超市等一系列大众场所，受众群比较复杂，不利于传递群体信息和形成传播网络的组合优势，属于弱势的分众影像传播媒体。

2. 强制收视效果较弱。楼宇数字电视传播多处于人群流量较大、流动性强的公共场所，空间位置比较开放，信息量较多且不稳定，受众注意力不易集中，因此无法达到楼宇广告电视封闭环境内的强制性的收视效果。

3. 收视目标、动机的不确定性。楼宇数字电视拥有大众影像传媒的优势：影像生动、视听便捷、内容多元、受众广泛、实时传播等，但是，随着其传播领域的不断扩展，楼宇数字电视传播一般会造成受众主动收视动机的减弱、收视时间的碎片化、信息接收的浅层化和随机化等问题。

第三节　楼宇数字电视与楼宇广告电视经营模式比较

从2005年起，中国新兴媒体便开始朝着两个方向发展：一个是以互联网和手机为代表、争取海量受众为目标的发展方向，其共性的传播特征为互动性、精准性和个性化；另一个便是以楼宇广告电视、楼宇数字电视和移动电视为代表、争取目标受众最大化为目标的发展方向，其共性的传播特征主要体现为媒介时空的再造性、收视的强制性以及受众的群体性。后者因其在产品的差异性定位和目标受众的合理性选择方面，为市场营销理论提供了新的研究话题，从而博得了业界人士广泛的关注，这也是本书关注的目标之一。

一、楼宇数字电视与楼宇广告电视共性传播特征

从市场环境来看，楼宇广告电视和楼宇数字电视在商业楼宇、高档住宅、办公大楼等场所再造了一个个全新的媒介时空，并创造出新的消费者需求。通常，产品的特殊功能要素会在一定程度上影响消费者需求的方向或程度，对于媒介产品来说，这一要素便体现为它的时空效用。在空间方面，楼宇广告电视和楼宇数字电视将接收终端设在商业楼宇、高档住宅、办公大楼等场所的大厅和电梯口，相对于户外环境来说，这些场所的环境更为安静，也是一个较为封闭的空间，更利于受众接收信息。在时间方面，人们在等候电梯或在大厅等人办事的时候一般都无所事事，不知道该干些什么，处于一个空虚无聊的状态中。在这样一个特定的时空里，如何打发等待和无聊——是人们潜意识里一个尚未满足的需求。这时，一段片段式的视觉画面或者信息是恰如其分的消费“物品”。实际上，楼宇广告电视和楼宇数字电视就是利用了受众的零散时间来满足了特定时空环境下受众的需要——让短暂的等待时间变得有趣。此类媒介按照时空环境设置的信息发布形式、内容以及给受众带来的效用，创造或者引发了受众在特殊时空环境里片刻的享受。

从传播与收视的特点看，楼宇广告电视和楼宇数字电视充分利用了人群被动地在某个空间集结的特点，从受众的手中收回了收视选择权，进而构成了对受众收视的“强制性”。但是这种特殊环境下的“强制性”中蕴涵着的是一种“能动性”。因为此类媒体所传播的信息内容在特定的环境下不仅帮助受众打发了等待和无聊，而且及时地满足了受众的特定需求，所以这种“强制性”的收视行为才得以实现。从这一点看，在一个短暂的时间内，对受众来讲，其收视行为与其说是强制，倒不如说是一种满足。

从消费者定位来看，楼宇广告电视和楼宇数字电视的传播理念符合媒介“细分受众群”的理论和市场细分理论。“细分受众群”指传播者通过调研，依据受众的动机、需要、欲望等诸方面的差异，把受众划分为若干个受众群，从而确定有效的传播方式。而这些有着相似或相近动机、需要、欲望的受众构成了一个目标受众群（产品消费者），也称子受众群或亚受众群，或者说细分市场上的目标消费者群。针对细分后的媒介市场，媒介组织便可以确定自己的市场定位，并以此构筑了不同的媒介形态。于是产生了针对人们在等候电梯时的无聊心态和信息空白专门设计的绘声绘影的楼宇广告电视，并将空间领域蔓延到了城市中的其他公共空间如购物中心、酒吧、医院、银行等，于是又产生了楼宇数字电视。相对于传统媒体高高在上的传播姿态，楼宇广告电视和楼

宇数字电视以更具亲和力的面目、更具个性化的服务陆续登场，自然博得了目标受众群的青睐。

作为同样以商业运作身份出现的两种新媒体，尽管楼宇广告电视和楼宇数字电视的传播内容完全不同，但它们有着共同的媒介形态、收视环境、目标受众和接收终端。更为重要的是，它们经营价值链的两端——下游承载广告的楼宇空间资源和上游的广告商资源是完全一致的，集中的竞争区域使这两种媒介一开始就处在了核心竞争者的对立立场上。两个“冤家”势必在一个个狭小的楼宇空间里，展开面对面的竞争。

二、对楼宇数字电视与楼宇广告电视经营模式比较分析

从媒介经营学的视角看，不管是报纸、杂志等纸质媒体，还是广播、电视等电子媒体，都是在一个有效、合理的媒介经济的框架下进行运转的，各自有着不同的价值创造方式以及经营模式。楼宇广告电视与楼宇数字电视一对“冤家”，有着不同核心价值的经营模式。楼宇广告电视坚持“只播商业广告”，已经取得了不菲的业绩；楼宇数字电视则奉行“节目内容开道，广告跟进”，大有后来者问鼎的声势。这两种经营模式各有利弊，下面让我们做一个比较。

（一）楼宇广告电视经营模式

楼宇广告电视是传统媒介的叛道者，自创建起就坚持只播商业广告的信条，虽然业界对它该不该播放广告之外的节目、该不该延续传统电视的经营模式一直争论不休，但有两点独特的经营优势是大家都认可的：一是楼宇广告电视抓住了关键环节，在整个产业价值链中能把握其核心；二是楼宇广告电视抓住了有效时间，强化播放效率。关于楼宇广告电视经营模式的具体内容已经在本章第一节“楼宇广告电视创造核心价值的几种方式”中做过详细分析，在此从略。

（二）楼宇数字电视经营模式

与楼宇广告电视相比，楼宇数字电视的媒体定位、经营战略、市场导向等特点，决定了其采取的是“节目内容开道，广告跟进”的经营模式。这种经营模式与楼宇数字电视充分依托了政府以及传统电视媒体提供的丰富资源有关，在满足其赢利模式的条件中，楼宇数字电视相对于楼宇广告电视来说具有以下几点优势：首先，从媒介定位看，楼宇数字电视是由主流电视媒体衍生的新兴的电视传播平台，而楼宇广告电视则是纯商业广告发布平台。相对于楼宇广告电视来说，楼宇数字电视以新闻资讯等服务性信息为主导，体现以受众需求为中心的传播观，强调媒介的社会服务功能，像突发事件紧急播报；政府信息及时播报；重大事件全程播报；发布灾害天气预警、警方提醒等信息，这些都体现出楼宇数字电视“关注民生，服务大众”的媒介定位。这样，从吸引观众注意力、服务大众来看，后者更胜一筹。其次，从价值创造过程看，楼宇数字电视的经营

模式符合媒介市场中的“二次售卖理论”，即媒介单位先将媒介产品卖给终端消费者（读者、听众、观众），然后再将他们的时间（或注意力）卖给广告商或广告主的过程，媒介工业建构的这个二元产品市场是媒介经济最重要的显著特征，经过两个市场的交易以后，媒介就完成它的价值创造过程，这也是城市电视目前赢利的一种有效途径。最后，从信息传播手段看，目前楼宇广告电视的广告节目载体是 CF 卡，而楼宇数字电视的节目是通过电视频率传输，采用了先进的 DVB－T 数字电视地面广播技术，从播控中心发出的数字电视信号并经过中央发射塔传送到各个终端，再通过还原技术变成图像播出，其传播具有实时性、随时更新、统一发射、安全清晰等特点。楼宇数字电视的这些技术优势保证了其播出内容的实效性、安全性、快速性和广泛性。

（三）两者比较优势分析

从目前两种媒体的实际运作情况看，楼宇数字电视的上述优势能对楼宇广告电视产生多大的影响还无法断言，因为许多情况下，优势往往是比较优势，而市场偏好和消费者倾向都不是在短短一两年的时间里就会显现出来的。对于楼宇广告电视和楼宇数字电视来说，其优势存在的同时也蕴涵着明显的不足：首先，对于楼宇广告电视的经营者来说，在某一个特定的时空环境中能够满足受众的需求是形成有效传播的必要条件。当楼宇广告电视产生之初，所有人都会嗟叹其传播创意的巧妙，但归根结底它还是一种强制性的“一元目的媒体”，不可回避的是，如果在一种媒体中只传递广告信息，加上带有强制性的传播形式，则容易使人反感，因为广告未必时刻会受欢迎，尤其是那些赤裸裸的商品信息往往令人心生排斥。有专家指出，楼宇广告电视侵害了人们的公共空间，单一播发商业广告，是一种“视觉污染”。长期处于这种强迫下的媒介接触环境，受众必然要做出自己的价值判断和心理定位，这样，楼宇电视广告传播的“强制性”可能招致受众的抵触。所以，随着时间的推移，在新鲜感退去之后，受众很难对单一的广告信息长时间地持续关注。相反，与其切身利益息息相关的政治、经济、文化、社会等各种信息却更能引起受众的持续关注，广告信息只是其中的一部分。由此可见，楼宇广告电视目前最被看好的“一元目的”也正是未来最有可能被诟病的“目的”，那时，对广告内容进行差异化选择，包括对传播内容进行改革使之具有较强的针对性、指向性、层次性和实用性，应该是其发展的主要方向。例如在高级办公楼内推出高档品牌的广告，在中档写字楼内播放大众化的商品广告。同理，对于楼宇数字电视的经营者来说，如何以高质量的节目内容吸引受众以获得最多注意力资源至关重要。对于任何媒体来说，“内容为王”是一条真理，因为在实际生活中，绝大多数受众在乎的不是什么新技术，而是能看到什么内容。楼宇数字电视的传播内容要为目标受众群“量身定做”，针对“三高人群”的特征，提供符合他们口味和需求的新闻、信息资讯及生活娱乐等节目。同时，为赢得公众的信任，广告与节目的比例要适度，播放的时间、频次要安排合理，内容要健康。从受众接受心理看，面对那些来去匆匆的受众，楼宇数字电视所播放节目的类型至关重要，而且节目的长短也关乎吸引受众眼球的效果。所以楼宇数字电视不能简单地照搬传统的电视节目和广告的组合模式，只有以“短、频、快”为特色，制作出个性化的节目内容，不断提升其品牌形象，才能获得预期的回报。

楼宇广告电视和楼宇数字电视作为两种新锐媒体，一个在楼宇广告市场上已占先机，一个依托强大传统电视背景正积极进取。从以上分析中可见，它们的经营模式各有利弊，而“差异性”产品设计应该是下一步走远走好的必行之路。历史上所有成功企业的经验也告诉我们，没有任何一家企业能够以不变应万变地在市场经济大潮中立稳脚跟，所以，如何在实践中把准消费者的脉搏，因时因地地调整传播内容和传播方式，将是优化产业链、赢得受众和广告商的双重青睐的最佳途径。

第四节　楼宇电视传播的社会影响

楼宇电视传播的产生是同质化背景下的消费社会和社会分层的必然产物。反过来，它的产生和快速发展作为经济社会的大事件，又会对整个社会结构和消费文化甚至人的心理认知造成更为深远的影响。媒体自始至终都是作为一种公共资源而存在并发挥影响，楼宇电视传播扩充了这种公共资源并将它们延伸到了人类生活的各个领域，其社会影响主要集中在正负两个方面。

一、正面影响

1. 为媒介行业的发展提出了新的方向，促进了传媒业的蓬勃发展。从2002年分众传媒的楼宇广告电视开始试播至今，楼宇广告电视正在成为一个日覆盖100多个大中城市、上亿都市主流消费者的中国最大的户外生活圈媒体群。这一新兴媒体由于有效锁定了传统电视较难覆盖的高收入群体，因此迅速成为了中高端商品媒体传播不可或缺的重要组成部分。

2. 激化了大众传播媒介的市场竞争，引起了新一轮的传播渠道竞争。有关资料显示，2005年中国广告传播市场整体出现一个大的拐点，电视、报纸等传统大众媒体的增长脚步骤然放缓，甚至局部出现负增长，而与此同时，以户外楼宇电视为代表的新兴媒体异军突起。随之而来的是广告主的策略发生改变，具体表现在对传统大众媒体的投放额度和热情下降，其投放更趋理性，更追求科学化、细分化和组合化。

3. 真正做到了信息传播无处不在，强化了分众化传播的社会影响力。

4. 充分利用影像作为传播手段的优势，结合市场发展趋势达到媒介竞争力的最大整合。作为媒体组合不可或缺的组成部分，传统媒体实现普及知名度提升，而分众传媒则实现对核心目标消费者的重度覆盖。分众影像传媒与传统媒体有机结合能最大限度地为品牌挖掘出可能的消费者，在分众行销时代下使整个媒体投资更趋于精确化。

5. 楼宇电视传播以受众为中心的传播观促进了广告商、媒介、消费者的三方共赢。广告商强化了目标消费者的宣传效果，媒介行业开辟了新的赢利空间和发展道路，消费者获得了更为周到体贴的信息服务。

二、负面影响

1. 楼宇电视传播所遵循的受众细分战略带来的层化行为，强化了社会身份和模式化形象。所有的社会身份，如同英国社会学家大卫·英利和凯文·罗宾斯所论证的，是由一个系统内的社会关系构成，需要群体间的相互认证。“身份”的确立是一个不断重新建构的过程，分众化楼宇电视传播中的广告提供了这样的机制，给它的受众一个定位系统，以确认众人的身份、角色，让他们相互交流并复制类似的信息。比如支持个人的社会地位，维持心理稳定，为社会群体提供“共识”和使命感，等等。这些社会功能经常通过广告中的“定型模式化”人物或场景表现出来，当人们看到了广告这面大众“镜子”中反映的影像时，他们形成了或者加深了，或者改变了原有的对某一类型人的判断。

2. 分众化楼宇电视传播所服务的广告策略凸显了人际间的差异，并通过议程设置强化了这种差异，促使受众的心理结构向广告的宣传结构靠拢。尤其是楼宇广告电视所播出的广告是建立在社会群体身份归类和比较的基础上，是对个人群体特征和行为模式的普遍化看法，因而具有“共识”的特征。当它以“大众的语言”出现并确立时，社会趋同力的作用使它固化了受众的态度。这些分众广告通过媒介渠道建立议程，从而在影像传播过程中达到对受众的信息诱导和观念培养。

3. 分众化楼宇电视传播所服务的广告商的利益对整个大众传媒结构和内容施加巨大影响力。广告的巨大预算促进了投资者经济力量和控制权的集中。广告的费用越来越高，意味着只有大企业才有实力获得竞争优势，这也意味着为数较少的垄断企业将成为媒体行业的主要“赞助人”。市场经济中“看不到的手”亦使得媒体行业走向集中和垄断，这样的后果其实是限制了信息传播的渠道和内容，对民主构成了威胁，广告因而具有对媒体的“非广告”等常规内容施加影响的能力。

第九章 户外分众影像传播

分众影像传播是在当代消费社会和大众媒体受众细分策略驱动下产生的，一般有两层含义：一层是指传统影像媒体受众细分后的传播形态，例如，电视频道的专业化、电视栏目的分众化等；另一层是指在受众细分市场策略驱动下新出现的户外影像传播形态，例如，专为在楼宇空间等候人群设计的楼宇电视、专为户外移动人群服务的城市电视等。本章论述的户外分众影像传播主要指后者，即传播者依据新时期媒介受众市场细分策略及竞争需要，采用影像的表达方式，向特定的受众群体或大众的某种特定需求提供特定信息或服务的传播形态。作为大众传播理念差异化和受众市场细分化应运而生的产物，户外分众影像传播诞生的初衷就是为了弥补大众影像传播无法顾及的传播空间、传播广度、传播深度和传播效率，其发展趋势离不开消费社会、受众细分、大众媒体的弱化等社会语境的促动，而行业自我调适与国家法制监管的有机结合则是户外分众影像传播健康发展的保障。

第一节 户外分众影像传播的成因及发展趋势

一、从分众传播到户外分众影像传播的嬗变

分众传播的产生源自现代市场细分理论在大众传播中的实践。美国市场学家温德尔·史密斯（Wendell R. Smith）于20世纪50年代提出的市场细分理论，是指“按照消费者欲望与需求把因规模过大导致企业难以服务的总体市场（大众市场）划分成若干具有共同特征的子市场（分众市场），处于同一细分市场的消费群被称为目标消费群，相对于大众市场而言这些目标子市场的消费群就是分众了”①。1990年，美国未来学家阿尔文·托夫勒（Alvin Toffler）在其著作《权力的转移》中曾预测，当代新闻传

① 朱海松：《第五媒体——无线营销下的分众传播与定向传播》，广东经济出版社2005年版，第92页。

播的一个发展趋势是，面向社会公众的信息传播渠道数量倍增，而新闻传播媒介的服务对象逐步从广泛的整体大众，分化为各具特殊兴趣和利益的群体。因此，在社会阶层日益多元化、阶层分化日趋明显的今天，大众传播转向分众传播，已经成为必然的趋势。分众传播之所以从大众传播中分离出来，决定性的因素在于分众传播技术的进一步成熟和定型。如何精准地将目标受众从广泛的人群中分离出来，如何能有效地监控传播效果，如何使传播的讯息专注于目标受众的兴趣点，这些不是传播者一厢情愿就能实现的想法，都要依托分众传播技术的完备。之所以分众传播行为在当前时代得到了史无前例的扩张，一方面是得益于传播者大胆而富有创见性的思维和实践，一方面也是基于各式各样新分众传媒的涌现。具体讲，分众传播是指传播者根据受众需求的差异性，面向特定的受众群体或大众的某种特定需求，提供特定的信息与服务。①

明确了分众传播是以差异化传播为手段，以差异化信息为内容，以差异化受众为对象，以差异化认知为目的，这就为进一步分析户外分众影像传播打下了基础。户外分众影像传播作为分众传播的典型表现方式和主要传播渠道，通过对大众影像传播进一步的细分和创新，并结合影像媒体的传播优势，更是把差异化传播效果演绎到了极致。这种传播形态的运作和发展是在受众市场逐渐分化的情况下，依靠传播机制及其相关的市场机制，其自身自主和自觉调整的结果。

在当代传播情境中，随着媒体产业的不断发展，人们可以留意到这样一种现象，越来越多的影像传媒深入到人们的日常生活中，以前面章节中阐述的车载移动电视和楼宇电视为例，电视这种家庭影像消费品越来越多地出现在人们的公共视野中。极具家庭化的私人用品眨眼之间变成了公共传播手段。人们享受的不再仅仅是环绕在沙发之间伴吃着零食看电视的消遣，而是可以西装笔挺，在行色匆匆间歇中瞄一眼出行信息，或是在拥挤的车厢中观看秋季巴黎时装展，或是在银行排队之余看上一个搞笑的Flash。总之，各式各样的炫目液晶屏，整齐划一或参差不齐地排列在户外的各个站点，不知疲倦地播放着各色信息以网罗人们的注意力。与其说是那冷冰冰的屏幕镶嵌在各式各样光亮的墙壁和支架上，倒不如说是那些美轮美奂的影像急切而又贪婪地黏在人们的眼球里，在人们的视网膜上做着五光十色的映射，令人避之不及。这种创新性的户外分众影像传播在当前有很多炙手可热的突出案例，比如以分众传媒为代表的楼宇液晶电视、以北广传媒为代表的移动电视和城市电视等。这种一对多、一对几甚至一对一的户外分众影像传播模式就有了相似于直邮广告点对点的集中宣传攻势，传播效果自然不同凡响。

相对于传统的针对社会上异质的、绝大多数受众的大众影像传播而言，户外分众影像传播具有三个基本特点。

① （美）阿尔文·托夫勒：《权力的转移》，吴迎春等译，中信出版社2006年版，第78页。

一是移动性。它是户外分众影像传播区别于传统电视的主要特点。这种空间上的移动是双方的。一方面是媒体移动。家庭电视固定在客厅房间的一角，多少年静止不变，很大程度上成为摆设，而户外分众影像传播则走向户外，安插在受众生活途径的各个站点，成为流动的风景线。另一方面是受众移动。在许多公共场所，受众在移动中却与媒体相对静止。受众的移动决定了户外分众影像传播的趋向，而后者作为前者生活轨迹和状态的折射，则成为了其现代性的一部分。

二是强制性。这也是户外分众影像传播与传统电视的一个重要区别，在这些电视衍生族群面前，观众的遥控器被没收了，甚至连机器的摆放位置都已经被人为地设定好，即便它总是“贴心”地悬挂在人们视线的前上方，最终目的只有一个，尽可能多地影响到路过群体，像是在人们生活中处心积虑地埋下了层层陷阱，令人防不胜防并强制受众收听收看。

三是反复性。虽然目前人们看到的户外分众影像传媒主要有以广告为主的传统楼宇电视和以资讯服务信息为主的城市电视，但在这两种传播方式之间及其同类系列传播方式之间所传递的信息，却有着本质上的相似性，甚至是整齐划一的。例如，受众在超市中看到的某条广告在其他“站点”还能重复看到，在地铁里看到的某个电视栏目在换乘公共汽车时还能接着收看。为了使受众接收到完整而统一的信息，传播者不遗余力地在受众必经之路上安插尽可能多的液晶屏。这样，受众在信息长河中再也不是“刻舟求剑”，相反，为了让“渡河者”准确地拿到“剑”，河是可以无限拷贝和位移的。这时的传播者更像是在“守株待兔”，怀有无限的耐心和恒心，只因为新时代的“兔子们”太行色匆匆难以捕捉了。

二、户外分众影像传播在当代社会语境下的发展趋势

（一）消费社会促进影像传播分众化

西方文化学者曾注意到，现代影像文化传播观开始了一个从“叙事”（现实主义影视作品）向“景观”（后现代影视作品）的渐变，映射到社会传播观上即是从一个“生产社会”向“消费社会”转变。消费不仅是经济行为，同时也是社会和文化行为。现实的一切均可以转化为虚拟的影像符号，在影像传播中不断重组和重新解读，刺激人们的消费需求和享受欲望。当代消费社会并不单纯是占主导地位的“物欲主义”的释放，而且还是一种强迫消费者面对他们所没有期望过的影像爆炸的社会。在其中，人们时时刻刻必须面对无数梦幻式的影像，接受这些影像对于他们的强迫性叙说，并迫使自己的审美感现实化，被引导到虚幻的影像消费中。马克思主义经济理论认为，经济基础决定上层建筑。于是在市场经济盛行的现代社会里，受众与传播者的媒介接触行为有了更深刻的经济诱因。在潜移默化的消费过程中，影像传播作为最有杀伤力的手段凸显出

来。消费社会的理论范式强调的是欲望的文化、享乐主义的意识形态和都市的生活方式，现代消费文化以高密度全方位多媒体的形式淋漓尽致地展现在受众面前，最大程度地蛊惑甚至是胁迫受众响应这种消费理念，从而在一种信息风暴的冲击下达到出人意料的传播效果。可以说，消费社会呼唤影像传播分众化，具体表现为：生产高度同质化的现代社会需要通过分众影像传播来区隔产品身份；专业化、细分化的消费产品需要分众影像传播更加专业化、细分化；产品极大丰富的消费社会需要更专业的渠道传达消费知识和商品信息；激烈的市场竞争驱使广告主寻求针对性更强的广告媒介以达成品牌与消费者之间的优质高效沟通，从而节省宣传成本；消费者的经济分层带来了消费观念和消费领域的区分，由此需要与各自群体相呼应的分众影像传播；消费社会节奏的加快和竞争的加剧使传受双方都呼唤更省时省力的细分群体传播。在这种社会环境下，影像传播媒介的功能不仅是演示，而且要吸引；不仅要易懂，而且要专业；不仅要到达，而且要集中到达；不能空缺更不能浪费。

在分众影像传播的“图景”中，人们看到了消费社会作为一个巨大的背景，将影像推至文化前台的历史过程。从时间转向空间，从深度转向快速，从整体转向碎片，这一切正好契合了视觉快感的需求。所以说，消费社会是视觉文化的温床，它促使分众影像传播不断进一步细化，这也为户外分众影像传播产生的动因找到了答案。

（二）受众细分促进影像传播分众化

20世纪70年代，美国著名市场营销与广告学专家艾尔·里斯（Al Rise）和杰克·特劳特（Jack Trout）提出了定位理论，即产品和品牌要在市场中找到空白点并确立其在竞争中鲜明的位置，便于消费者认知和记忆①。由于其简洁的表述和实用的理念，从而成为有史以来对美国营销影响最大的观念。随着科技的发展，商品同质化程度越来越高，对产品精确定位提出了难题。为了应对这种挑战，市场细分的方法开始盛行于各行各业。在媒体产业领域，细分受众群是指传播者通过调研，依据受众的动机、需要、欲望等诸方面的差异把受众划分为若干个受众群，从而确定传播方式的过程。而这些有着相似或相近动机、需要、欲望的受众构成了一个目标受众群，也称子受众群或亚受众群。受众的需求因性别、年龄、收入、居住地点、文化传统及需求层次的差异而千差万别，但这种差异，并不是每个人各属一种类型，而是有相当数量的受众在对媒体传播的需求上存在着相似或一致性。而正是这种“差异化大背景下少数的一致性”，促使针对特定类别目标受众群的传播媒介的产生成为可能，而这种符合媒介特定传播目标的受众群就称为目标受众。

---

①（美）艾尔·里斯、杰克·特劳特：《定位是人们在今日模仿主义市场所玩的竞赛》，载《产业行销杂志》1969年第4期。

拉斯韦尔在《传播在社会中的结构与功能》一书中将传播过程概括为五要素：传播者、信息（传播内容）、渠道（传播媒介）、受者、传播效果，并指出这五个方面息息相关，相互制约，随着社会和时代的变化共同发展。试想，消费社会促使传播的发送者和信息内容都逐渐细化，对传播效果越来越苛求，作为传播渠道的媒介又怎么能不走向分众化呢？在这种细分理念的驱使下，媒介市场产生了各种目标受众群，以此构筑了不同细分化的分众影像媒介形态。例如针对上班族在等候电梯时的无聊心态和信息空白，产生了绘声绘色的楼宇电视，而这一见缝插针的新媒介又有了新发展，延伸到了人们途中的各个站点——购物中心、酒吧、医院、银行等各种公共空间，于是，针对现代生活中的各种流动人群的信息需求，城市电视应运而生。这些户外分众影像传播媒体在各自的传播领域大行其道，执行着对某一类人进行某一类信息的影像传播，或各不相扰，或有所交叉，或进行合作，形成了百花齐放、百家争鸣的新局面。

（三）大众影像传播的弱化加速户外分众影像传播的产生

大众影像传播曾因其受众广泛的传播特点而迅速走红，在扩大公共领域的疆界和范围的同时，将越来越多的人卷入其中，长期以来，其霸主地位无人能够撼动。然而，随着媒体受众市场定位逐渐盛行，一方面，众影像传播广泛的受众定位使得受众在宽泛无焦点的信息海洋中越来越麻木且不知所措；另一方面，广告主大量的广告费用在“放之四海皆不准”的大众影像传播中无谓地消耗乃至浪费，这种传播效果让广告主开始捂紧钱袋。在这种受众和广告主越来越不买账的情况下，传播者和媒介经营者对大众影像传播强势效果论的狂热开始冷静下来，而户外分众影像传播则引发了人们的极大关注。既然户外分众影像传播的产生是为了弥补大众传播媒介目标泛化诉求不集中的缺憾，那它必然有着不同于传统大众影像传播的新特点，根据分众传播的产生背景、原因及发展趋势并结合目前各种户外分众影像传播活动的共性，这里归纳为以下特性：

一是相对于大众影像传播面向广大的异质的动态的受众群，户外分众影像传播以特定的、有着相同或相似的媒介接触习惯、较为稳定的一群人为传播对象。

二是相对于大众影像传播立足于宽泛的共时性的传播效果，户外分众影像传播更注重集中的历时性的传播效果。

三是相对于大众影像传播以传播者的意图为中心的传播观，户外分众影像传播更强调以受传者的需求为中心。

四是相对于大众影像传播特有的传播广度，户外分众影像传播更注重传播深度及精度的宣传攻势。

五是相对于大众影像传播立足于普及并提高产品知名度，户外分众影像传播着重实行对核心消费者的重度覆盖，令整个媒体投资更趋向于经济与理性化。

六是相对于大众影像传播立足于传播信息的通俗易懂，户外分众影像传播侧重于专业细分及目标指向的信息传递等。

除却户外分众影像传播的媒体优势，户外分众影像传播大行其道的另一个重要因素是媒体经营的市场化打破了以往的传播渠道垄断。在传统大众媒体传播渠道无限扩张带来相对过剩的背景下，传统的传播管制力度和资源效能会有一个平均化的递减。这突出地表现在传统媒介引以为傲的版面和时段等资源都会因其大量“过剩”而出现贬值。从传播效果来说，无论是政治宣传的那种“媒体联动”，还是广告投放的那种“集中轰炸”，其传播效果都在明显衰减，于是大众媒体“渠道霸权”的时代终结了，一个新的户外分众影像传播时代开始了。

（四）自律与他律是户外分众影像传播健康发展的保障

户外分众影像传播自产生以来，一直在按照商业化模式进行自产自销的经营，其依托的也不过是价值规律和传媒人士自有的行业道德，但相关领域的市场监管却一直处于空白。有无必要为户外分众影像传播的经营管理专门立法，也是传播学界和传媒企业界所热议的话题。因为户外分众影像传播诞生之初，是借以纯广告媒体的名义登场，长久以来，户外分众影像传播的游戏规则是按照广告业的法则来限定的，那就是广告内容应当有利于人民的身心健康，促进商品和服务质量的提高，保护消费者的合法权益，遵守社会公德和职业道德，维护国家的尊严和利益。对于以广告为主的楼宇电视来说，这一商业法则完全适用，因此在兴盛之初，并未发现监管上的棘手之处。随着户外分众影像传播范围的逐渐扩大和行业领域的不断延伸，户外分众影像传播的内容和播放时间、空间都有了新的变化。单纯的广告法并不能完全覆盖这类新兴媒体，这就迫使户外分众影像传播必须自行寻找能自我规范并规范同业者的法律规范。例如在分众传媒（以下简称“分众”）与聚众传媒（以下简称“聚众”）竞争伊始，面对短兵相接的竞争和资本的压力，双方都曾做出了许多非理性的决策。在一个时期内，双方在名称之争、圈楼、融资、上市、人才争夺、行业标准、市场份额、收购兼并等八个领域拼得火热，双方不仅在媒体上互相攻击，还不惜重金各自聘请专业调查公司调查其市场份额，先后发布了分众和聚众“七比三”和“平分天下”的两种迥异结果。

进入2005年，双方口水之战越演越烈，在分众按动开市铃的前三天，聚众举行“中国楼宇电视广告标准研讨会”，提出五条行业标准，其中“楼宇电视广告只有在低干扰度的广告环境中，方能奏效”这种观点显然是针对分众正在大力拓展的卖场广告，动机昭然若揭。而“分众从来不发布标准，因为分众天然地在这个市场中被认为是标准。它创建了这个行业，就是这个行业的标准”，对于聚众的公然挑衅，分众如此反唇相讥。但同业者之间一场闹剧过后，聚众最终被分众纳入旗下，竞争者终究握手言欢，但制定行业规范的事情却被抛诸脑后。既然目前各行业的法规已经相当完善，而户外分众影像传播产业通过行业自律尚能弥补自身的规范缺陷，这种以有形之法规无形之法，虽不是长远之计，毕竟也是有章可循。由于户外分众影像传播的目标受众是中国的中产阶级族群，也即是引导和担负中国未来社会发展的中坚力量，关系着民族竞争力强弱及民族文化的传承和走向，因此必须对这一传播行为所引发的各种社会现象加以重视。正如当代英国社会学大师吉登斯所说："在现代性的条件下，媒体并不反映现实，反而在某些方面塑造现实。"① 户外分众影像传播的全面泛滥有可能导致在政治和经济上并不后现代的国家和社会超前感受到后现代文化的气息，更有可能造成社会群体的认知区隔及影像麻痹。如何在国家政策允许的范围内让行业既得利益最大化，又能得到国家政策的强力保障，这应当是户外分众影像传播必须面对的一个如何协调好自律与他律的监管议题，因为只有行业自我调适与国家法制监管的有机结合才是户外分众影像传播健康发展的保障，而实现这些目标依靠的不再是其传播的内容、渠道和方式，而在于传播背后的人。

第二节　户外分众影像传播塑造的社会映像

在户外分众影像传播实践之初，它所产生的社会影响力就令人吃惊。尤其是以创新性楼宇电视起家并因此显赫一方的分众传媒股份有限公司在2004年上市之初，即筹集到近1.72亿美元的巨资，在2006年合并同业劲敌聚众传媒之后，市值飙升到近15亿美元，一跃成为继网易、百度之后市值最高的中国概念股。这些有代表性的户外分众影像传播形态不仅对大众影像传媒市场产生巨大冲击，而且更为重要的是，当这一传播活动映射到社会意识形态上时，其暗含的消费主义高度指向和全方位的消费诉求，又是如何通过各种路径塑造了一系列的社会映像，进而引发人们对以楼宇电视、城市电视为代表的户外分众影像传播的理性思考。

一、社会身份的"自我诱导"

如果说全球化的深刻影响并不仅仅是甚至主要不是关于经济上的互相依赖，而是我们生活中的时空观念的巨变，那么，与全球化互为表里的消费主义就不是简单的消费产品、消费市场及消费人群所能涵盖的。因为，即使是最简单的消费活动，不仅会操纵和影响人的主体意识，同样也会对消费参与者甚至旁观者产生价值观上的深刻变革。正是在消费主义基础上诱发的文化派别现象和大众媒体受众细分战略带来了消费者的层化行

① （英）安东尼·吉登斯：《现代性与自我认同》，赵旭东、方文译，三联书店1998年版，第28页。

为，进而强化了其社会身份和模式化形象。所谓社会身份，是由一个群体系统内的社会关系构成，同时需要群体间的相互认证，是一个不断重新建构过程的产物。大众媒体“受众细分战略”恰恰是在消费者中间划了条无形的界限，使目标受众群体免于陷入“身份”不清的困境。也正是这种虚拟无定式的消费目的，才赋予了消费主义永不枯竭的生命力，使其在任何社会形态和发展阶段上都能迅速铺陈开来，占领阵地。例如，户外分众影像传播中的广告就提供了一个这样的机制，首先给它的受众一个定位系统，以确认众人的身份、角色，接着让他们相互交流、复制类似的信息，像支持个人的社会地位，维持心理稳定，为社会群体提供“共识”和使命感，等等。这种传播基调既是一个指引又是一种暗示，尤其是对尚处在社会化过程中的青少年群体，其社会阅历有限，价值判断也未建立恒定的标准，只能依赖媒介环境和传统教育得以辨识，而强大的无所不在的商业化户外分众影像传播恰恰构筑了一个目的性统一、持续连贯的社会化传播空间。户外分众影像传播的社会功能通过广告中的“定型模式化”人物或场景表现出来，当人们看到了广告这面大众“镜子”中折射出的社会映像时，他们形成了，或者加深了，或者改变了原有的对某一类型人的判断。通过媒介环境有目的地告知什么是“成功人士”，什么是“精英阶层”，受众的社会化进程逐渐轮廓清晰而且社会身份的自我认同也愈加坚定。

消费主义所服务的广告策略凸显了人际之间的差异，这种差异尤以户外分众影像传播所建构的受众细分更加明显。户外分众影像传播的内容是建立在社会群体身份归类和比较的基础上，是对个人群体特征和行为模式的普遍化看法，因而具有“共识”的特征。当户外分众影像传播以“大众的语言”出现并确立时，社会趋同力的作用使其难以消除并固化了受众的态度。这些分众广告通过愈来愈广泛的媒介渠道建立议程并强化了这种差异，从而在户外分众影像传播过程中达到对受众的信息诱导和观念培养，促使受众的心理结构向广告的宣传结构靠拢。而在这个过程中，商品生产商和销售商所期待的消费主义心理模式也逐渐形成并蔓延开来。而这样一种社会身份定位究竟是受众自身的积极争取还是消费主义的“阴谋”所致，则无法简单地加以考量。但必须指出的是，受众这种主动寻求或“自我诱导”社会身份的心理倾向则是其社会分层最重要因素之一。到底是家庭和学校这种正统教化模式“塑形”力量更大，还是发端于市场的户外分众影像传播手段更有影响力，则是现代传播语境下身处不同社会角色的传播者们所要扪心自问的话题，尤其是在理论上本应占据舆论导向的社会教育工作者们，更要反思消费主义价值观为什么能在户外分众影像传播的时空中不断攻城略地的理由，毕竟市场是公平的竞争机制，消费主义的日益膨胀，映射出的正是薄弱教化机制的失语，而受众社会身份无法自拔的“自我诱导”则在户外分众影像传播的推波助澜下大行其道。

二、人生价值的“自我欺骗”

英国社会理论大师齐格蒙·鲍曼在20世纪八九十年代的思考和写作中发现消费主义是一个非常中心的范畴，他认为“消费性的选择在当代社会中扮演了某种极为中心的角色，这与在现代社会中通常由工作、职业、就业等所扮演的角色相类似。在生活层面上，消费是为了达到建构身份、建构自身以及建构与他人关系等目的；在社会层面上，消费是为了支撑体制、团体、机构等的存在与继续运作；在制度层面上，消费则是为了保证种种条件的再生产”①。正如传播学者多次强调的那样，人们更多的是生活在一种媒介“拟态环境”中。受众对世界的印象、看法、人生价值观常常建立在媒介对现实环境的虚拟映像之上。例如在消费主义的引导下，楼宇电视轮番上演着物欲横流美不胜收的好戏，反复播放的商业广告，始终如一地向人们灌输着理想人生的标准：有房有车、有权有势、有崇高的社会地位、有温柔贤惠的妻子和聪明伶俐的子女。除此之外，种种精美的商品周围还附有一张社会环境、生活观念或者特定文化价值的网络图，比如异国风情的沙滩，蔚蓝的大海，高楼林立的城市，宽敞明亮的居室，激情四溢的男女主人公，等等，这一切时常被无言地注释为当代社会的生活场景。而城市电视极力彰显的音乐、时装、明星等流行文化元素又是如此的美艳动人，在这些流行文化经典代码的背后无不隐藏着巨大的消费商机，即便是那些最公益化的天气或出行信息，也逐渐向中高层消费群体的需求偏近。在以往简单的天气预报和城市交通情况发布的基础上，融入了更多类似于防晒指数、航班信息、旅游参考等时尚元素，虽不像麦当劳广告那样高呼“更多美味尽在麦当劳”，但为促进假日经济或一些边缘消费的商业动机则昭然若揭。

于是，人们会在户外分众影像传播中看到以下观点，并且以既定事实的表现形式出现：所有的商人都是诚实的，即便有不守规则的，也早已被其他商人所指责；生活现状是美好无瑕的；所有的超市、电信商、饭店和服务机构也都是善意无私的；越知名的商品，其质量越值得信赖；所有吸烟者都是优雅、健康、有绅士风度的；所有的金融机构永远运作正常；贫富分化、物价上涨并不是我们这个社会面临的最紧迫的威胁，甚至于严峻化的地球环境、富国与穷国之间的暴力冲突也显得微不足道；等等。

事实上，消费主义允诺的是一种幸福的普遍性：其一，它与生俱来便标榜着奢侈和物欲的印记，追求与否也是公众的自由，每个人都可以自由地选择，也就是说，人们被同样允许进入消费主义的商店，他们同样被允诺将得到幸福，相对于家庭和爱情等种种

---

① 参见（英）齐格蒙·鲍曼：《消费主义的欺骗性——鲍曼访谈录》，何佩群编译，见 www.gmw.cn/01ds/1998－06/17/GB/203%5EDS606.htm－7k。

遥不可及的人生理想来说，消费主义的门槛如此之低，让所有期盼幸福的人都蠢蠢欲动，这是欺骗性之一。其二，它设定了一个虚假命题：一旦你拥有了消费者的自由，你就完全解决了自由问题。因此，自由被降格成了消费主义，而且这一虚假命题使人们忘却了除了买一套漂亮的衣服外，还存在着其他自我实现的路径。然而这样一套价值兑换体系一旦传播开来，便成为人人皆可通过消费达到通往终极幸福的舆论导向。对于户外分众影像传播的受众来说，高尚的生活理想和优越的生活状态，也不过是成就消费主义摩登时代的一颗微不足道的螺丝钉。显然，这才是在户外分众影像传播消费主义欺骗性外表下隐藏的受众人生价值“自我欺骗”的真相。

三、文化侵略的“自我美化”

哈罗德·伊尼斯曾把媒介分为两大类：有利于空间上延伸的媒介和有利于时间上延伸的媒介。倚重时间的媒介有利于宗教的传承，倚重空间的媒介有利于帝国的扩张。[①]如果说传统电视是倚重时间的典型传播形态，户外大屏幕广告则是倚重空间的代表，那么，以楼宇电视和城市电视为代表的户外分众影像传播便成了兼具这两种传播优势于一体而无所不包的传播媒介。如此兼收并蓄的户外分众影像传播，以至于每每想起，总会让人喟叹发明者当初的匠心独具。或许伊尼斯当初也不曾料到会有这样一番情景，在大洋彼岸的异国如此完美地践行了他的传播理想。而宗教的传承和帝国的扩张也在全球化的大背景下，史无前例地统一成消费主义的终极纲领，并在当今国际舞台上大行其道。眼下无论是在公交车上看到巴黎时装周的霓虹靓影，还是在电梯口遇到麦当劳优质早餐的大力推介，我们只能这样感叹消费主义的无国界性。然而，即便走出这个无所不在的分众影像传播环境，我们仍会在一家又一家的知名餐饮和国际名店中流连忘返，地球俨然已经成为一个村落，消费主义更容易成为村口的那挂大钟，日日敲时时响，久而久之振荡出不可忤逆的消费指令。在一国的背景下，这或许仅仅是经济模式的正常成长，但一旦投入到不同社会制度的国际传播环境中，便不得已需时时警惕，这消费主义发出的声响，究竟是单纯的价值交换行为，还是渗透着意识形态侵略的危险信号。[②] 答案应当不言自明，因为在现实社会里，虽然各发展中国家都在传媒所有权和使用权上设置了层层关卡，却并不能抵挡消费主义所裹挟的强势文化帝国主义大刀阔斧的入侵。于是，麦当劳那耀眼的黄色大门成了繁华都市的典型地标，而一字排开的国际名店也成了商业步行街所不可或缺的风景线。户外分众影像传播的兴盛为国际商业巨头尤其是奢侈品巨头

① （加）哈罗德·伊尼斯：《传播的偏向》，何道宽译，中国人民大学出版社 2003 年版，第 47 页。

② 包亚明：《后都市化与文化研究》，上海教育出版社 2005 版，第 16 页。

开辟了史无前例的绿色通道，一路高歌驶进了发展中国家的心腹城市，畅行无阻。

由此不难看出，现代的意识形态侵略更加隐蔽，然而，人们处理这一威胁的能力与我们称之为媒体工业的工业机制、所有制体系以及运作方式息息相关。它们提供最基本的大众信息和政治价值观，所有关键性的政策决定都是建立在此基础之上的。而日益国际化的传媒工业愈来愈强化其市场竞争力，阶级性的立场反而在一团和气中越来越不明显了，于是造就了这样的媒介现实：对于身陷媒介环境的受众来说，欲望是永远填不满的。我们只有在向国际化生活标准无限接近的努力中，才能达到心灵的短暂释然和“人生价值”的实现。在国际化的传播对决之下，我们清晰地看到，国际大都市的模式在那些最早接触到全球化传播的国家迅速铺陈开来。大都市成为追求幸福的普通民众向梦想无限接近的通道和基地。事实上，大都市同时也意味着巨大财富的聚集之地和豪华的富人住宅区，五星级宾馆，为跨国精英们提供工作、娱乐和休息场所等。更重要的是，棚户区通常是处在豪华富裕的丰碑所产生的阴影里。因此，不平衡增长与不平等是后发展国家都市化的显著特征。① 而这一过度都市化或是粗放都市化所隐含的文化侵略等负面效应在推崇消费主义理念的户外分众影像传播的鼓动下日益凸显，影响范围日益扩大。

四、媒体产业的“自我解放”

从技术层面上说，楼宇电视和城市电视的兴起宣告了泛媒体时代的来临。从2002年分众传媒的楼宇电视开始试播至今，一个几乎覆盖全国主要大中城市、拥有上亿“三高”人群主流消费者的中国最大户外媒体生活圈已经形成。楼宇电视由于有效锁定了传统电视较难覆盖的在流动中的高收入、高学历、高消费群体，因此迅速成为户外分众影像传播不可或缺的重要组成部分。户外分众影像传播的横空出世，的确适应了这个社会创新求变的潮流，而且技术上的垄断远远超越内容创新的影响力。从社会广度和深度上来讲，户外分众影像传播的内容其潜移默化的影响更为透彻，但技术所能带来的时代突破确实令困顿的传播者耳目一新。对于新媒体技术的强大占领性，斯图尔特·布兰德这样形容：“当一种新技术铺天盖地而来时，如果你不能成为压路机的一部分，就只能做路基的一部分了。”② 而卷入这种技术革命的传播者们，无论是楼宇电视的引领者“江南春”还是后起之秀“虞峰”，都甘于在其裹挟下自我沉醉，渠道的神奇魔力让媒体产业从内容的困窘中解脱出来，尽情地享受技术带来的丰厚利润。一时间，只做广告成为“江南春”们最狂放自信的企业宣言。与此同时，伴随这种媒体产业“自我解放”

---

① 包亚明：《后都市化与文化研究》，上海教育出版社2005版，第16页。
② 资料来源：http://book.ce.cn/read/manage/lx/02/200609/29/t20060929_8786225.shtml。

的是户外分众影像传播所服务的广告商的利益对整个大众传媒产业结构和传播内容施加巨大影响力。内容产业的缴械让路，使得专享渠道的广告商有了史无前例的发展自由。广告的巨大预算促进了投资者经济力量和控制权的集中。广告的费用越来越高，意味着只有大企业才有实力获得竞争优势，这也意味着为数较少的垄断企业将成为媒体产业的主要"赞助人"。市场经济中"看不到的手"亦使得媒体产业走向集中和垄断，而由此滋长起来的内容生产商也因循着广告赞助商的价值取向进行再生产。这样的后果其实是限制了信息传播的渠道和内容，使传播内容向着狭隘的消费主义方向无限趋近，广告因而具有了对媒体的"非广告"常规内容施加影响的能力。

在这种市场调控的背景下，媒介的"硬环境"（也即是客观反映真实世界的能力）越来越弱，而"软环境"（传播者有意或被迫带着"有色眼镜"所建构起来的媒介环境）越来越强，于是，媒体产业的发展在跳出内容困顿后又陷入了新的瓶颈。虽然我们看到了城市电视的出现，广告之外的传播内容重新走上荧屏，尽量满足着受众不断滋长的对客观、全面、公正信息的需求，但这能否将媒体产业再次"解放"出来仍断言尚早。正如美国俄亥俄州州立大学的约翰·威克莱恩的警告："所有传播模式在数字世界的整合除了给生活在其中的人们带来电子噩梦之外，其他方面将一无所获。"① 在众多的"现代发明"中，人们往往对之有一种迷信的幻觉。但这些发明并不总是带来积极的进步，罪恶往往伴随在新发明的早期和无数不断的投资之中。我们的发明早已习惯性地作为一种美丽的玩具，这种东西正在分散着我们对待严肃事情的注意力。新发明提供了一种改进的方式，却造成没有改进的结局。② 生活水平的提高帮助人们脱离低级的生存需要，进而追求更高层次的社会认同和自我价值的实现，社会族群趋向个性化、部落化、知性化，要达到深度有效的沟通，必须重视传播内容的选择和构想，重视其心理和感情的附加值，这对于分众影像传播并非难事，因为在同质化社会里，户外分众影像传播技术上的优势迟早会消失殆尽，但其受众的心理忠诚度以及对传播内容的满意度却能相对持久，这对户外分众影像传播的健康发展才是最重要的，进而媒体产业的"自我解放"才有真正实现的可能。

① 转引自（美）约翰·帕夫利克：《新媒体技术——文化和商业前景》，周勇、张平锋、景刚译，清华大学出版社2005版，第10页。

② 同上书，第276页。

第四编　衍生新媒体

第十章　博　　客

1998年1月17日深夜，麦特·德拉吉在他的个人网站（www.drudgereport.com）上发布了一条消息，并向他在世界各地的近5万名邮件订户发送了这篇日志：“在付印前的最后一分钟，星期六晚上6点，《新闻周刊》杂志抽掉了一条重大新闻。这条新闻注定将动摇华盛顿的地基：一个白宫实习生与美国总统有染。”没有人知道德拉吉的消息来源，但他却成为世界上第一个公开报道克林顿和莱温斯基丑闻的人，这篇网络日志也引导着未来的半年内整个美国的政治舆论走向，也预告了未来几年网络世界一场更大网络风暴的到来——博客。

第一节　博客的内涵、兴起与发展状况

一、博客的内涵

“博客”一词来源于Blog或Weblog，是Web Log的缩写。Log原指航海日志，Weblog即网络上的一种流水记录形式，所以也称为网络日志，Blog使用者被称为Blogger或Webloggers。将Blog引入中国的方兴东将其音译为博客，既指这种网络媒体工具，也指其使用者，港台地区也称网志和部落格。一般认为，博客是一种个人借助网络平台，以文字和图片表达思想、记录生活，以网络链接和RSS订阅传播，内容按时间顺序排列，并且不断更新的出版形式。博客网站成为个人出版物的集合体，也构成了网络世界中个体与群体沟通、互动交流的公共平台。从传播学角度看，博客被视为继Email、BBS和即时通讯工具之后出现的第四种网络交流方式。Email通常围绕某一问题展开个体或小群体之间的网络交流，是点对点式的告知与反馈的传播模式；BBS实现了网民在公共空间的言论互动，是个体对群体的传播，但其言论是碎片式的、无序的、匿名的；即时通讯工具，如ICQ/QQ/MSN，实现了私人空间个人或小群体之间的即时对话。这三种传播所构建的网络世界的交往模式是一个个离散的点，缺乏长效的系统性。博客的技术原型可以说是简化的BBS和个人空间的组合，博客以“个人日志”的链接

文本形式存在，在时间维度上持续，并且可以回溯，因而表现为一个较为完整的个体。与BBS或个人网站中的网民相比，博客可以不依附大型网站，同时突破了传统个人主页的诸多局限，更强调受众的个性与权利，从而塑造了网络世界中个体的完整形态。博客作为一种网络生存，也是一种严肃的沟通工具，是一种蕴涵网络原质力量的、以公众为中心的新兴网络传播形式。美国硅谷著名的IT Blog专栏作家Dan Gilmer曾提出：Blog代表着新闻媒体3.0。1.0是指传统媒体或旧媒体（Old Media），2.0就是人们通常所说的新媒体（New Media）或者叫跨媒体，而3.0就是以Blog为趋势的个人媒体（We Media）或者叫自媒体。从某种意义上说，博客是自媒体的母体和发展平台，而博客的发展也推动了自媒体的长足进步。

二、博客的兴起与发展

继麦特·德拉吉的白宫秘闻点燃了博客的导火索后，1999年1月，美国一家叫做Pyra的公司中三名创始人为了开发一个“群体”产品编写了一个小软件，尝试在网上推出超链接形式的日记，张贴他们自己的技术层面的思考心得与个人生活方面的休闲内容，没有想到这款小软件引起了广泛的关注。1999年8月，他们这款软件在网上免费发布，为那些技术门外汉兼网络爱好者提供了现在广为使用的博客网站简易维护工具，自此形形色色的博客网站如雨后春笋般出现在网络中。2001年的9·11事件成为了博客发展的分水岭。这场突如其来的恐怖袭击，使人们对个体沟通的重要性、最实时、最有效的信息传递方式有了全新的认识。那些幸存者的博客日志对9·11事件最真实、最生动的描述，对事件最深刻的反思与讨论，毫不逊色于《纽约时报》等专业媒体的著名记者，博客架起了人们沟通与倾诉的桥梁。9·11事件后博客被越来越多的人熟知，博客写作者队伍迅速壮大。中国的博客发展紧随世界发展的脚步，一方面经历从社会精英到社会大众的媒体渗透和推广，使博客逐渐发展为一种大众的网络文化；另一方面也经历着商业化的市场历练，不断寻求适宜的赢利模式和更大范围的市场推广。

（一）博客的媒体化

2002年方兴东将博客引入中国，中国的博客时代拉开序幕，初期博客数量不足1万人。方兴东建立博客托管商网站“博客中国”，一大批社会精英加入了写作和宣传队伍，从而引领了网络大众对博客这一新鲜事物的熟悉、关注和青睐，为中国的博客发展铺就了成功的路基。2003年“木子美”事件和网络“反黄”大战将博客这一新生事物引入中国大众的视野，博客所提供的自我和自由的网络舆论平台进一步成为网络新热点。2003年可以说是中国博客的发展年，博客用户已达20万户，博客的突出表现为中文博客网站带来了巨大访问量，博客在中国得到了快速的发展。2004年，中国博客用户已超过了100万户，博客开始成为互联网上的一种普遍现象，博客开始流行并走向商业化。2005 年，中国博客服务商已达到 658 家，注册用户超过千户的服务商达到了 330 家。越来越多的网络运营商进入 Blog 服务领域，各大门户网站纷纷推出平民博客，博客实现大众化，完成了从精英向所有网民和非网民的普及，国内博客用户已经超过 1600 万户，并在进一步增加，博客占中国互联网网民总数的 14.2%。2006 年，博客的数量在中国增长了 30 多倍，网民注册的博客空间超过 3374.7 万人，博客数量达到 1748.5 万人，博客读者达到 7556.5 万人。

在博客成长经历高速发展后，2007 年以后进入平稳期，博客用户和日志发表量呈现平稳增长趋势。据《中国互联网发展报告》的数据显示，2008 年博客用户规模持续快速发展，截至 2008 年 12 月底，在中国 2.98 亿网民中，拥有博客的网民比例达到 54.3%，用户规模为 1.62 亿人。在用户规模增长的同时，中国博客的活跃度有所提高，半年内更新过博客的比重较 2007 年底提高了 11.7%。博客数量的增长带来了用户聚集的规模效应。博客频道在各类型网站中成为标准配置，其中 SNS 元素的加入对博客用户的增长起到了推动作用，博客的影响力进一步加强。

（二）博客的商业化

博客作为一种新兴的媒体形式，其本身具有很强的商业潜力和价值。首先，博客拥有庞大的用户群数量，博客个人书写模式和用户本身互动性构成了用户的忠实度。其次，博客的自媒体内容生产模式让用户内容有了商业化开发的可能，其内容分众传播的广度和深度，无不蕴涵着巨大的商业价值。例如 2004 年 7 月，已经创办两年的博客中国获得第一笔风险投资，软银亚洲投入 10 万美元，约占博客中国 10% 的股份，另外几家天使风险投资约占 10% 股份，至 2005 年的融资约 1000 万美元。博客的商业价值获得了风险投资的认可，也得到了网络门户网站的垂青。新浪、搜狐、网易、腾讯四大门户网站纷纷开办博客频道，国外博客网站也将目光投放在中国市场上，Myspace 等外国博客网站纷纷启动中国计划。目前，由于各种风险资金的不断投入，竞争者的增加使博客的商业化竞争更加激烈。

三、博客的种类

当今的博客已经进入了平稳上升期，从一种媒体技术工具，发展为大众的生活习惯。从存在形式上看，博客可以分为三类：一类是托管博客，无须自己注册域名、租用空间和编辑网页，直接借助博客运营商的平台和提供的服务发表日志；一类是自建独立网站的博客，有自己的域名、空间和页面风格，这需要一定的经济和技术基础；还有一类是附属博客，将自己的博客作为某一个网站的一部分、一个栏目、一个频道或者一个地址，不少门户网站有了这样的举措。这三类形式之间可以演变，甚至可以三者兼得。而从内容和社会功能上看，博客从私人空间的个人互动到公共空间社会互动可以分为三类：草根博客、名人博客、公关博客，这里重点介绍这三类博客。

（一）草根博客

草根博客指以普通大众为主体的草根阶层形成的博客群体。草根（Grass Root）是一个社会学术语，指基层、底层、群众、民间、乡村、选民。随着博客的发展，相对于社会精英阶级的社会草根阶级，获得了社会公共空间的话语权。博客是中国当下最集中的草根群落，体现了这种网络文化的草根性和边缘性。通过草根博客的书写，普通大众展现了个体对自身所处的生活环境的日常体验和审美体验，这种“民间的、原生态的、个体的、普通的、平常心、真实、现货、混杂、叛逆、坚韧”的草根体验与“形而上的、精致的、高雅的、纯粹的”精英体验形成鲜明的对比。草根博客的兴起源于博客写作的独特性，博客成功的传播则呈现了网络时代的草根体验，网络大众成为了草根博客的践行者和集体认同者。普通大众借助博客完成了心情日记、个人展示、旅行笔记、专业互动、时事点评等。博客们在博客空间上抒写心情，发表对生活对社会的感言，或者记录日常生活琐事。这些非职业非商业的博客仅仅充当了个人日记的作用。很多网民不愿意让别人知道他们的博客地址，只有他们身边有限的几个人能看到他们的博客内容。虽然大量的博客们日常记录的内容缺乏社会性，都是鸡毛蒜皮的记录甚至是对社会产生负面影响的内容，但这些频繁更新、简洁和个性化的草根博客促进了全民写作。亿万网民的草根体验形成的平民视角是博客文化最强大的话语空间，草根个体强烈的个人表达满足了广大草根沟通的需求和共鸣，获得网民的认同和追捧。博客名人成为了广大草根的代表，在最大程度上展现了平等的平民话语和真实的草根体验。例如，Acosta 的极地阳光，Acosta 是新浪博客第一个点击率过亿的草根博客，也是中国草根博客成为博客名人的代表。他在博客开通之前不为人所知，而通过博客获得大众的关注。Acosta 的博客以图片、文字和音乐见长。图片的主角多为他自己，面貌清秀，温婉动人，忧郁而不失乐观，文字、音乐如其人，温暖而文风清雅。Acosta 以散文的形式记录自己日常生活中的心情点滴和琐事，文字中透露出的与一些文化名人之间的友情也使其博客格外突出。

（二）名人博客

自 2005 年新浪网高调推出名人博客以来，名人博客一直就是互联网上的热门话题，名人博客热随着搜狐、网易等商业网站相继邀请名人开通博客至今久烧不退，各大网站都以名人博客落户自己的网站为荣。例如 2007 年 3 月 31 日章子怡的官方网站兼个人空间落户搜狐，搜狐网站从视频和文字两方面进行了现场直播，报纸及网站等媒体都给予了高度关注。名人博客不仅方便了追捧这些名人的网民，使他们通过博客这种虚拟的交流平台，直接了解明星每日的生活实录和喜怒哀乐，通过博客留言发表评论等方式，将想表达却又没有渠道表达的话语和情感通过博客传达给名人。博客还成为了记者获取名人信息的又一个重要来源。名人博客由于其主体是具有社会知名度的个体，因此名人的行为会更多地受到公众的关注，名人博客始终不是私人空间的交流产物，从其诞生之日起就是具有社会传播功能的商品。名人博客具有以下特点：其一，信息的直接传播。名人博客成为了名人自身信息发布、澄清、推广的直接平台。如张靓颖在博客上宣布签约华谊兄弟公司，韩寒通过博客声明收回《毒》等三本书的版权，陆天明、余华等作家借助博客畅谈创作体会。绕过了发布会的冗长安排和传统媒体报道可能带来的信息误读和扭曲，博客直接为名人本身服务，使信息的传达更为迅速，也更能维持名人所要表达的原本面貌。其二，名人的去神秘化。名人博客吸引力的来源是名人本身的神秘面纱正在悄然褪去，博客这一连续性写作的公共平台，把名人的生活搬上了虚拟空间。连续的虚拟世界交流因名人透明度效应连接了名人和网民的精神空间。其三，名人与博客的共赢模式。根据新浪网单方面公布的数字，名人博客给博客频道带来的流量增长约为40%，名人博客成为了博客网站的流量拉动器。名人博客也成为了信息的最大集散地，形成了娱乐新闻加工厂。博客成为名人延伸的产业链、事业链和关系链。名人博客的出现也不可避免地带来了负面影响：一方面，明星在博客上发布信息的真实性，所展示生活的可信度都无法考证，大量明星靠别人代笔博客，更将博客变成了一种纯粹的商业运作手段。另一方面，明星借助博客自我炒作愈演愈烈，名人在博客中张扬的个人行为和自身肩负的社会责任构成了冲突。例如老徐的博客，2006 年 2 月 13 日约 11 时，冲破1000 万点击量大关，成为了中国名人博客第一人。从 2005 年 10 月 25 日徐静蕾第一天写博客算起，整个过程仅 112 天，自此老徐的博客成了她的第二张名片。徐静蕾从演员到导演，在内地一直以才女闻名，她的写作风格是随性自然而真实的，写作博客的亲历亲为和频繁更新拉动了其博客的人气和点击量。无论是记录自己正在拍摄的电影进度，揭秘明星不为人知的一面，还是如普通网民一样记录心情，写下“累，今天不想写了”，都会获得高点击量。徐静蕾和另一位博客界的名人韩寒在彼此博客上的留言，更被轰轰烈烈地炒作为“蕾寒恋”。老徐的博客成为了中国名人博客的一面旗帜，其发展和变化也成为了中国名人博客发展的一个缩影。随着新浪博客商业气息越发浓厚，名人博客成为了高附加值的商品，徐静蕾将博客迁移到了自己的网站鲜花村，也从侧面反映出中国名人博客发展的困境。

（三）公关博客

公关博客指代表政治或经济集团的个人开设的博客，通过博客的个人行为形成集团和社会公众的互动。公关博客分为两类：

一类是为集团经济利益服务的企业博客。全球大公司都对博客这一新生事物做出快速反应，并将之运用成为提升企业形象的重要公关工具。苹果、IBM、通用等跨国公司纷纷推出企业博客，微软创办“第九频道”（channel 9. msdn. com）更获得了《财富》、

《经济学家》等知名杂志的肯定和好评。博客公关有三种形式：其一，雇佣专门的资讯或公关人员为公司博客撰写讯息和评论；其二，引导雇员写作博客，以讲述自身经历的方式介绍和评论公司发展；其三，总裁或经理自己或请专人写作管理博客，塑造公司管理者公众形象。企业通过博客引发消费者对企业的好感，塑造企业的个性化形象，培养消费者的企业认知，建立消费者企业情感价值，提高了企业知名度，继而提高企业商业利润。同时，企业博客还是其内部有效的沟通工具，通过博客来实现营销部门与最高管理层、财会、生产、人事等部门之间充分的沟通与交流。另外，博客写作的个人化倾向与企业博客的集体化代表构成了对立，个人行为往往通过博客成为企业行为的代表，因此个人的负面行为可以直接影响企业公关形象。例如王石的“捐款门”事件，5·12四川地震当日，国内知名房地产公司万科捐款200万元·遭到网友质疑，认为万科捐款数额太少。5月15日，万科总裁王石发表博客回应“200万元是个适当的数额”、“万科普通员工的捐款以10元为限”，遭众网友指责甚至漫骂，网友要求王石“引咎辞职”。该事件最终以董事会高票通过捐赠1亿预案和王石的无条件道歉终结。王石博客上的一句话引发了万科的公关危机，严重影响了该公司的公众形象。企业管理者的公共博客成为了其公司形象的象征，不同于普通人的博客，其博客内容直接成为整个公司公关的重要组成部分。

另一类公关博客是为社会政治服务的政府博客，它们拥有的公共特点都是以个人代表群体进行的社会互动。国外政治官员的博客已经普遍存在，例如美国前总统布什、英国前首相布莱尔、韩国前总统卢武铉都有自己的博客，伊朗总统内贾德的博客遭到以色列黑客的攻击，更将现实中的政治斗争升级到网络。在美国，博客介入总统选举已是司空见惯。总统候选人没有博客是不可想象的，博客已经成为问鼎白宫的一种必要手段，其中2008年获胜的奥巴马就是一个典型的案例，被人们称为“网络博客总统”。国内的政治博客还在萌芽之中，官员尤其是高级别的政府官员开设博客，还是一件新鲜事。原教育部副部长韦钰因开办博客而被称为中国“博客部长第一人”。官员博客的兴起具有以下特点：其一，强烈的政治色彩。政治人物的博客以表达自己的政治观点或以博客为平台沟通民意作为主要目的。其二，亲民的政治形象。博客绕过了行政壁垒和人为障碍，成为一个成本低、速度快、最为直接的民情官意互动站，网上的“零距离”接触，消除了时空障碍和身份差异，消融了官员的神秘感，益于在政府和公民之间建立良好的信任关系。其三，公民舆论监督的反馈。官员的博客行为和信息反馈是大众的社会监督，有助于实现“网络民主”，推动社会进步。

第二节 博客的传播特征及功能

博客的出现是互联网新技术发展的综合产物，RSS、超链接等 Web 2.0 网络技术搭建了博客发展的技术平台，新媒体孕育的大众的书写习惯通过博客这一平台获得了尽情的释放，影响和改变了传统的传播方式而构建了博客独有的传播模式。

一、博客的传播特征

从古登堡以印刷术奠定了大众传播的基础，人类对传播的关注往往集中于公共领域的传播现象和大众传播对个体的影响，而私人领域个体之间的传播是与公共领域相区隔的。博客的出现是在传播历史上第一次将私人领域与公共领域的传播融为一体，第一次实现了以个体为主体向大众的传播，也第一次如此强调了个体在大众传播中的重要地位。博客的出现打破了传统传播模式下传播者与受众之间清晰的界限。一方面，博客的传播一部分是定向的受众，即传者希望信息达到的人，另一部分是非定向的受众，即在茫茫网络中偶然接触该博客的人，因而其受众对象既有指定性又有随意性，传播者的强势态度被极大地削弱；另一方面，由于在博客的传播中反馈渠道畅通，受众在这里表现出了很强的主动性。在传播过程中传播者和受众的关系完全消失，大家都是博客，大家都既是传播者也是受众。博客突破了传统媒体的单向传播，建构了一种集制作者、销售者、消费者于一体的系统。

（一）博客的传播主体

博客的主体是信息的提供者。博客写作者是一名个体的信息提供者，他记录日常的所思所想并与读者分享。在传统的媒体环境中，个体意见表达的途径稀缺，人们通过媒体和图书来表达意见的机会很少。而博客的出现大大降低了个体传播者的门槛，个人博客提供了一个表达平台，书写者可以在此表达自己可以公开的任何主题。个人博客的众多表现自我的片断就被记录下来，积累后能整合成一幅完整的个人图景，个人博客实现了自我表达的最大化，博客无疑将成为构建个人影响力的重要手段。普通博客虽然没有经过专门的训练与教育，但可以自由地支配传播时间，灵活地运用传播方式，同时也不受传播职业的压力，往往能在某些方面更接近客观。利用博客这一种平民化的出版工具，改变了知识和信息源头的构成方式，使普通大众开始进入到思考者的行列，文章没有内容、字数甚至写作质量的限制要求，创作风格写实，以平实坦率的文字构成对大众的吸引力。博客能超越个人的局限性，运用超文本链接的形式，把整个互联网作为自己的资源，将好文章、好内容链接过来，把这些资源提供给自己的读者，还可以站在别人的“肩膀”上评点和批注。从博客的主体看，其主要价值和功能不是为了表达自己，而是为了给别人更有价值的内容。

（二）博客的传播客体

博客的客体是信息的选择者。在传统媒体中，读者仅仅是被动的受众，被迫地接受传播者的信息。而在一个信息爆炸的博客时代，单向度的被动传播方式必然被改变。博客等互联网媒体实现了个人之间的双向交流，信息不再是“推”给受众，而是受众将需要的信息“拉”出来，这样，博客的客体在大量信息的选择中构成了与博客主体的互动关系。博客给了传播客体更直接、更迅速、更自由的平台，受众可以自由地反馈信息。无论反馈的是传播者所预期的共鸣，或是针锋相对的另一种立场，都有助于传播者检验和证实传播效果；有助于传播者改进和优化下一步的传播内容，激发和提高传播者的传播热情；有助于传播者检查媒介信息所反映具体事实的真实性和准确度。另外，博客的客体是信息的参与者，读者的参与意识随着互联网新媒体的发展越发强势。让读者参与，给读者以主动角色，读者 = 作者 = 编辑，三位一体的互动能形成对已经报道事件进行深入讨论，继而引导社会大众的参与，达到预期的传播效果。

（三）博客的传播路径

1. 自我传播。博客日志最初就是一种网络日记，是以日期排序可回溯的个人出版方式。传统意义上的文字日记是个人私密空间的一角，是基于一个封闭自我的独享，是自我思想、观点的梳理和归拢，是一种自我的回顾和反思，是自我传播的原始表达方式。博客作者将自己的思想整理并发布出来的过程，实际上是“客我”和“主我”互动的过程。在这一过程中，冲动的、无组织、无方向、不可预测的“主我”与被社会类型化，与他人建立共同的、有序的和一致的关系的“客我”完成了从分裂到统一的内化过程。“主我”是行动的驱动力，而“客我”则提供方向与指导，“客我”对“主我”的行为社会化、规范化。博客作者通过这一过程实现了对自己更深的认知，博客文字化的思想梳理过程促进了自我反思、认知和内化管理，更好地调整自己的行为。

2. 人际传播。人际传播是两个或者两个以上的人之间借助语言或非语言符号互通信息、交流思想感情的活动。它的基本功能是协调人际关系、交流思想感情、统一社会态度、支配他人行动等。随着互联网的普及，一些原本独属自我的东西逐渐揭开了神圣的面纱，成为网络分享的猎物。分享意味着从一个主体拥有者出发指向他者。在网络虚拟世界里，分享是一种普遍的价值态度，这在 BBS、Email、ICQ 等网络交流方式中早已存在。正如美国互联网专家帕金斯所言：“互联网对媒体业产生的主要影响就是迫使媒体变得越来越趋于与人分享和参与。”对博客而言，独享不再具有价值，以分享为赖以生存基础的博客，互动交流沟通成为了其存在的社会属性。博客们发布网上日志，通过文字、图片和链接，将个人工作、学习、生活等内容全方位地展示给公众。博客们将自己的“日记”发布出来以后，阅读者登录页面，观看之后进行留言评价，这就形成了一种信息的互通和情感的交流。不同社会背景的个体的观点可能一致也可能相悖，但这种互动交流打开了畅通的渠道，使人际沟通成为了可能。这种以个体的分享为基础的网络人际传播将博客私人领域与公共领域紧密相连。

3. 大众传播。对大众传播的定义有一个共性，即它是职业传播者或者是传播机构通过传播媒介向大众提供信息、知识等的过程。尽管博客作者是非职业传播者，绝大多数单独的博客也无法成为职业传播者，但是聚合博客的网站却是公认的大众传播媒体，承担其一个职业传播者的角色，成为社会传播系统中的一员。在这层意义上，博客作者可以称为自媒体记者。大量的博客聚合成博客平台上的公共空间，当每个博客以自己的网页组成博客平台的共同主题时，分享便构成了共享。基于分享存在的共享比起分享更具有整体性和理想主义的色彩，它揭示的是一种整体的本质。个体独享在博客聚合的过程中转化为集体共享，博客平台最终成为了大量个体信息和观念的聚合与共同呈现平台，从而对大众参与聚合的个体进行传播。实际上，博客的写作具备了大众传播的特征，即利用一定媒介、利用先进技术对大众进行传播。博客传播同样受到社会规范和社会价值的制约，属于一种制度化的传播。尤其在新闻信息的传播过程中，博客信息的聚合逐渐加深了对传统媒体的影响。一方面，博客的出现无疑增加了公众获知信息的渠道，越来越多新鲜的一手资讯通过博客抢先报道，并成为传统媒体的重要信源；另一方面，针对各自的报道内容，博客和传统媒体可以互相验证报道的真实性，并挖掘相关内容的深度、广度，延续对方的报道。

二、博客的传播功能

（一）博客成为传统媒体的重要补充源

网络信息的爆炸式增长无疑给传统媒体带来了海量的信息，仅仅依靠自己旗下有限的记者发布新闻，无疑很难满足大众的信息需求。这时，自发产生的博客新闻以及自媒体记者队伍的日趋壮大，成为了传统媒体信息的重要补充来源。自媒体记者具有以下特征：其一，数量庞大。博客的进入门槛低，加之各种信息采集和发布工具的家用化普及，任何个人都可以通过博客发布对公众有价值的信息。其二，无周期性。博客自媒体是24小时运转的，尤其在突发性事件面前，自媒体表现出的迅捷且现场亲身感受的新闻信息，成为传统媒体的资源。其三，非商业性。绝大多数自媒体的博客写作者都处于自发兴趣，不受来自不同利益集团的影响。其四，专业化。传统媒体记者受到编制人数的限制，尽管有所分工，但专业程度不高。博客吸引了大量业内的专业人士参与自媒体的信息发布，信息的纵深度加深。无论是草根博客对社会关注事件的参与式报道，还是名人博客自身爆料，都形成了庞大的媒体内容资源。

同时，博客也是专业记者稿件的第二出口。例如1998年，德拉吉报道的美国前总统克林顿的丑闻，德拉吉本人并非原创者，该信息来自传统媒体《新闻周刊》的记者迈克尔·艾西科夫。这条新闻是迈克尔·艾西科夫逮住的平生最大的一条新闻，但在见报前几分钟，却被新闻周刊的高层扼杀了。通常，专业记者能在媒体上刊登的内容，只是其在采访中获得信息总量的20%，剩下的也只能忍痛割爱。更有一些触及敏感地带的话题被无情埋葬，或因为利益集团的干涉被压制下来。博客网站有挽救这些资讯的价值，从而成为专业记者稿件的第二出口。传统媒体文字记者和摄影记者未能在传统媒体上刊登的内容，以匿名的方式在博客网站上披露以满足一部分人的需要，也从客观上满足了社会大众的知情权。例如，Gawker.com（全民狗仔），Gawker创办于2002年，英文原意是“拉长脖子傻看的人”。这个博客专门追踪纽约城里的精英，从明星、记者、作家、杂志编辑，到酒店老板、媒体大亨，当年就被《时代》杂志评选为50个最酷的网站之一。纽约一位著名作家说，“曼哈顿媒体产业里，每个人都在读Gawker。我们自认已经够尖酸刻薄了，但比起他们来，简直是驯良”。Gawker的第一篇文章是采访一位华尔街女郎，谈的是大麻贩子的职业素养问题。普利策奖小说家罗伯特·巴特勒12年的结发妻子做了CNN老板泰德·特纳的情妇，没多久，Gawker上就出现了这位小说家写给朋友的一封信件，解释二人的感情是如何破裂的。Gawker故事中的癫狂很符合现代人的心理结构，窥探别人，尤其是体面的有钱人、性感的明星、聪明作家的隐私，但其基调始终是冷眉冷眼的，既展现了精英媒体圈的光怪陆离，又让你觉得这种生活方式是何等的荒谬。它每天更新20多个故事，绝大部分新闻线索都来自读者，这些都已成为传统媒体重要的新闻补充源。

（二）博客对传统媒体议题的建构

博客起初以个人日志的形式出现，个体之间的交流更容易形成共鸣，继而在博客进入传统媒体新闻议题的讨论中形成了强大的舆论场，博客的人海战术构成了博客对社会舆论导向的引导。2005年末电影导演陈凯歌起诉网民胡戈将其影片《无极》恶意改编为《一个馒头引发的血案》侵权，在博客网站上引发了热烈讨论。博客从各个角度对这一新闻事件进行评说，汇聚集成文艺批评、网络伦理、知识产权界定等，可谓见仁见智。这样，博客对传统媒体的新闻议题起到了解构的作用，并在其原有的意义空间中不断填充新的议题，使受众摆脱了单一文本的束缚，颠覆了传统媒体强势的传播秩序，以自媒体群体的姿态直接影响了这一事件的舆论走向。传统媒体在信息传播中一直秉承着单向的传播，博客对传统媒体开放性的参与，构架起了两者对话的桥梁，为新闻媒体与受众之间的关系加深了彼此的信赖。博客以其“双向”、“对话”的媒体特性为主流媒体注入了新的活力与生机，重新构建了传统媒体的新闻议题，成为了传统媒体新闻议题的重要组成部分。有了博客的充分参与以后，传统媒体会真正拥有群众基础，使平等、自由、民主的新闻舆论环境更加完善。

（三）博客对传统媒体话语权的消解

传统媒体的新闻话语权是由意识形态生产的话语生产权力。由于社会地位和分工不同，社会不同的个体和群体的新闻话语权也处于失衡状态，强势话语权压制弱势话语权，甚至使其彻底丧失话语权。博客的出现对传统媒体长期对新闻话语权的独占霸权发起挑战，从整个社会层面看，博客在网络中开始构建强大的公众影响力量，其个体身份在博客空间中甚至超越了企业、政府权力或是个人所代表的某一组织。在开放的个人传播模式的网络社会，博客成为一种参与制造舆论的社会力量，追求以个人的身份参与更深层的社会公共事物，从而形成对传统媒体话语权进行全方位的消解。

三、博客的商业化发展

尽管博客在最初产生时不是为商业而创发，但在其发展过程中却很快体现出与生俱来的潜在价值和无限商机。经过五年多的市场锤炼和竞争熏陶，博客世界已经形成了比较稳定的赢利模式。

（一）网络广告

博客服务商继承了互联网媒体网络广告的赢利模式，形成一条依靠博客吸纳人气，然后吸引广告商，从而获取广告收入的人气——资金价值分配链：博客托管服务提供商提供大量免费的博客空间，吸引了大批用户，用户聚集庞大的网站流量，成为吸引网络广告商的主要手段。因为凭借单个博客难以拉到广告，博客网站以博客广告联盟的运作，通过广告代理平台整合大批量博客的广告位，出售给广告主并根据联盟成员的个人背景、博客内容、受众分析以及朋友圈等进行归类和聚合，从而实现定向传播。广告收入则按照流量或广告投放效果等方式，对联盟成员进行分成。国外一些博客网站采用赢利分成模式，与高点击量的博客作者形成合约制度，将博客创作纳入商业化进程中。例如美国的 Gawker 网站将访问量与博客作者获得的薪水挂钩，付给大部分博客一定底薪，底薪之外再根据访问量的增加来支付奖金。这一商业模式的介入吸引了大量优秀网络写手的加入，使网站自身形成了网络优秀资源的集成者，继而拉动了整个网站的点击量和广告收益，从而实现博客网站的整体赢利。

（二）增值服务

博客服务商通过提供网路服务，在个性化的博客应用、移动博客等商业创新领域，促进网络用户的消费。增值服务主要面向有差异化需求的个人用户，满足其追求个性的内在需求。媒体产业则面向媒体与部分个人用户，使博客成为传统媒体的有力补充，满足部分个人用户的特殊需求，并与构成博客媒体产业的个人用户实现共同赢利的模式。例如腾讯博客，一方面借助其客户终端保持用户高忠诚度和用户间高互访度，另一方面模仿韩国赛我网商业化操作的增值服务，在为网络用户免费提供个人博客空间的同时，也在博客空间的自定义模板等数字商业产品上收取费用，实现赢利。

（三）自我营销

知名企业公司博客、高关注度的明星博客本身已构成了商业自我营销的高质量产品，与其他广告宣传等公关平台一样，博客成为其创作者实现自身赢利和商业价值的营销手段。例如，宝洁公司“Secret Sparkle”系列的身体喷雾产品，成功使用了博客进行互联网上传播。在推广过程中，这款产品采用四个各具个性的女孩构成电视和平面广告的形象，代表四种香型。在网络传播中运用“博客”的网络传播形式、专门为这“四个女孩”开辟的博客上，每个香型以一个女孩为外在表现，在博客上用她们具有代表性的个性语言方式和语气来进行沟通。每个“女孩”的行为和表达方式都十分接近青少年，包括各种促销信息、明星八卦、时尚等话题，从而构成了性价比很高的传播手段。

第三节　博客发展面临的问题及对策

一、博客发展面临的问题

博客在从网络技术工具发展为商业化的媒体工具，再进一步成为社会化的大众传媒工具的过程中，因为写作主体多、发展速度快、市场管理和制度约束滞后等环境因素，造成大量博客写作处于无序状态，冲突常有，事故频发。常见的问题可以概括为以下几类：

1. 侵犯名誉权、隐私权的问题。博客的开放性在为大众提供了自由舆论空间的同时，也导致了网络名誉权、隐私权等个人权益频繁被侵的现象。草根博客也好，名人博客也好，网友之间或匿名或指名道姓地谩骂、互相诋毁，在个人博客中公开他人个人隐私事件时常可见。如相声演员郭德纲曾在其博客中指名道姓地谩骂一名同行，重庆电视台一名主持人在其博客中爆出了央视一著名女主持人的两段婚史。2005 年 9 月的“中国博客第一案”更是轰动一时，南京大学副教授陈堂发偶然搜索自己的名字，发现自己被指名道姓地在私人博客上被辱骂，在中国博客网“K007”的博客“长袜套”一篇心情日记里出现大量对陈进行人身攻击的文字。

2. 侵犯知识产权的问题。博客运用超文本链接的形式不断搜索提炼信息，使用者在实行拿来主义原则不断学习和思考的同时也造成了对原作者的知识产权利益的侵害。因为目前法律上尚未对博客等新媒体以链接等方式造成的他人知识产权和经济利益的损害有明确的规定，网络媒体的特性也造成了对博客知识产权保护的无力。

3．道德缺失的问题。博客通过博客社区相互推荐和传播，博客特有的等级和点击率等激励机制形成了博客领域独有的竞争机制，有着非常强烈的“优胜劣汰”的筛选作用。为了提升点击率也为了争夺眼球，许多博客写作者采用各种手段吸引人气，其中不乏游弋在道德法律边缘的弱道德意识行为，主要体现在裸露、情色、隐私、窥视与被窥视等现象上，泛身体写作是这种现象的基本描绘。如木子美在网上大书特书性爱日记，还公开男主人公的姓名，其举动可谓惊世骇俗，读者更是蜂拥而至地读她的《遗情书》，以致博客中国网站一时堵塞，形成了强大的冲击波。天涯社区曾有一个叫竹影青瞳的博客，除了赤裸裸的性爱描写外，还将自己的裸照贴在了自己的博客上，天涯社区删除了照片后，该人又在其他地方建立了自己的博客网站。在许多网站上，打上木氏烙印的个人情色写作层出不穷，屡见不鲜。在博客这种以个人为主体组织的网络生活方式和相对自由、宽容的群体环境中，《遗情书》才能如此自然地出现。木子美和竹影青瞳等泛身体写作博客的出现，是社会由封闭社会走向开放社会的一个标志。但博客的价值取向、道德规范以及传统法律的管理、管制等问题，也成为一个迅速凸显的现实问题，并影响着博客的未来发展和个人出版方式的命运。博客的虚拟性弱化了道德规范，信息的多元化造成了道德感的迷失，匿名的个体形成了博客的道德缺位。

二、应对问题的基本思路

1．博客的道德自律。与传统BBS相比，博客日志应具有更强的规范性，具有个人门户性质的博客应具有更强的自律性，博客内部的自律机制是博客规范发展的主要力量。博客中国在木子美事件发生后，整理了一份比较正式的《博客道德规范》（*Bloggers' Code of Ethics*）倡议书，综合了国外博客的道德规范，作为未来博客世界自我约束和规范的重要参考。《博客道德规范》提到的博客世界里的自律自爱是博客健康发展的根本保障，也是在读者面前塑造博客公信力的根本保障。作为一位负责任的博客应遵守以下原则：诚实和公正原则，伤害最小化原则，承担责任原则，博客应敢于承认错误，及时改正。博客的道德自律更需要网络舆论氛围的共同营造，在网络虚拟匿名的世界中，构造与现实相仿的社会人际关系，以现实中人与人交往的合作策略，建设网络虚拟中的道德意识，使大众在网络交流中得到道德的满足感，更在潜意识非理性的层面对自己和对他人做出具有社会道德规范的选择。

2．博客的法律监管。尽管我国在网络及博客尚没有完整系统的法律体系，但几年来也先后发布了相关的法规文件近50部。有关文件规定，博客网站在两种情况下应承担责任：首先，博客网站明知博客主人通过网络实施侵犯他人权利，或经权利人提出确有证据的警告，但仍不采取措施以消除侵权后果的；其次，博客网站对权利人要求其提供博客主人的注册资料以追究行为人的侵权责任，无正当理由拒绝提供的。

同时，国家对博客网站等管理机构规定了相应的权利和义务。各级网站在获得网络行政主管部门赋予的权利进行信息传播时，必须承担相应的责任。最根本的就是，博客网站必须根据《互联网新闻信息服务管理规定》及《互联网信息服务管理办法》的相关规定，以实行后台实名制，通过高科技手段对违法不良词语和画面进行过滤，对登载违法不良信息的博客进行封杀。以积极的态度促进互联网健康发展的同时，承担起应负的社会责任，把国家和公众利益放在首位，坚持文明办网，对其注册用户实施有效的监督与管理。

3. 建立健全知识产权保障体系。在“中国博客第一案”中，陈堂发于 2005 年 11 月 2 日向南京市鼓楼区人民法院递交了诉状，请求判令被告中国博客网停止侵权，赔偿其精神抚慰金并承担直接经济损失。2006 年 8 月 2 日，南京市鼓楼区法院对“中国博客第一案”作出一审判决，法院理认定被告监管不力，应在中国博客网首页向被侵犯了权利的南京大学教师陈堂发刊登致歉声明并保留 10 日，同时赔偿原告经济损失 1000 元。

目前，“公共知识产权”在解决数字知识产权的问题上在博客界颇受欢迎。2001 年由斯坦福大学法学教授莱斯格（Larry Lessig）发起并创建了一个名为 Creative Commons（CC）的组织，提供新的可供选择的版权保护法，用以取代现行的对版权实行严格保护的法律。CC 公共知识产权专为有意在网络上公布并与人共享而不受著作权法限制的作家、艺术家及其他人士而设，是一种版权协议，其目标是让更多的版权拥有者能够有另外一条路告诉更多的人，他们的作品是可以免费复制或做其他用途的，只要能够遵守一定的规定，任何人都可以为自己的作品选择一个自己愿意的定制版权形式，它符合博客精神和价值理念，也保证了博客领域内容的有效传播。CC 成为了保障博客持续发展的基本法律武器，也避免了因为传统法律的过度保护和制约而窒息博客的发展。

第十一章　播　　客

BBS为匿名的网民提供了一个自由言论的场域环境，博客则开启了由个人领域向公共领域辐射的通道。当人们惊喜地享受着文字和图片自由传播的网络舆论空间时，影像依然被割裂在自由传播的范围之外。在受到诸多技术约束的民间影像传播之路障碍重重之时，播客的出现，悄然打开了这扇紧闭的大门。播客的诞生恰逢网络宽带加速、Web 2.0技术平台趋于成熟之际，网络技术的综合提升为播客的发展奠定了良好的基础，而播客先驱者们勇于探究的实践也使其一步到位地发展到了自媒体的传播高度。

第一节　播客产生与发展的社会语境

2004年，MTV频道曾经的著名主持人Adam Curry和RSS技术的发明者Dave Winer合作创建的能将音频文件上传到网站并下载到ipod等便携终端设备的软件，点燃了“播客十月革命”的烽火。之后，该软件被网络先锋用户们命名为“PODcasting”，其定义属性为：首先必须是一个独立的、可下载的媒体文件；其次，该文件的发布格式为RSS 2.0；最后，接收端能自动接收、下载并将文件转至其他需要的地方，或放置于播放器的节目单中。国内将其翻译为播客，与其在同领域内先行的兄弟“博客”一脉相承。播客在短短的几年间从一个网络个案发展为对整个传播领域产生重大影响的媒体现象，发展速度及影响力令人刮目相看。回望保罗·萨弗曾提出技术应用的30年法则：至少在过去的5个世纪里，新思想完全渗入一种文化所必需的时间数量一般约为30年。更多的新技术在同一时间出现，正是这些成熟技术的交叉冲击，创造出我们都感觉到的强力的加速①。播客从一项孤零零的网络新技术，迅速发展为流行前端的媒体形式应验了萨弗提出的“强力的加速”，这也代表着当代新媒体共同的发展方向。

① （美）罗杰·菲德勒：《媒介形态变化：认识新媒介》，明安香译，华夏出版社2000年出版，第6页。

一、来自民间的影像为播客发展奠定基础

从播客发展历程看，初期的发展速度受到两种力量的推动：一是DV文化的发展；二是网络Flash的发展。一方面，以DV创作为主的民间影像可溯源到始自1990年代的独立DV纪录片的发展。它的发展主要有两个特点：一是在资金方面不依托于体制，作者在筹措、运作拍摄资金方面拥有相当的自由和权力，能够有效控制作品的销售及发行渠道；二是在创作方面，没有商业化和播出的压力，作者的创作理念不受外部人为因素制约，能够得到自主的贯彻和实现。概括来说，独立DV纪录片的“独立”，不单是一种独立的行为和姿态，更是一种独立的立场和精神。① 这类纪录片早期有吴文光、段锦川、张元等领军人物拍摄的《流浪北京》、《江湖》等一批具有争议性的独立纪录片。随着媒体技术的发展，DV逐步取代专业摄像机成为民间独立制片的主要工具，DV创作群体也从最初脱离体制的媒体从业人员和电影专业学生，向爱好纪录片、没有受过专业培训的普通大众这一更广大的范围扩展。DV文化的发展并没有紧追商业大片的发展模式或追求技术效果和票房收益，相反，长期处于边缘的DV创作以更为多元化的视角关注主流媒体忽略的社会现象，以别样的拍摄风格记录主流语境下缺失的影像。由于传统媒体的传播内容及渠道均需国家相关部门的审核把关，而广播电视等主流媒体的传播资源更为国家所垄断，独立影像DV的制作和传播处于一种半地下状态。像“独立映像展”、“山形独立电影节”及各国影展也仅仅为DV作品创造了业内的交流空间，无法获得传统媒体播放渠道的大量DV作品只好通过酒吧或校园小范围的放映传播。尽管传统媒体也试图为民间的独立制片提供展映的空间，例如北京电视台1999年播放的由旅日人士自行筹资拍摄的纪录片《我们的留学生活——在日本的日子》引起巨大反响②，央视十二套、上海纪实频道等也均通过纪录片栏目播放这类民间独立制片的DV作品；但受到传统媒体传播渠道的限制，大量民间影像作品依然无法得到大众传播渠道。从某种意义上说，DV文化的独立精神从根源上影响了播客的发展及追求，也为播客影像的瞬间爆发做好了长期的铺陈，民间影像的盛行只是在等待一个媒体渠道开放的契机。

另一方面，曾经红极一时的Flash无疑是播客发展的雏形。Flash为大众提供了用动画影像、音乐音效等更为直观感性的方式来表达思想的创作渠道。Flash具有文件小、传播下载速度快、表现形式丰富等特点，闪客创作者利用Flash软件，以漫画式的人物形象、非连贯式的动态、MTV式或动画式的情节制作短片，其短小精悍的结构形式和幽默方式都深深影响了播客的叙事风格。Flash可以说是从二维图像到三维影像的一个

① 郑伟：《中国大陆1990年代以来独立纪录片发展史略》，载《艺术评论》2004年第11期。
② 同上。

过渡。

另外，随着便携DV、可录像拍照的手机、独立摄像头等音视频采集工具，以及非线性剪辑设备软件工具的普及，普通大众与专业的媒体从业人员之间的技术差距逐渐缩小。加上多年来大众受到广播电视媒体的熏陶以及媒体参与意识的培养，无论是纪实的还是表演的拍摄，已经具备了制作影音内容的基本能力，只是在专业性上与媒体从业人员还有一定差距。采编设备的低成本化普及和不受传统媒体体制的控制，使普通大众拥有了民间影像创作的空间和能力，这些都为后来播客的快速发展奠定了坚实的基础。

二、Web 2.0 技术使播客拥有了自由传播的渠道和权力

诞生初期的播客，仅作为一种流媒体技术与RSS技术相结合的新兴技术工具，其传播者与受众均为数甚少，且要求必须具备较高的网络或者媒体技术知识。尽管这一新兴的技术引发了业内人士的关注，但以个人网站或者校园网络作为传播平台的播客，只能在较小的范围内进行传播。Web 2.0 技术的介入真正把播客从一种技术工具发展为大众传播现象。

Web 2.0 是相对于 Web 1.0 模式提出的网络技术特征，其核心特征表现为：一是互联网平台化，大规模的服务器信息集合和数据库管理使终端用户从个人电脑平台上升到网络平台，网络媒体不再扮演传播者的角色，而仅仅起中介作用；二是增加用户价值，轻量型的网络编程和以用户体验为基础的服务与软件更新，增加了个人对网络的参与程度，互联网依赖于群众的智慧创造、传播信息内容；三是长尾传播，数据管理和RSS技术等加大了去中心化的趋势，互联网大大降低了信息传播成本，将网络延伸到非中心化的内容传播，增加了长尾价值。2005年的6月，美国苹果公司宣布推出添加Podcasting功能的iTunes 4.9，同年，YouTube推出相关视频推荐、视频评论、邮件向好友推荐视频、视频转帖代码等四项功能，正是这些具备 Web 2.0 特征的技术一举改变了播客的命运。在突破了宽带网速和流媒体技术后，BT、P2P等技术实现了传统媒体与网络媒体的对接，网络影像传播不仅改变了被传统媒体垄断的传播渠道，也改变了传播的内容和模式。一方面，技术跨越了由地理和政治圈定的媒体范围，更多的跨国、跨地区的影像内容通过网络被共享。已经具有“公共产品属性”① 的各种信息资源，其中也包括传统电视媒体的内容，以数字影像的模式被大量地复制到网络上，通过网络实现了全球化的传播。另一方面，技术构建的开源共享的网络结构实现了用户增加价值的模式，共享型数据库的构建不同于以往付费数据库和开发源码数据库模式，它使任何用户

---

① 《比特天生就是为了被拷贝》，载《三联生活周刊》2007年10月总第454期。

均能主动地为数据库增添价值，以一种技术结构来取代用户的志愿者精神。① BT、P2P等模式下的网络影像传播不仅集中于对传统媒体内容的复制，而且也为独立制片DV等原创影像提供了自由传播的渠道。从最初Adam Curry自办网站发布播客作品到YouTube、土豆网等分享视频网站逐步简化流媒体技术，共享型数据库与技术简化使越来越多的普通大众加入到视频创作的队伍中。播客的出现不仅继承了P2P渠道自由和共享模式，与博客文字获得的公共话语权相似，原创视频播客也获得了自由渠道发布的权力。在Web 2.0的技术模式下，以视频网站为平台，以个人上传视频为传播内容主体，用户参与式管理成为了播客自媒体的主流传播模式。

三、从音频播客到视频播客的嬗变

2005年上半年，国内个人播客已经初具规模，一些早期的网络电台借播客的东风逐渐形成播客自媒体的雏形，早期的播客以音频形式为主。“反波”于2005年4月16日推出第一期节目《听平客讲段子》，志同道合的平客和飞猪两人不定期地上传节目。曾经有17年电台主持经验的平客担任主播，曾做过记者的博客人飞猪负责音频后期制作。② 两位制作者认为“反波”即是反传统电台，以专业电台的腔调和形式来讽刺传统广播的一些做法，“我们反对的是传统电台里的套话和固有模式，我们还要建设一个迥异于传统广播的新语言”③。“反波”早期的播客内容主要分为音乐、幽默、时评等，其中《反波开播文艺晚会》调侃春节联欢晚会套路，《听平客说段子：厕所》移花接木地讽刺手机运营商的“霸王条款”。在开始后的4个月中，“反波”就拥有了30万的点击量。后期的“反波”延续了音频播客的形式，以每周2~3期节目的速度更新播客，其“人民大会堂”系列以民间记者的身份采访文化名人，“新网络60秒”系列以短小精悍的文章进行时事点评。“反波”成为了音频播客的代表人物，在专业的传媒圈中也有较高的知名度。另一个早期具有代表性的播客是胖大海的“有一说二”。胖大海在播客概念出现之前就已经录制了多个音频、Flash作品，有别于传统电台广播营造的互动性模式，“有一说二”的播客只有作者本人单纯的评论，甚至没有音效、音乐等辅助元素，倡导“最敏感的话题，最辛辣的评论，最鲜明的风格，最独特的视角，最真实的声音”，其评论内容从娱乐新闻、论坛话题到素质教育、乱收费等社会问题无所不包。④ 音频播客以个人电台的形式出现，为数不多的音频播客依托几个播客网站组成了联盟。

---

① 参见Dan Bricklin. *The Cornucopia of the Commons*：*How to Get Volunteer Labor*. www.bricklin.com。

② 参见“反波”，http：//www.antiwave.net。

③ 参见《关于“反波”的思考》，http：//buchimifan.yculblog.com/post.874013.html。

④ 参见“有一说二”，http：//yyse.lifepop.com。

尽管诸多音频播客以犀利的评论闻名，但均未引起较大的社会影响，反而是视频播客的出现，触发了大众对这一新生事物的关注。

2005 年末，胡戈制作的《一个馒头引发的血案》犹如一条导火线引爆了播客视频。该视频以电影《无极》的素材对电影本身进行调侃，因其引发的巨大社会反响和版权法律争议，被认为是中国播客视频的元老。随后各种风格类型迥异多彩的视频播客涌现在网络上。例如后舍男孩对口型演唱的视频播客，凭借其夸张的面部和肢体动作，吸引了众多的观众。而金玉米的“Danwei”播客通过外国人的视角观察中国文化，在 YouTube 上获得高点击率，受到国内外的关注。视频播客无论在类型上还是数量上都远远超越了音频播客，迅速成为了播客的主流形式。早期播客的主要制作者均集中于边缘媒体人，在传播技术和传播技巧上都有一定的专业性，大多沿袭了传统广播电视的传播形式，但在内容选择上更为自由、个人化，许多选题往往是传统媒体不能涉及的边缘话题，语言比传统媒体更趋向于轻松化和口语化，影像表达更具夸张和自由。

四、从独立播客到播客网站的过渡

随着视频播客数量的增多，播客网站逐步取代独立播客成为主流，而独立播客在个人网站之外也借助播客网站进行推广和传播。国外 YouTube 和 Itunes 为大量的个人播客提供了一个卖场式的公共空间，不仅降低了播客制作者的网络技术门槛，同时也减少了收看用户群体的关注成本。播客网站作为播客的中介环节，使视频播客的传播更为便利。目前，国内播客网站有近 500 家，2005 年土豆、优酷、酷 6、我乐网等获得风险投资，在 YouTube 的模式之上加以改进，而偶偶网、Mofile 等在原网站的基础上发展播客模式。2006 年各大门户网站和博客技术服务商也开始将播客作为博客的一部分，提供网络数字空间和技术支持。不同于早期个人播客的原创性，按照播客内容的制作方式分类，播客的内容分为复制型播客和原创型播客。复制型播客通过数字化媒体技术复制传统媒体的音频或视频内容。播客为传统媒体内容的收看收听提供了时间和空间上的自由，改变了传统媒体主导的传播方式，形成了全球范围传统媒体内容的集纳空间和以个人需求为目标的点对点的二次传播。

原创型播客借助播客网站获得更大的发展，从个人精英播客的运作模式向大众共享创作转化。与“反波”、“金玉米”等长期的策划选题连续播放不同，大多数播客作者尚不能维持稳定的更新率，更多地只能参与到新闻事件延伸的群体播客制作中。例如，黄健翔在 2006 年世界杯意大利队与澳大利亚队比赛中解说情绪失控，比赛之后该段解说词迅速被网友改编戏仿为各种版本，从网络论坛中的文字版，到播客的音频、Flash 以及模仿视频。这是国内播客第一次大规模的群体性播客创作，在不同版本的对比中，更加具有创意、制作精良的播客纷纷出现，使“解说门”事件的影响进一步扩大延伸。

早期的精英播客试图构建独立的自媒体机构，成为和传统媒体相似的媒体组织形式，尽管播客可能只有1～2人组成，但从选题、策划到制作、发布，形成了相对完整的媒体组织结构。播客已经形成了一个网络视频的平台，同时兼容并包来自传统媒体和草根原创的视频作品。尽管复制型播客数量上的优势使原创型播客的比例锐减，但在绝对数量和类型上原创型播客借助播客网站的平台有了长足的发展。受到版权收益等限制，目前由网友提供的丰富的复制型视频播客逐渐会在播客网站与传统媒体合作之下变成由传统媒体为主导的一种媒体延伸。作为播客网站的原始生命力量，原创型播客是平民参与媒体和舆论表达的重要渠道，也是播客作为自媒体平台的主要发展方向。

五、播客成为自媒体的典型代表

网络媒体技术的发展，打破了传统媒体对于时间和空间的限制，赋予了普通大众社会舆论表达的工具和渠道，同时也提高了其媒体参与能力。随着博客、播客等网络传播形态社会影响力的逐渐增强，近年来自媒体这一概念被传媒研究者频繁使用。自媒体被认为是新闻媒体发展经历传统媒体和网络新媒体之后的又一种新媒体。根据维基百科的定义，自媒体是私人化、平民化、普泛化、自主化的传播者，以现代化、电子化的手段，向不特定的大多数或者特定的单个人传递规范性及非规范性信息的新媒体的总称。自媒体被认为是“参与式”新闻形式，个体或群体公民积极地参与到新闻和信息的收集、报道、分析、宣传的过程中，参与的目的在于提供满足民主需求的独立的、可信赖的、准确的、大范围的相关信息。① 在实践中，自媒体改变了传统媒体自上而下的方式，而是自下而上的，没有或很少有编辑监督或常规的新闻流程，是在不断发展的或稍纵即逝的同步或分步的讨论中完成。传统媒体的新闻操作是“过滤—发布”式的，而自媒体是“发布—过滤”式的②。自媒体降低了媒体的准入门槛，只要拥有网络，就可能成为新闻的发布者，给予公民个体极大的新闻自由传播权，为全民参与新闻和社会舆论提供了可能。同时，自媒体本身的草根特征决定了其较少受到政治和经济的干扰，这就从内容多样化的角度向传统媒体发出挑战，但传媒大亨吉尔默则乐观地认为自媒体对于传统媒体不仅是一个威胁，还是一个机会，二者可以在探讨与交流中共同创造，教学相长。③

---

① 参见 Shayne Bowman and Chris Willis. *We Media*, p. 9。

② 参见 Clay Shirky. *The Music Business and the Big Flip*. Jan. 21, 2003, Networks, Economics, and Culture Mailing list。

③ 参见 Dan Gillmor. *Journalistic Pivot Points in His Weblog*. eJournal on SiliconValley. com, March 27, 2002. http://www. siliconvalley. com/mld/siliconvalley/business/columnists/dan-gillmor/ejournal/2946748. htm。

无疑，自媒体已经日趋成为一种重要的媒体形式，作为新媒体重要的组成部分与传统媒体共存。自媒体的特性吻合了 Web 2.0 的技术属性，低门槛的编程结构和互动性的交流模式不仅促进了信息的共享，而且促进了自媒体向更广阔和更深入的方向发展。播客在传播渠道和传播方式上沿袭了博客等自媒体的传播特征，但在内容形式上则将其丰富为影像和声音的复合体。与此同时，顺应多项网络技术和网络文化环境的共同发展，播客完成了从一种技术工具成为一种自媒体的媒体形态。一方面，播客以其去中心化的模式及影像数据库的构建与共享，极大地扩展了受众的选择范围，并直接为受众提供了内容选择的自由，使影像成为受众可以随身随时随地观看的文化消费品。另一方面，播客在评论形式上沿袭了博客等互动舆论媒体模式，受众可以用文字的形式自由地对播客作品进行评论，或以链接、转载等形式进行自由传播。例如在 YouTube 上，影像对影像直接评论的形式也已经展开。这是继博客之后，播客成为了又一个舆论直接反馈的媒体传播平台，在播客的传播平台上，受众得到了内容、时空选择的自由，并延续了舆论互动的自由，同时获得了博客等草根舆论平台已经争取到了的社会话语空间的权力，以此使得播客成为自媒体的典型代表。

六、播客成为被监管的媒体平台

2006 年是视频播客网站井喷之年，国内各种规模的网络视频播客网站从 30 多家急速增长到 200 多家，网络视频播客的内容和受众的快速增长吸引着大量的风险投资，整个行业蒸蒸日上。随着 2006 年 10 月 YouTube 被 Google 以 16.5 亿美元收购，网络视频播客的商业价值被市场肯定，国内呈现了土豆网、优酷网、酷 6 网、我乐网等多家播客网站竞争白热化的态势，十几家视频播客网站融资近亿美元，市场的繁荣、自由的竞争，让视频播客网站呈现出前所未有的繁荣景象。在日常庞大的播客影像信息处理中，播客网站专业化的信息筛选和推荐具有与新闻门户网站相似的功能，播客网站主页一般都按照视频内容类型划分不同板块，如政治、娱乐、社会、科技等，由专业编辑每日在最新发布的视频中推介内容。在重大社会事件面前，播客在发动民间影像形成社会舆论方面也发挥了独特的作用。例如 5·12 地震之后，各个视频播客网站均推出了祭奠遇难者的专题，有的以灾难现场和救援人员照片搭配煽情的音乐制作的新闻幻灯片，有的大学、社团组织为遇难者举行烛光悼念，大量草根播客以各种影像形式表达哀思。

鉴于播客日益强势的社会影响力，2007 年 12 月 29 日，国家广播电影电视总局和原信息产业部联合发布《互联网视听节目服务规定》，限定了从事网络视频服务的公司和个人的《许可证》资格，政府监管的力度加大。网络视频播客被纳入了被规范媒体的范畴，成为国家建立和谐社会为目标的舆论平台之一。在视频数量快速发展的同时，大量来自传统媒体的视频内容也使播客网站遭遇了版权危机和知识产权保护的法律限制。与国外网站80%的原创内容不同，国内分享视频网站和点播视频网站大部分为传统媒体的复制内容。土豆网因网友上传的电影《疯狂的石头》成为第一个因版权问题被起诉的播客网站；北京奥运前夕，迅雷公司因非法提供火炬传递视频的播出和下载被央视国际告上法庭；《一个馒头引发的血案》也因其使用电影《无极》中的片段涉嫌版权问题。目前，商业版权成为了网络视频播客发展的一个瓶颈，政府政策的管理和限制也在左右着播客的发展方向。不难看出，播客的未来将在版权规范、政府管理与民间力量等三方博弈的较量中求生存，求发展。

第二节　播客的传播内容及其特性

按照播客内容的制作方式分类，播客分为复制型播客和原创型播客。复制型播客通过数字化媒体技术复制传统媒体的音频、视频内容。而以影像和声音作为主要载体的原创型播客从其发展伊始就试图摆脱传统媒体已成定式的内容传播形式，在一个受到较少限制的空间内无论从信息内容还是在意识形态上都获得自由的表达。作为一种自媒体，播客传播内容与传统媒体比较具有以下特点。

一、草根纪实性传播内容

作为社会的一员，大众成员在许多时候和场合比传统媒体拥有更多的记录现实社会的机会，但受制于传播工具和传播方式，对现实社会的影像记录一直是传统媒体的特权，而传统媒体的特权垄断也造成了社会舆论的不平衡。昆士兰科技大学新闻系奈特教授认为，新媒体的崛起正是因为许多人对传统媒体越来越不满，把新媒体视为消除传统媒体弊病的解药。① 由于传统新闻媒体中大量摆拍的社会影像破坏了纪实的真实性，播客影像成为了公众对传统媒体影像统治发起挑战的锐利武器，不仅仅在突发事件上表现出比传统媒体更强的信息采集能力，而且在日常生活中不断地发现传统媒体无法关注到的社会痛疾。例如伦敦地铁爆炸时手机拍摄的镜头成为大众媒体报道的重要素材，《巴士大叔》中香港公车上一中年男子大声讲电话被指责后，痛说对社会的不满，“你有压力，我有压力”迅速成为社会流行语。又如在《南方都市报》评选的2007年十大视频中，海淀艺校学生上课侮辱老师、高速公路上多辆马六围攻悍马、监控摄像钱军殴打老人，三个视频均是来自直接记录现场的播客作品。除了草根纪实性的内容，大量民间播客作品不乏由一定视频创作经验的专业或半专业人士完成的，包括纪录片DV作品、实

① 洪艺菁:《人人是记者?》，见 http://blog. voc. com. cn/sp1/mindahong/070306335427. shtml。

验创作以及故事性强的微型数字电影等，这些播客在技术、内容和形式上均十分成熟，其创作主流人群是大学校园内的社团组织，或某地区的网络论坛的成员。如大学生DV作品《离骚》、《慕遥东南飞》，王小峰创作的《十面埋伏》，宁波某网络论坛作品《小城鸟事》等，由于受到管理机构的监控较少，在话题选择、记录手法、内容表达上都具有大胆创新的表现。此类播客大多为群体创作的产物，其选题大多与创作者的日常生活有关，虽然与常规电影的创作具有相似的流程，但相比之下，资金投入的匮乏和无法获得电影许可证的困境使这些作品只能通过网络播客平台发布。创作者的半专业化、艺术创作型播客的高投入和网络传播的低收益使其难以保持长期的制作与更新，往往在一个作品成功后难以为继。内容和制作上相对的高门槛使这类作品每当出现均能成为网络的亮点，但在数量上始终不会成为播客的主流。但草根纪实性播客影像不但弥补了传统媒体影像因宣传效果和主流媒体意识造成的真实性的缺失，而且它以草根视角反映传统媒体所无法触及的社会现象，从而成为真实反映社会现实的新媒体形态。

二、突发事件的第一现场

在突发事件面前，传统媒体往往凭借抢新闻、当事人采访、多角度的专题策划，为公众尽量还原一个现场的全貌，但在许多时候，第一现场影像图片的缺失依旧成为传统媒体的盲点和新闻从业者的遗憾。2005年伦敦地铁发生爆炸，案发现场市民拍摄的图片和一段手机拍摄的视频，成为现场唯一的影像信息，尽管这段视频在清晰度和拍摄水平上无法以专业水准衡量，但现场感和丰富的信息含量仍然使它成为传统媒体新闻的第一影像。在随后的数次突发灾难、社会事件面前，来自民间的播客影像比传统媒体记者更为及时也更为近距离地记录下第一现场，成为重要的社会影像资料和还原现场的唯一依据。对比在2008年四川大地震期间传统媒体和播客的现场影像，传统媒体的影像被中央电视台和四川当地电视台垄断，记者在地震发生后迅速赶往前线，用镜头记录下抗震救灾中一幕幕感人的画面。尤其是在多次从废墟中救出被困多日的群众画面，纪实性的画面与煽情的音乐、动情的解说、慢动作的镜头相结合，表达了生命的毅力和坚持，感动并振奋着观众。但成都某高校一大学生手机自拍的播客影像不仅比传统媒体传播得要早，而且现场感更强，影响力更大。该段视频共1分50秒，可以明显看到拍摄地点在男生宿舍中，拍摄者躲在桌子下面，镜头中是躲在对面桌下的同学，从不断从桌上、床上掉落的书本、水杯等物品上可以感受到强烈的震感。约20秒后地震稍微停止，拍摄者对面的同学想从桌下钻出来，拍摄者大喊“不急不急，我们在六楼”，随后镜头继续晃动。视频末尾，还可听到拍摄者口述：“我们的大楼还在摇晃，绝对的真实。”由于建筑物牢固，这段视频的拍摄者没有经历房倒屋塌被困受伤的可怕情境，甚至对面同学躲在桌下一边避震一边穿鞋，没有显示出过度慌张的神情。这段播客视频没有传统媒体所擅用的煽情手段和深度剖析，但拍摄者简要的口述和影像介绍了事件现场的 When（地震进行时）、Where（宿舍六楼）、Who（学生）、What（发生地震）、How（地震剧烈，物品掉落，但没有发生人员伤亡建筑物倒塌）这五个新闻要点。它是传统媒体中鲜见的地震中的现场影像，成为了人们通过地震数据还原现场之外最直观的视觉震撼。另外，播客还能记录大量传统媒体人在现场却因种种原因无法对外公布发表的影像内容，传统媒体垄断的领域因播客的出现被打开了突破口。例如 2008 年初，在央视体育频道改版为奥运频道的新闻发布会上，奥运频道著名主持人的妻子突然大闹会场，在众多媒体记者面前自爆家中丑闻。这场新闻发布会非现场直播，与会记者也均被禁止对外发布有关的照片和影像。如果没有播客的存在，此事将在传统媒体的掩饰下成为坊间的流言蜚语，这个“传闻”或许永远无法被揭开真相的面纱。但由在场人士手机录下的现场视频迅速被发到各大播客传播平台，全国乃至全世界的网民都在第一时间看到了这场丑闻的转播。尽管这段视频在一天之内被从各大网站的头条及推荐位置撤下，三天之内各视频网站被要求完全删除该视频，但其曾经的存在和被广泛观看的事实却无法改变，播客超越了传统媒体，使广大受众获得了第一现场的新闻事实。

三、娱乐化的表现风格

如果将传统媒体比喻为五星级饭店的盛筵，播客则是市井的大排档。虽然播客无法与传统媒体比拼装潢（传播渠道）、菜色（内容信息）、服务（媒体制作），却有草根中散发的独特的幽默和亲切，家常便饭宾主尽欢。播客作为消费社会的后生晚辈，从出生之日起就清楚自己在媒体中的身份定位。播客不是教化民众的官方喉舌，不必端庄地摆出旧时教书先生的一脸威严，播客亦不是精密仪器下的试验品，无须保持科学严谨的学术姿态。播客的出现就带有消费社会商品的属性，以大众闲暇时间的关注作为商品交换，满足大众的视觉消费快感。与博客文字的表现方式相比，播客表现力和感官冲击的加强则伴随着深度剖析能力的减弱，而对公共领域中的娱乐、体育信息的加工和青睐明显高于对政治、经济、科技信息的关注。在私人领域中，播客所提供的更为动态和多媒体的呈现方式，也激发了个体的直接表现欲和戏剧张力。无论在公共领域还是私人领域，播客都有意识地将内容加工为娱乐的风格来呈现，因此娱乐性成为了播客不可或缺的构成元素。由于网络为大众提供了一个无门槛的自由表现的空间，所以每个人都可能以博客、播客等自媒体为展示窗口而获得社会的关注。

实际上，网络的发展一直在为大众提供个性表达的平台，从早期的网络歌手到博客，人们通过网络的不同平台来获得天性的解放。在已经进入稳定发展的博客群体中，大量用户将博客作为互动交流的工具，而尚处于发展期的播客制作者，更多地期望以播客作为个人面向大众的表演平台。由于播客的主流人群大都是 80 后或 90 后乐于彰显个性的低龄大众，他们通过对传统媒体经典内容的再演绎及对成功播客的模仿获得了人们的关注。播客为社会提供了一个开放的互动娱乐空间、自由的个性张扬表达的平台，一些播客制作者也通过此渠道获得了大众的关注。例如后舍男孩，由广州的两个大学生组合通过摄像头录制对口型唱歌，原唱音乐为背景音，搭配夸张搞怪的表情，迅速走红并签约成为职业艺人。一些个人录制的幽默短片也通过网络广泛传播，例如一则小猫打瞌睡的播客视频在各大视频网站上都有百万人次以上的观看流量。曾在博客伊始大红大紫的木子美，也试图借播客的东风，2005 年末曾上传一段性爱音频，但显然未能收到如博客时代一样的网络盛名。不能排除网络几年间的发展已经让曾经的网络红人变旧人，不能再引发网友的热捧，但更为重要的是，不能忽视由于播客影音和博客文字表达方式的差异带来的影响。文字和图片的表达为大众预留了宽广的想象空间，而播客的表达方式则是一针见血的娱乐，以丰富的视觉和听觉符号替代受众的个人体验，因此博客中常见的隐晦暗示的比喻描述等文字游戏在播客环境中显得乏力，视觉听觉等直观刺激成为播客中的主流表达方式。但目前大量的播客视频还停留在自拍、宠物录像、风景记录等较低层面的内容，具有戏剧张力或新闻价值的内容有限。为了突破这些局限，已经有人开始利用播客设置话题进行辩论，这样的尝试虽然还没有引起社会的广泛关注，但也为播客发展提供了一种新的思路。

四、偏激的表达方式

安迪沃霍尔在 20 世纪 70 年代就有先见性地描绘了当代网络的一个共识：“每个人都能成名 15 分钟。”能承载海量信息的网络为每个传播者提供了相同的机会，但也同样残酷地警告每个传播者不能在第一时间抓住受众的目光，其传播效果就几近为零。网络信息消费模式一方面迫使“标题党”、“图片当道”成为抓住受众的杀手锏；另一方面，对比传统媒体，网络内容偏向浅显直观的同时，其表达方式亦愈发激进主观。在早期少量的播客中一些精英化的栏目能够脱颖而出，如“反波”借助其反传统的媒体采访、“金玉米”凭借老外看中国的独特视角，定期地以某一主题采访制作音频或视频，其民间记者的身份已经逐渐获得了网络及主流媒体的认同。而在播客数量激增的今日，播客表达观点无不选择与传统新闻观的客观公正背道而驰的表达方式，包装个人观点，以获得更多的关注。一些播客将话题指向具有争议性的非主流的话题，借助传统媒体不会设计尖锐刺激的话题来表达对社会现实的反思。如《80 年代荷尔蒙》以纪录片的形式对多位 80 年代出生的青年人，针对与性有关的多个问题进行采访，很多被访者的答案在尺度上大大超越了传统媒体的限度。性的话题在我国一直是传统媒体上避重就轻的部分，这部网络纪录片选择了 80 后这一初步社会定型的群体来破解这一话题，以大量的口述实例来突破常规的媒体禁忌。尽管这部纪录片所选择的被访者的性开放程度并不能完整地呈现整个社会的客观真实，被放大的局部却着实辛辣而吸引眼球，甚至有哗众取宠之嫌。而在大量的播客中，观点的表达往往表现出刻意的激进和独辟蹊径，其评论承袭了论坛文字的特色，点评犀利，用词刻薄，不乏辱骂性的词汇，针对一些社会的负面现象，利用一些激烈的文字和语气激起受众的情绪共鸣。由于很多观点过度偏激，甚至对主题偷换概念，也导致了迄今为止播客评论一直停留在一个不高的水平上。

播客在表达上呈现出的另一个重要特点是其主观性。由于播客仅仅代表制作者个人的意见，没有社会舆论引导和商业取向的负担，其观点具有极强的个人色彩，同时也导致了科学性和客观性的减损。如《自由米影评》中，对新近上映的电影进行评述，作者喜爱的就尽情吹捧，不喜欢的则刻意贬损，毫不留情，更在节目末尾设立了一个“自由米分级”：全价票观看、半价票观看、买正版盘、买盗版盘、买海盗版。这样的评价模式在传统媒体闻所未闻，它直观地表达了个人的喜好和评价，却意外地在网民中获得了欢迎。另外，一些具有品牌意识的播客，模仿传统媒体栏目的形式，设置栏目程序，每期不同主题，定期发布更新。在形式上对传统媒体的模仿并未限制在内容上对传统媒体的颠覆。而众多播客定期发布对时事的评论，拥有较为稳定的受众群，形成了稳固的自媒体形态，成为传统广播电视媒体的有力竞争者。播客自由言论的呈现使其可以在一定领域内扮演舆论领袖的角色，同传统媒体相似的是，两者都扮演代表受众信息分类和整合的角色，将大众从海量的信息中解放出来，可以更有效率地获得信息和评论。不同的是播客评论强烈的个人色彩不仅取代了传统媒体隐含的政治灌输，唤醒了人们被传统媒体和市场压抑的观点，而且照亮了传统媒体在大众话语空间里的盲点。

第三节　从大众媒体到公民时代的影像

公共领域这个概念源自古希腊雅典时代，其理念强调公民每日可以任意在市集上自由地发表言论并参与公共事务的讨论。公共领域是公共意见实现的空间，在这个空间中无数的观点同时出现，并在交流过程中产生一种共同的观念。网络的发展促进了信息的全球化传播，个体选择权和知情权的加强促进了个人参与公共意见的意愿和可能，网络的发展推动着社会民主的进步。但绝大多数个人都缺乏表达个人观点的平台，或以匿名的形式存在于网络世界中，个体的声音始终淹没在传统媒体的声音下。

一、从匿民的狂欢到公民的智慧

多年前勒庞在《乌合之众》中描绘的大众心理状况成为了新媒体网络大众匿名状态的缩影。勒庞认为，在集体潜意识的作用下，群众心理上会产生本质性的改变，经常在无约束时表现出一种随意性和破坏冲动，“群体在智力上总是低于孤立的个人，从情感及其激起的行动这个角度看，群体可以比个人行为表现得更好或更差”①。赛奇在《群氓时代》中也认为勒庞预言了网络文化的一个侧面“在社会环境中，人类群体的水准降到了其最差成员的层面”②。他们预言了网络时代大众文化的侧面，从众、匿名的网络暴民通过新媒体网络平台恶言暴施屡见不鲜。新媒体中网络大众无疑是一个缺乏约束的匿名群体，他们具有群体的鲜明特征：冲动易变、易受暗示和轻信、情绪夸张而单纯。勒庞所归纳的群体意见的直接原因印证了网络论坛等新媒体平台群体意见形成的刺激因素：一是利用形象、词语、套话激活群体的想象力，论坛中标志性的词语、煽动性的段落所构成的不明确的含义反而以强大的力量鼓舞新媒体下的群体。二是依靠经验，尤其是负面的社会经验，少数人的经验构成了多数人的社会经验的想象，共同的经验促成了群体意见的快速形成。三是非理性。“群体是不受推理影响的，他们只能理解那些拼凑起来的观念”③，匿名的状态使个体不直接受到社会舆论的制约，群体狂欢的非理性特征在新媒体中被进一步放大。在过去的几年里，一连串的网络事件中群体对个体的语言暴力已经使社会对网络言论形成了偏激、非理性的印象，而随着 Web 2.0 生存环境的改变，网络个体的社会实体化趋势加强，“人肉搜索引擎”的出现使群体匿名的狂欢向“网络暴民”进一步升级。

但是，从另一方面看，如果网民仅仅是乌合之众，网络早已在爆炸式的信息中沦为语言暴力的刑场或直接导致瘫痪。在 Web 2.0 的影响下，大众拥有了更多创造媒体内容的权力，群众的智慧在技术结构转型和自媒体环境之中被激发。这些来自群众的智慧和意见具有以下普遍的特点：一是多样性。每个人都有自己的信息，不管它有多怪，多样性可以相互抵消彼此判断中的谬误，并增加正确咨询的选项。在封闭的群体中，个体往往受到从众的压力而放弃提出自己相信的结论，进而导致观点的偏激，而和谐的团队能够开放个体的心智，集众人之所长。二是独立性。每个人的观点不受他人的影响，观点的独立防范了一群人的错误观点之间的关联，减少了群体错误发生的机会，也为多样性提供了可能。三是分权化。每个人都有自己的领域，而在决策时有一种有效的渠道或机制把意见集合起来。分权化保证了群体意见的综合性的全面，避免了权威意见对个体意见的压制或忽略。四是统合性。群体行为潜意识的无意识形成了自然的概率分配，统

① （法）古斯塔夫·勒庞：《乌合之众：大众心理研究》，冯克利译，中央编译出版社 2004 年版，第 91 页。

② （法）赛奇·莫斯科维奇：《群氓时代》，许列民、薛丹云、李继红译，江苏人民出版社 2003 年版，第 99 页。

③ （法）古斯塔夫·勒庞：《乌合之众：大众心理研究》，冯克利译，中央编译出版社 2004 年版，第 91 页。

合来自对他人反应的猜测、共同经验、文化、习俗等。公平与信任的统合机制将群体利益提升到最高，降低不必要的损失和成本。①

相比网络新媒体中的论坛等封闭的群体环境，自媒体群体环境建立在独立、分散的以个人为单位经由平台聚合开放的群体之上，比较两者的信息传播模式，自媒体改变了新媒体群体的言论生成模式，尊重个体的存在和个性的发展，从匿名的群体发展到公民的个体。新媒体个体信息的处理不断受到群体的影响，个体的言论融入群体滚动的信息中，最终形成的是群体的意见而非个体的意见；自媒体个体的言论内容尽管也会参考已经存在的群体意见，但在其内容生产的过程中不易受到群体的干扰，保持了信息的多样性和独立性。在新媒体中，一个议题往往被一个或几个舆论领袖所引导，快速形成一个主流观点独大或有限观点的对峙，个体的观点被打压或陷入沉默的螺旋，多数网民用"RE"、"SP"、"顶"附和或以"潜水"的形式旁观而不参与；自媒体平台化的运营模式分离了个体内容生产和传播的过程，实现了群体观点的分权，为每一个个体提供了舆论空间。新媒体中参与观点形成的讨论群体只占网络群体的一小部分，其只能代表部分网民偏激的观点却成为整个网络群体的意见；自媒体群体自觉形成的点击、浏览构成了群体关注倾向，形成了更为科学的市场调查式的统合，以点击率为参考形成的群体意见的代表也成为比传统媒体一家独大的官方观点而更具有社会指导性的意见。群众的智慧在网络中取代了大众的狂欢，成为了新的网络特征和网络发展的必然力量。在特定的环境中，群体的智慧要超越最聪明的人，具有舆论渠道和群众智慧的群体对社会公共言论有良性的引导作用，从而更好地行使公民的权利，推动社会民主的发展。

二、公民意志的传播——播客与传统媒体的互动关系

播客、博客等自媒体在私人领域和网络公共领域实现了公民言论的自由，实现了网络民主。但如果大众不能在社会公共领域具有言论自由的权利，不能由大众把握公共舆论的导向，民主社会依然是纸上谈兵。尽管草根播客在内容上和形式上是逆传统媒体而行，以革命者的姿态对传统媒体进行解构，并重建个人化的网络舆论空间。但就现阶段网络媒体和传统媒体并行发展的趋势，独立于传统媒体存在的网络媒体覆盖面不够宽广，不能涵盖社会主流大众，网络自媒体尚处于发展的初期，还不能肩负起引领社会舆论的重任。播客与传统媒体是对立也是共生的，播客在讽刺改造传统媒体影像的同时，也借助传统媒体对公民意志进行更广泛的传播。

① 参见（美）詹姆斯·索罗维基：《群众的智慧》，杨玉龄译，远流出版事业股份有限公司2005年版。

（一）播客对传统媒体的反馈

自媒体作为大众通过网络平台表达观点的媒体平台，其内容与传统媒体紧密相关，对传统媒体内容的评论、探究、再生产是自媒体内容的重要组成部分。从传统媒体的角度看，播客、博客生产的内容是对传统媒体的反馈。媒体的丰富也使不同年龄阶段、不同社会阶层和教育背景的大众群体形成了有区别的媒体使用倾向。相比于读者来信、收视率等来自传统媒体本身的反馈指标，自媒体的反馈代表了倾向于网络表达的大众观点和倾向。播客的媒体反馈分为个人化反馈和群体性反馈。

1. 个人化反馈。播客是建立在个体独立的私人影像空间的媒体形式，它集中了大量的个人对传统媒体的影音反馈内容，形成了观点独立、多样化的民意平台。个人对传统媒体内容的深度思考通过播客的平台重新引发了大众的思考，是网络民意再次聚集并深化的过程。例如黄健翔“解说门”事件，网络个体对媒体内容的解读和再加工使其构成了一种网络语言，引发了大众新的兴趣点，大众对其理解从一次解说事故到对主流媒体主持人职业素养和语言个性的探讨，网络的反馈加深了社会大众对这一事件的思考。播客个人化的媒体反馈表现出以下特点：其一，专业化。传统媒体受到人工成本等考量，记者的专业化程度受到限制，媒体对问题探索的深度和广度也因此有所局限，而网络中的个体只要对某一微小的问题有深入的了解就能成为这一领域中的专家。其二，个性化。媒体观点秉承客观公正性，但绝大部分媒体受到政治商业因素和评论员社会背景的影响，观点都会有一定的倾向性，而网络个体的评论反馈不受群体的拘束，更直观地反映了个体的主观观点。尽管个性化的观点与社会化观点有所冲突，但对观点多样化的维护保证了社会言论的民主。其三，非主流化。网络人群年龄层偏低，大部分尚未进入社会的主流人群，不能直接对社会政治经济观点作出引导和影响，个人播客的媒体反馈是对媒体社会全面图景的补充和完善。

2. 群体性反馈。播客是自媒体的主要媒体形式，也是电视、电影、广播等传统媒体的网络延伸。不受时间、地点、环境的限制，在具有广泛选择性的播客影音面前，大众的选择更为鲜明地表达了个体倾向的集合。视频的点击率和部分播客平台提供的网民推荐率（如土豆网的定制视频功能，网民可通过此功能表达对视频的喜好）成为硬性的数字指标，显示了大量网民对某一视频的推荐，同时也反映了网民群体对某一社会事件的关注度。例如，一般情况下新闻联播的视频内容很少出现在播客中，而在重大事件发生时却经常成为当日的热门视频，如陈良宇案、四川汶川地震期间每日遇难人数、三鹿奶粉事件质检报告等视频在各大视频网站均有几十万的点击次数。日常新闻与焦点新闻在播客中冷热对比鲜明，是网络大众对传统媒体内容信息的选择性延伸和关注度集中化的直接反映，同时也体现了群体智慧统合的力量和民意的趋向。

（二）播客对传统媒体的反馈模式

在博客领域中，尚且存在社会精英的参与，而在播客的发展中，虽然草根阶层的力量日渐壮大，但主流社会精英大多拒绝进入播客领域。因此以播客作个人化反馈在网络信息海洋中如同沧海中的一叶扁舟，在传统媒体强大的信息面前个体的反馈是势单力薄的，也缺乏社会群体性的影响价值。播客对传统媒体的反馈模式（见图 11－1）必须通过平台化的传播，并在自媒体群中担任意见领袖的角色。自媒体群包括网络论坛、博客群、门户网站新闻专题等。只有这些能够形成、汇集网络群体意见的公共平台，才能形成自媒体群体的力量从而对传统媒体进行反馈。

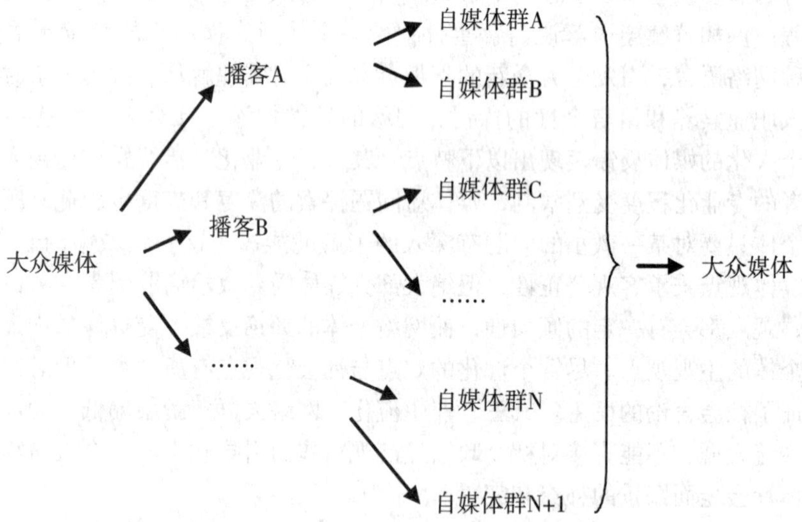

图 11－1　播客对传统媒体的反馈模式

（三）传统媒体对播客内容的二次传播

不是每一段播客视频音频都能进入传统媒体的范畴，也不是每一个自媒体事件都会获得传统媒体的关注，更多的自媒体内容仅仅在网络中传播而无法进入公共视野。在自媒体兴盛早期，一些社会精英的自媒体成为传统媒体重要的信息来源。随着自媒体信息的丰富，自媒体内容在网络中传播的周期逐渐缩短，由于自媒体的内容良莠不齐，其直接在传统媒体上传播的可能性越来越低。于是播客自媒体信息融入传统媒体往往以进阶的形式进入。

1. 跨越传统媒体的屏障。个人化的播客首先通过点对点的传播进入自媒体群的范畴。在这一领域中，播客如同清晨的菜市场，没有舆论领袖的存在，也没有任何传播的束缚，播客自觉地接受网民的讨论和审视，在网民不断增加的点击率和附加观点中进入更广泛的传播。那些缺乏关注度的自媒体内容在传播伊始就被无情地淘汰，或许永远沉睡在播客的数据库中。而拥有高点击率的自媒体内容无论其附加的评论是正面的还是负面的，都将其推向了群体讨论的中心，成为自媒体群关注的焦点。播客作为自媒体的一部分，是传统媒体民间信息的重要来源，播客的聚合行为所构成的社会行为成为传统媒体的新关注点，而传统媒体的新闻价值和社会观念成为了自媒体信息进入社会公众视野的一道屏障。高关注度的自媒体信息及其附加的自媒体群的观点和行为，一旦符合传统媒体传播观念，就会迅速地进入大众的视野，借由传统媒体的传播渠道到达更为广泛的人群，其关注度就会直线上升，成为社会公共话题（见图 11－2）。反之，不符合传统媒体观念的内容就会在网络媒体中完成其传播过程，随着时间的推移和新鲜内容的冲击，其关注度下降并退出网络大众的视野。

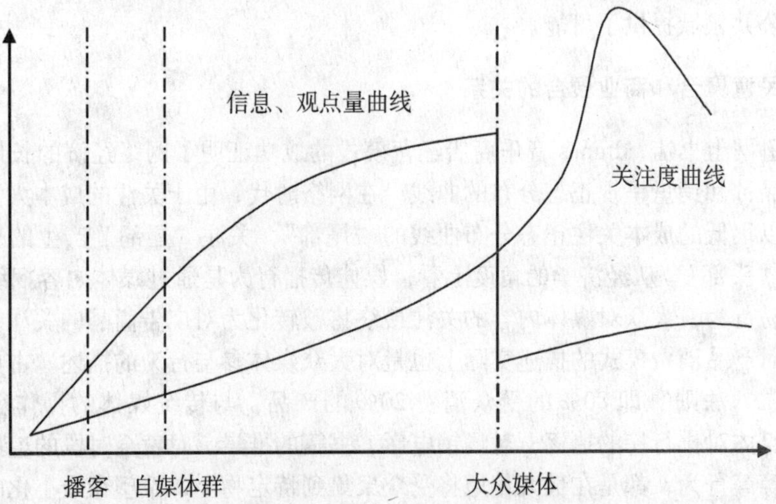

图 11－2 播客进入传统媒体关注度曲线图

2. 传统媒体接纳的转折点。播客自媒体内容在传统媒体的二次传播与其在网络空间中的传播相比，在关注度和信息含量上都有鲜明的差距，出现了明显的转折点（见图 11－2）。草根媒体的研究者丹·吉尔莫提出的自媒体的“新闻四项基本原则”：全面（Thoroughness）、准确（Accuracy）、公正（Fairness）、透明（Transparency），挑战了新闻传统观点的客观性。由于自媒体是参与式的媒体，“全面”意味着公众的全面参与、对事实的补充；“准确”即在对真相的报道中向公众直接说明自媒体人的已知和未知，通过群体的智慧获得更靠近事实的准确；“公正”代表听取他人的反驳和反馈，将公众的观点融入到自己的观点中；“透明”代表保持信息源的公开和对自我偏见的挑战。自媒体的新闻原则尽管在操作实践中还处于集体的探索之中，但自媒体群的参与性使自媒体个体在无形中自我和监督他人践行此原则。从个人的播客自媒体到自媒体群的传播过程中，信息和观点不断增多，不断通过彼此的沟通交融、修正，构成多角度丰富的信息和群体化的多样性观点。而进入传统媒体的过程必然受到传统媒体观点和专业从业人员的影响，信息被筛选，观点被审查。与自媒体群中无限制参与讨论的壮观景象不同，进入传统媒体的自媒体内容和群体行为只能占有报纸社会版的角落或电视新闻几秒钟的概括，其信息和观点数量骤降，被凝结为能够体现网络色彩又不违背传统媒体观点的只言片语呈现在大众面前。传统媒体对自媒体的有限关注，对网络信息、观点的浓缩和社会化的调整与重新定位，无疑是对网络多样性的负面影响。但传统媒体的传播途径是自媒体内容获得了更大范围的传播，使个人化的观点在社会公共领域有了一席之地，为个人参与社会公共领域提供了可能。

三、民意聚合和商业聚合的关系

亚马逊网上书店、Itunes 音乐商店经营模式的成功证明了网络经济的长尾理论。长尾描绘了品种和销量呈现正态分布的曲线，在网络时代，由于关注的成本大大降低，人们有可能以很低的成本关注正态分布曲线的“尾部”，关注“尾部”产生的总体效益甚至会超过“头部”。从经济学的角度上看，媒体传播行为是通过媒体内容捆绑贩卖广告关注的交易行为，大众对媒体内容的关注最终将被转化为对广告商品的关注，因此这一经济学中对产品消费模式的描述实际上也是对大众媒体参与行为的描述。古典经济学所描绘的“二八法则”即 80% 的受众消费 20% 的产品，与传统媒体的操作行为紧密吻合。传统媒体对排行榜的追逐，对畅销电影、书籍的推崇，对黄金时段的追捧，紧随流行热门，等等行为，都是在最大化地将受众聚集到特定物上，希望在最小化的时间段落中获得更高的关注和收益。克里斯·安德森简明扼要地提出长尾市场形成的两个关键：提供所有商品和帮我找到它①。传统媒体由于受到边际成本降低的经济束缚，会将长尾的后半段直接割掉，因此每年各大电影节上展映的千余部影片，最终电影院线只愿播放明星云集的几部电影。而网络实现了货架的无限扩大和库存成本降低，对比大型超市和网络商城、DVD 租赁店和播客网站，网络平台实现了对小的供应商的最大集成。网络搜索模式帮助用户找到所需要的产品或同类人群关注的产品，关注成本的降低，将大众

---

① （美）克里斯·安德森：《长尾理论》，乔江涛译，中信出版社 2006 年版，第 207 页。

文化与小众文化相融合，使大量弥散在长尾尾部的冷门产品打破了热门产品统领市场的专制时代。亚马逊网上书店、Itunes 音乐商店、ebay 等经营者将实体产品和网络商业模式相结合，都是长尾理论的最早受益者。Web 2.0 时代的后起之秀 Wiki、豆瓣、博客、播客服务商无论是否具有公益性质，它们都在网络产品的生产中寻求赢利模式。内容的丰富和关注成本的降低使网络大众可以对某一个人的个体行为表达兴趣，这种兴趣的培养实际上也是一种闲暇时间的消费，观看时间和点击率变相地成为了网络服务商广告销售的重要指标。

如果说传统媒体在引导舆论，那么网络媒体无疑是在聚合舆论。从表面上看，一段播客视频的点击率直接反映了受众的关注度，由此引发的论坛中的讨论是真实民意的聚合。大众通过网络自觉地搜索和推荐形成了“事后过滤器”，“鉴别特定兴趣领域内已经存在的东西，突出那些精华，压制甚至忽略那些糟粕”。①而在播客传播过程中，播客运营商商业模式的介入，首页和推荐位置的关注会直接影响一段视频的关注程度，这一“事后过滤器”的介入减轻了长尾后部强烈的信号噪音比对受众的影响，但同时也影响了长尾后部产品的价值。在图 11－3 中，随着长尾尾部向后延伸，信号噪音比越来越低，唯有在过滤器越来越强大的情况下，信号的能量才能保持不变。② 当信号噪音比到达消费者接受下限以下，则一般的消费者很难获得此类信息，而当消费者的下限超越必要的过滤能力，一般的消费者均可容易接收到此类信息。对比长尾中的过滤能力，A 点右侧只有具有专业的个别受众能够到达，即小群体中的舆论领袖，在长尾尾部大量的视频中，最初传播者具有极强的信息选择和过滤能力。A 点到 B 点之间是网络媒体的筛选和推荐区域，从具有一定点击量和关注度的网络视频中选择代表网站商业或媒体观点，以网站首页或推荐位的形式影响受众，使视频获得更广范围的传播。播客运营服务商发挥“事后过滤器”的功能，提高了视频内容的信号噪音比，使更多的受众可以更容易地获得信息。B 点左侧则是古典经济学正态曲线的“头部”，是属于传统媒体向 80% 的受众提供的在网络和现实社会均具有影响力的内容，只是在播客等网络产品中这样的比例比 20% 少得多。借助传统媒体成熟的平台，“头部”的播客视频直接进入大众空间，多样化的平台和经过重重过滤筛选推荐的内容成为商业推荐的主流内容，甚至成为公共领域内的潮流和热门。商业媒体和传统媒体在长尾模式下，都从“守门员”的角色过渡到顾问的角色，从小范围的舆论领导者到网络商业媒体再到传统媒体，这样一级一级向上传递，信息数量与达到受众数量则成反比增长。

---

① （美）克里斯·安德森：《长尾理论》，乔江涛译，中信出版社 2006 年版，第 105 页。
② 同上书，第 100 页。

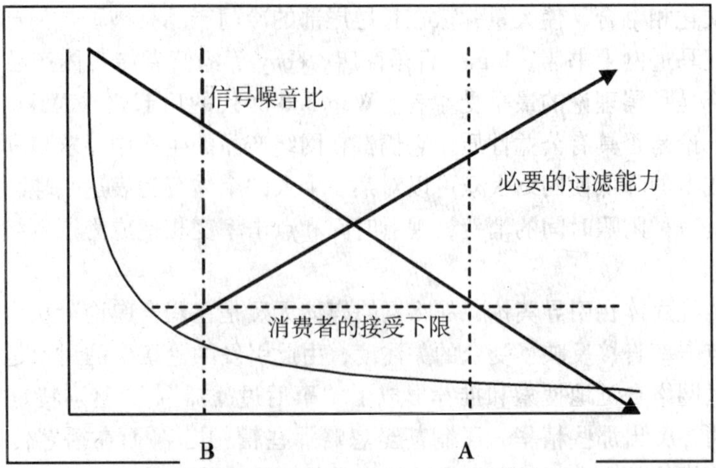

图 11－3 “事后过滤器”功能示意图

播客平台的商业媒体管理模式为播客本身提供了一个可以实现公平的传播平台。但播客网站作为商业性媒体，必须考虑自身的赢利模式，在遵循民意的基础上，由于对商业利益的追逐、对 PV/UV 值的追求、与生产者的分成赢利模式等影响，播客的选择性推荐会具有一定的倾向性。长尾模式的成功案例都依赖于大众的参与和市场无形之手的操控，相信尾部千万种商品中每种的销售率都能超过头部集中的少量商品。而国内的播客运营服务商却始终保有传统媒体的色彩，将首页和推荐位视为有限的货架，遵循古典经济的货架理论，希望在更好的推荐位获得更高的点击收益。对比国内外几个著名的具有分享视频功能的播客平台首页媒体推荐位和长尾推荐位的数量（见表 11－1），

表 11－1 国内外著名播客平台首页媒体推荐位和长尾推荐位数量与首页分布空间比例

	媒体推荐位	长尾推荐位	空间比例
YouTube	16	37	1:3
Metacafe	15	45	1:3
Myspace	5	5	1:2
ravelistic	5	10	2:1
土豆网	28	27	2:1
酷 6 网	59	140	2:1
优酷网	42	20	15:1
六间房	47	24	3:1

从两种推荐位和首页分布空间比例分析看，国外的分享类网站在网页上倾向于提供一定时间内高点击率视频，为更多的受众推荐被其他受众关注的内容，起到“事后过滤器”的作用。而国内的分享类网站更倾向于编辑推荐视频，预设会引发受众关注的内容，依然是传统媒体“事前过滤器”的功用。

商业媒体对播客的引导还表现为推荐内容的主流集中化、软广告化和软色情化倾向。其一，主流集中化。一旦某一视频在网络中引起广泛关注，在各个视频网站上都能找到多段该视频的转载，在多个播客平台的首页上也能找到相似的推荐，同质化严重，播客平台对点击量和网络热门的追捧促成了一些网络事件的激化。其二，软广告化。媒体的发展已经使广告从单纯的商业宣传发展为一种艺术表现形式，将与广告商有关的内容作为分享视频发布，并在相关位置推荐，成为了一种变相的广告行为。其三，软色情化。播客平台推荐的视频内容包含大量边缘化的色情内容，或在标题中使用辛辣刺激的文辞，以低劣手法刺激点击率的增长。不难看出，推荐的倾向性会对播客民意聚合的本质形成干扰，当播客平台越发地成为社会性的媒体，播客平台上所呈现的内容就越发与大众媒体的20%产品相迎合，而长尾的价值也在聚合的过程中被埋没或衰减。

四、民意多样化与监管自律的关系

播客等平台运营商以商业公司的形式进入互联网，以市场运作的原则发展，发挥网络长尾经济的优势，形成了个人化的影音交流平台，其后台也逐步构成了草根影像的数据库。但由于其参与影像内容的传播，具有媒体性质，其内容运作受到国家新闻管理机构和网络信息管理机构的监管。播客分享视频将已经在互联网中出现的视频传播普及化、草根化，因此自创建以来就受到相关网络视频管理条例的约束，而随着播客成为一种社会普及的网络媒体形式，形成越来越大的社会影响力，国家监管部门对其实施的约束及其作为运营服务商自行承担的职责和义务也逐渐加大。早在2004年7月，广电总局颁发《互联网等信息网络传播视听节目管理办法》（即“39号令”），对包括互联网、手机、电视等不同终端在内的视频内容给予了诸多规定。“39号令”明文规定：“从事信息网络传播视听节目业务，应取得《信息网络传播视听节目许可证》。”并根据业务类别、接收终端、传输网络等项目分类核发《许可证》，互联网企业得到的《许可证》数量并不多。由于“39号令”主要针对传统媒体生产的视频内容的网络传播，并未对之后发展的草根视频实行明确的管理。只是在第十七条规定，有影视剧情节的网络短片，因其存在“向公众传播”的目的，同样需要获得广电总局颁发的相关许可证。

在实际运作中，草根播客在分享视频平台的传播一直行走在政府监管的边缘。2007年12月29日，国家广播电影电视总局和原信息产业部联合发布《互联网视听节目服务规定》（以下简称《规定》），使正在积极融资的视频网站在2008年的新春时节遭遇倒春寒。《规定》中第七条“未按照本规定取得广播电影电视主管部门颁发的《许可证》或履行备案手续，任何单位和个人不得从事互联网视听节目服务”，明确限定了个人和单位从事视频生产的权利，无法取得《许可证》的个人播客必须经由第三方视频分享网站等视频服务商进行发布和传播。第八条“申请从事互联网视听节目服务的，应当同时具备以下条件：具备法人资格，为国有独资或国有控股单位，且在申请之日前三年内无违法违规记录”。已有的视频网站的发展大多通过国外风险投资来融资，股权的重新划定和《许可证》的申请成为视频网站发展的瓶颈，也使2008年的风险投资明显降温。2008年6月18日公布的247张视频牌照几乎全是“国字号”的电视台、电台和报社、出版社等传统媒体所属的。而优酷网、土豆网等新媒体均被排除在外，版权问题的法律约束成为播客平台发展的另一瓶颈。在P2P为影音主要传输渠道的时代，数字自由运动的倡导者就提出数字音乐、影像都具有“公共产品属性”，这一经济学概念导致了数字化产品的自然状态，即大家希望这些资源随意使用，但这恰恰触犯了传统产业的经济利益。由于P2P通过点对点的传播，产业集团对个人的约束缺乏实施的效果和力度，相关的网络数字版权的法律法规始终不能完善，网络数字自由和传统产业的反盗版措施之间一直是一场没有硝烟的战争。

草根播客盛行初期，尽管《一个馒头引发的血案》引得《无极》导演陈凯歌勃然大怒，声言要状告胡戈，但终究由于播客的传播介于私人空间和公共空间之间，传播领域的边界模糊使知识产权保护和版权法规履行起来困难重重。播客平台的出现成为了无法针对个人的传统媒体产业的众矢之的，2006年以来，多起传统媒体状告播客平台的诉讼案，让播客平台的内容发展受到制约。版权的束缚一方面敦促播客平台与各传统媒体签署合作协议，成为其内容的网络延伸体，另一方面迫使播客平台对网民上传的影音内容严格审查、过滤，在传播伊始就自行管理和约束。《互联网视听节目服务规定》的出台，传统媒体对播客平台的版权约束，政府和商业对网站直接监管力度增大，增加了播客平台的管理压力，而平台又会将监管的压力以技术手段下放到普通受众的传播内容上，从传播渠道上严重影响了播客言论的自由度和播客内容的多样性。外部因素的监管使播客发展产生以下影响：一是传播的垄断。一些特定内容的影像由于版权和政策的规定，被传统媒体垄断，大众失去了通过播客评论再加工社会言论的参与性。例如奥运会期间所有与奥运火炬传递和比赛有关的视频版权均归央视国际所有，一切未经许可转载的视频均属侵权。奥运期间，网民参与制作的奥运相关播客数量骤降，视频领域均被央视官方视频垄断。二是草根精神的压制。网民以网络恶搞等形式对传统媒体进行解构，是一种民间草根娱乐精神的发扬，也是网民个人表达的一种积极手段。而在政府和商业监管下，具有Kuso精神的草根视频的发展受到压制，播客平台在自行监管中设定的社会道德尺度和版权对有关内容的使用保护，都将对播客的自主发展造成影响。三是多样性的束缚。播客平台的审查制度漠视大众通过自媒体平台信息的群体过滤能力，制约了播客内容在私人空间的传播，也限制了公共空间舆论的多样性，播客平台再次行使媒体守门人的角色，在本质上与自媒体精神相悖。法律和政府的严格监管从正面意义上讲是在法律和道德层面上约束大众，要求大众在自媒体表达言论的同时保持自律和自省，其最终目的是推动社会走向民主自由的良性过渡。

第四节　传统媒体应对播客挑战的策略

随着网络技术的不断创新和人们参与方式的多样化，网络传播的媒介形态也在不断变化，从上网浏览新闻、即时通讯、查询资料、参与BBS讨论到建立博客、发展播客，人们始终在追寻着一个属于个性化自由表达的网络传播空间。然而，“技术的支持是媒介形态演变的强大外力，同时技术的发展与创新也深刻改变着媒介的观念和观众的需求，改变着传播与接受的旧有规律”①。作为 Web 2.0 时代一种新兴的影像传播形态，播客虽然2004年年底才进入国人的视野，但其发展势头迅猛，在过去的几年中，各种播客网站、播客频道纷纷开通，众多播客内容广泛传播，具有鲜明“草根性”的播客队伍日益壮大，其社会影响力越来越受到业内外人士的密切关注，尤其是引起了与播客具有共性影像传播方式的电视媒体的高度关注。

一、播客挑战传统电视媒体

尽管从目前的发展情况看，播客与传统电视媒体相比在专业性及权威性上还存在较大差异，但以体现互动、分享、自由表达、个性创作为特征的播客已经成为众多网民网络生活的重要组成部分，也成为网络时代的新潮流。在中国，据中国互联网协会公布的报告显示，中国网民中五成多网民使用过播客服务，播客用户群十分庞大，人数达到7600万人，这个数字还在以惊人的速度增长着。在播客用户群中，每周访问播客网站2~3次和每周访问1次的人数分别达到22.6%和20.5%，每周访问4~6次的人群有11.1%，还有13.9%的人每天访问。② 据在美国调查，42%的美国网民表示他们喜欢浏览播客短片，而那些经常到访 YouTube 网站的网民，其中1/3表示，由于要浏览网上短片，他们减少了看电视的时间，到访 YouTube 网站已经成为不少美国人生活的一部

---

① 王冰：《自媒体的〈歧路花园〉——博客现象的深层解读》，载《学术论坛》2005年第1期。
② 参见 http://www.isc.org.cn/ShowArticle.php?id=8761。

分①。不仅如此，播客在影响普通网民的生活方式和媒体接触方式的同时，还以独特的传播方式及社会影响力对传统电视媒体发起了强有力的挑战。

（一）播客改变了电视受众的被动角色定位

从20世纪90年代至今，受众对于媒介内容的需求结构发生了巨大变化，从过去的以一般性公共信息为主、个性化信息为辅，逐渐转化为个性化信息为主、一般性公共信息为辅。受众在传播过程中的参与性、监督性需求日益强化，即通过媒介传播个人思想与观点的意识越来越强，要求媒介对受众开放，并以能够参与内容获取、制作播出等工作为目标。② 具体到电视媒体，电视受众在传播中的角色定位依托技术进步和市场需求发生了一系列微妙的改变，正由过去纯粹的被动接受者逐步变为拥有一定互动能力的参与者，但要成为自由表达与个性化内容创作的主动传播者还受到电视传播技术、传播理念、传播体制的多重制约和限制，要想彻底改变电视受众的被动角色，外力的推进成为了一种最直接有效的途径。从这个意义上说，播客的兴起生逢其时，不仅破解了强套在电视受众身上的有形和无形的枷锁，赋予了电视受众拥有随时发布个人见解、制作节目内容并传播出去的能力，而且最大限度地满足了人们乐于影像体验的欲望与展示自我的天性，同时让人们驰骋的想象力与无限的创意天分在更为自由广阔的平台上得以形象化的展示。与传统电视中一直处于被动地位的受众不同，播客为其带来的是主动、分享、自由创作与个性表达的影像体验，尤其是当电视受众作为一个生命个体的物质需求得到满足，而作为一个社会个体的精神诉求无法通过传统电视自由表达时，播客扮演了一个满足其精神诉求的重要角色，并让每个电视受众都可以借助文字、图片、声音、视频等多种表达形式，建立起属于自己的个性化的网上传播空间。以“广播你自己”的播客网站 YouTube 为例，起初，人们只是把自己拍的家庭录像放到这个网站上和朋友分享，视频的内容大多是孩子成长、朋友聚会、婚礼片段等生活细节的真实记录。随着网站流量和点击率的不断上升，越来越多的人开始上传自己专门创作的视频作品，进而使其演变为普通公民展示自我、记录生活、表达观点、监督社会的传播平台，个人的存在和价值在这里得到了前所未有的强调和凸显。在这样的传播平台上，人在其中可以恣意驰骋，随心所欲，没有文体限制和内容主题的要求，也没有传统媒体制定的条条框框的限制和束缚，人们只需按照个人的喜好进行个性创作，自由表达。于是，传统电视媒体的“传者本位”变成了播客的“受众本位”，此时的受众不但变得“自由”，而且拥有了“自我”，由被动的信息接受者变为主动的信息传播者，结果是：越来越多的电视受众

---

① 李月莲：《YouTube 现象带来的社会颠覆与传媒教育》，载《传媒透视》（香港）2007 年第 3 期。

② 李建刚：《播客——网络时代的广播新力量》，载《传媒》2005 年第 10 期。

走上了播客之路。

（二）播客颠覆了电视媒体的内容制作垄断权

在传统媒体时代，传播权及内容制作权作为一种社会地位和垄断资源一向掌握在传播机构的手上，但是随着信息获取手段的不断丰富以及互联网技术的迅速发展，每一个社会公民都成为了潜在新闻事件的目击者以及新闻事件传播的参与者。像马特－德拉吉抢在其他传统媒体之前借助博客爆出克林顿的性丑闻；9·11事件后博客成为了一般民众获取第一现场信息的重要途径；伦敦地铁爆炸案中一段手机拍摄的画面成为电视媒体竞相转载播放的新闻素材；等等。这些事件表明，传统大众媒体享有传播权及内容制作权的垄断地位受到了前所未有的挑战，媒介新闻内容的制作权正在由独享与垄断走向分化与开放，结果是“公民参与新闻传播正在改变整个新闻业的面貌，新闻生产者和消费者之间的界限将日益模糊，大众传媒结构将变成某种更具草根意味和深化民主的东西”①。目前，最能体现这些变化的当属电视媒体，由于传播技术的进步，使得一般民众参与电视新闻制作的门槛几乎降到了零，尤其是播客的兴起，更加便利了一般民众参与电视新闻内容的制作和传播。在新闻制作流程上，播客采用先报道后筛选的制作流程取代了电视媒体先筛选再报道的制作流程。在新闻制作方式上，播客由一群没有经过新闻专业训练的普通人、用由下而上的制作方式代替了电视媒体由一群经过新闻专业训练的专业人员、采用由上而下的制作方式。这些变化使得播客的表意策略在传统电视媒体的身上发生了转向，这种转向既改变了传统电视新闻内容的制作方式，颠覆了电视媒体的内容制作垄断权，也促使“使用者主导的内容”能够进入传统电视新闻传播领域。在这种传播效应的催生下，越来越多的来自民间原生态的影像和声音以播客的形式在电视新闻节目中呈现出来。

另外，在娱乐性内容制作方面，播客对电视内容制作权的颠覆主要表现在对传统影像文本进行个性化的加工改造从而形成新的影像文本，这也是目前引起社会最为关注和备受争议的一种表达形式。这种文本改造型的制作方式主要通过对电视媒体制作的效仿，经典镜头的翻拍，传统视频的重构，蒙太奇叙事的运用，使得表现形式新颖独特的播客作品层出不穷。2006年的《一个馒头引发的血案》及2007年年底被网民称为“网络贺岁第一片”的《性命呼叫转移》② 等作品都是播客颠覆电视媒体内容制作垄断权的典型案例。这些体现非职业化特征的播客短片一经推出立刻成为网友议论的焦点并迅速风靡各大论坛和网站，点击率居高不下，不仅满足了普通大众的娱乐需求，同时也表达了普通大众对传统电视媒体娱乐性内容的挑战精神和重构意识。虽然这类播客作

① （美）丹·吉姆：《草根媒体》，见 http：//www. oreilly. com/catalog/wemedia/book/index. csp。
② 参见 http：//so. tudou. com/isearch. do？cid。

品仍被冠以“恶搞”之名，但越来越多的创作者不再沿袭以往“一味恶搞”的制作模式，而是跳出自娱自乐的狭隘视障，在播客赋予的话语平台上行使一种舆论监督的社会功能，以更加开阔的视野关注当下社会的百味人生，故事情节往往透过种种社会热点的表层，在看似玩世不恭的调侃以及汪洋恣肆的无厘头话语中，处处隐喻着对现实不公正的讽刺挖苦和对美好生活的向往追求。从上不难看出，无论是在电视新闻还是在娱乐性内容制作方面，成熟的传播技术为播客带来社会功能提高和内容制作成本降低的双重效果，这一革命性的变化使得播客制作不再受制于高额的成本预算和难以接近的专业门槛，如此，传统电视媒体享有内容制作权的垄断地位被彻底颠覆了。

（三）播客解构了电视媒体的社会监督权

在传统媒体时代，作为舆论监督的代言人，新闻媒体一般代表公众实施监督政府及社会的任务，由它们充当“政府守门人”，于是享有“第四权力”地位的新闻媒体就掌握了社会舆论监督权，一般老百姓要想进行社会舆论监督就离不开新闻媒体。然而，一般民众拥有独立的社会监督权是人类文明社会里公民权的典型象征，互联网的出现，为这一权力的实施提供了物质基础。在网络传播的平台上，如果说博客赋予了大众文字话语权，那么播客则赋予了大众影像话语权。目前，借助播客，一般百姓可以把发生在日常生活中的身边遭遇或见到的不公正事件拍成短片上传进行网上传播，行使社会舆论监督权并敦促有关部门进行纠查，像公务人员耍奸偷懒、粗言秽语、违例停车、执法犯法等。而在对一些重要社会事件的舆论监督中，普通民众更是参与其中，像 2007 年发生的山西“黑砖窑”事件、厦门 PX 项目事件、陕西“华南虎”等事件皆由公民借助播客等网络媒体行使了社会监督权，在推动这些社会事件得到及时解决的同时，增强了社会成员的民主意识和社会责任感，加快了社会民主建设与完善的进程。这些由普通市民借助播客参与社会舆论监督的事件表明，目前的中国已经形成了“全民监督”的风气，不仅催生出一个特殊的社会监督群体——“公民记者”，而且开创了“人人可以当记者”的时代。作为一种另类的传播者，“公民记者”的出现始于 20 世纪 90 年代美国新兴的“公民新闻”，其中的一个核心内容即发动市民对公共事务的参与和关注，并由市民直接提出监督及做出报道。随着播客时代的到来，“公民记者”和“公民新闻”的意义空间和使用范围变得更为宽泛，是播客让“公民记者”以一种民间传播者的姿态，重构了传统媒体生态中的传受关系，扩大了一般民众社会话语权的掌控范畴，同时意味着一个全民参与社会监督时代的真正到来。毫不夸张地说，播客以一种“零门槛”的传播方式实现了一般民众参与和表达舆论监督的愿望，也以一种更加本真的民间影像形式实现了对传统媒体社会监督独享权的解构。

二、电视媒体应对播客冲击的策略

目前，国内播客创作如火如荼，从家庭生活记录到社会问题的关照；从原创型播客到复制型播客的交叉融合；从艺术创作到草根表达；从最初几分钟的短片到几十分钟的长篇制作。播客创作在经历了量变之后，正在发生质的变化，而体现这种变化的标志是大量来自不同背景、不同知识结构、不同意识形态创作者的播客作品，在本身各种特性以及外部环境的共同作用下粉墨登场，形成了一种具有特定历史条件的、有别于一般专业影像的民间影像传播现象。面对播客影响力的不断增强，电视媒体已经意识到这一民间影像传播对其发展构成的挑战以及产生的重要影响，对此做出了积极的应对和战略调整。

（一）兼收并蓄与积极开放并举

事实上，国内电视媒体对民间影像资源的开发和利用始于新世纪初 DV 广泛兴起的年代，2001 年年底凤凰卫视《DV 新世代》栏目的开播，标志着民间影像与电视媒体的正式联姻。紧接着，2002 年年初，成都电视台率先在新闻栏目《每日报道》中推出“DV 新闻大赛”。DV 在新闻节目中的出现，不仅是新闻主体意识的一种转变，也是媒体遵从多视角报道新闻主旨的一种体现。之后，众多电视台相继开办了各种固定 DV 栏目，在栏目中展示了大量来自社会各阶层的具有原创性、实验性、纪实性的 DV 作品。DV 栏目的开办在丰富了电视媒体传播内容的同时，也有力地推动了民间影像的健康发展。时至今日，随着播客等更具广泛意义上的民间影像制作的进一步发展，电视媒体对民间影像资源开发和利用的内涵及外延也在不断延展。与 DV 民间影像不同，当今的播客拥有与生俱来的网络传播渠道，形成了独立的传播体系，终结了 DV 民间影像小众化传播的宿命。这样，电视媒体在为播客开辟栏目的基础上，还与其网站建立起更加广泛的合作关系。例如在国内，福建东南电视台一方面整合了网民自行摄制的视频短片推出固定日播电视栏目《播客风暴》，另一方面依托有中国 YouTube 之称的土豆网上的播客资源，与土豆网站联手深度加工这些民间影像资源，在更多栏目和更大范围内加以传播。在美国，哥伦比亚广播公司（CBS）也开始播放 YouTube 网民制作的视频影片，该公司每周选出五个 YouTube 短片放在公司网站上，再由评审委员会每季至少选出一个在电视上播放，目的是希望传统电视可结合自制网络视频影片的影响力留住观众。实践证明，电视媒体兼收并蓄了大量来自民间的珍贵影像资料，让普通草根民众成为了新闻传播的参与者，过了一把电视瘾，更重要的是在传统电视媒体与新兴播客之间促成了一种更加专业的良性互动的合作模式。

在双方的合作上，播客不仅能成为电视媒体丰富的信息资源库，同时借助自身具有的开放性与交互性特点，还可以为电视媒体提供一条畅通的信息反馈渠道，提供多元化新闻视角，打破电视媒体的单一性格局，从而实现传播过程的循环与互动。而电视媒体应以积极主动的开放姿态借助播客线索挖掘深度新闻，扩大信息来源渠道及反馈渠道，培养民间记者队伍，以便丰富自身的传播内容。对电视媒体来说，这既是一种主观上的积极主动，又是一种客观上的外力推动。据有关专家推测，到2010年全世界新闻信息的披露，有70%左右的新闻资讯首先不是由专业新闻工作者、专业新闻机构提供的，而是由民间非专业人士、非专业机构提供的，也就是说在事实信息的提供方面，可能越来越多的是表现为多元化的参与。① 播客的兴起进一步增强了在事实信息的提供方面越来越多地表现为多元化参与的深度和广度。另外，由于拥有地缘优势和新闻获取接近性的便利，播客民间记者使得许多市井社会新闻或突发新闻可以在第一时间得以报道，在时效性上往往超越传统电视媒体，在报道形式上，民间记者的“平民式”的影像表达，能够展现出传统电视媒体“专业化”影像表达所不具有的魅力，增加了新闻报道的个性化。像安徽电视台的《第一时间》、湖南电视台的《晚间新闻》以及辽宁电视台的《新北方》等众多新闻栏目，都广泛采用普通百姓拍摄的影像资料并取得良好的传播效果。电视新闻节目中播客等民间影像内容的不断增加，体现的不仅是电视媒体选择的一种眼光和态度，而且是电视媒体更好地借助专业和品牌优势培养草根记者，拓展信息渠道和扩大自身影响的一种积极进取的方法和行为。

（二）盘活资源与实施跨媒体合作同行

据不完全统计，目前全世界约有4万多个播客类视频网站，这个数量远远超过了传统电台、电视台的制作机构②。但网站数量上的强势，不等于网站传播内容和节目质量上的占优。虽然播客网站风起云涌，但节目内容的匮乏，尤其是原创性节目内容的匮乏一直是制约播客网站进一步发展的瓶颈。在国外播客网站上，网友原创视频能占到发布内容的一半，而中国播客网站上网友原创内容不但数量少，而且在质量上也难以与电视媒体相提并论。在这种情况下，如果电视媒体能够利用高素质采、编、制作队伍，拥有新闻传播的主导权及专业品牌等方面的优势，借助播客网站的传播渠道和日益兴盛的人气资源，就能延伸自身的产业价值链，增强市场竞争力，赢得更多的受众。而对播客网站而言，通过加强与电视媒体的合作，就能利用电视媒体的丰富资源更好地来满足市场对其节目资源的需求。从这方面的实践看，全球知名的视频播客网站 PPLive 通过与上海文广集团、湖南卫视、凤凰卫视等众多电视媒体建立战略合作关系，使得全球7500多万 PPLive 用户可以通过网络实时观看合作电视媒体的节目，一方面使其用户的选择面空前增加；另一方面，电视媒体借助播客网站的传播优势，拓展了传播渠道，延伸了

① 参见 http://finance. sina. com. cn/hy/20070830/17113932925. shtml。
② 参见 http://ju. qihoo. com/1664706/b_ adz_ 1664721_ 852274. html。

自身的产业价值链，从而实现了战略合作上的双赢。

除了实时输出节目资源外，电视媒体还可以借助播客网站的传播渠道盘活以往积累的影像资源。中国的电视事业发展了半个世纪，经过几代电视工作者的奋斗，已经积累了丰富的影像节目资源，在强调“内容为王”的网络时代，类似这样的节目资源将是传统电视媒体手中一张制胜的“王牌”。如中央电视台等近百家电视媒体与国内知名播客网站“悠视网”开展了内容整合播出和互动服务的合作，通过双方对电视媒体以往影像资源的深度开发和整合营销，电视媒体不但获得了一个在互联网上扩大其节目影响力的有效途径，而且通过节目内容的嵌入式广告得到了不菲的经济收益。目前，电视媒体拥有的节目资源优势，恰好是播客网站在发展中的先天不足，双方如能搭建一条垂直整合节目内容的价值链，通过多次开发，加上双方在传播渠道和受众人气的有效互动，就会实现电视台品牌从传统媒体向多媒体品牌的延伸与价值的提升。因此，电视媒体实施跨媒体合作策略，盘活资源并与播客网站建立战略合作伙伴关系就成为一种理智的选择。

毋庸讳言，由于播客具有互动、开放、自由、个性、流动、匿名等特点，加上管理难度大，播客及其传播在日益受到人们追捧的同时也出现了一系列的伴生问题，比如“膻色腥”与“恶搞”、宣扬暴力、侵犯知识产权、泄露个人隐私、危害公共信息安全、道德沦丧、破坏法规等内容不时出现，在社会上引起了广泛的争议和指责。如何更好地规范、引导、保障播客健康有序地向前发展，已成为业内外广大人士的共识。正如美国传播学者詹姆斯·W. 凯利所言，传播的最高表现并非信息在自然空间内的传递，而是通过符号的处理和创造，参与传播的人构筑和维持有序的、有意义的空间文化世界。所以，任何一个具有责任意识的播客及其网站经营者都应认识到，通过播客向社会公众传播的影像，必须对受众和社会承担责任和义务，播客传播必须遵纪守法以及固守道德规范和伦理准则，这既是播客健康发展的基本要求，也是在受众面前塑造良好形象和打造社会公信力的根本保障，更是传统电视媒体与之合作发展的基础。

第十二章 RSS

网络媒体的迅速发展为我们带来了取之不尽、用之不竭的信息资源，但与此同时也带来了新的问题——互联网上存在着大量未经组织的、重复的或无价值的冗余信息。人们常常会发现自己逛遍了所有的网站，却只能从中筛选出极小一部分符合自己要求的“碎片”。这时的互联网用户在获取有用信息时的效率大大降低，如何使受众高效、实时、快捷的获得有效信息，成为互联网发展的一个新问题。正是在这种背景之下，一个早已诞生了八年之久的技术在2004年重新回到了人们的视野，这就是RSS技术。

第一节 RSS的内涵与应用

一、RSS技术的内涵

RSS是Really Simple Syndication或Rich Site Summary的英文缩写，中文称作“简易信息聚合”。它是一种用于共享新闻和其他Web内容的数据交换规范，是一种基于XML标准的Syndication技术和在互联网上被广泛采用的内容包装和投递协议。由于不同组织对于RSS技术的标准不一，RSS至今也没有一个统一的概念，也没有一个非常贴切的中文定义。UserLand认为RSS是“Really Simple Syndication”①，即真正简单联合或简易供给，而RSS 1.0阵营则认为RSS是“RDF Site Summary”，即RDF站点摘要或“Rich Site Summary”，即丰富站点摘要。如果从RSS阅读者的角度来看，RSS阅读器将新信息带到了用户的桌面，而无须用户去各个网站一遍遍地搜索，用户只要打开设置好的RSS阅读器或在线RSS阅读网站，就可以等着信息“找上门来”。例如，通过一个RSS阅读器，可以同时浏览新浪新闻，也可以浏览搜狐或者百度的新闻。在许多新闻信息服务类网站，会看到 RSS XML 这样的图标按钮，有的网站使用一个图标按钮，

① Syndication一词源自新闻媒体的观念，是资料供应站的意思，它类似新华社、路透社所做的提供新闻稿服务，各大报社都向它们订购并视需要而采用。

有的同时使用两个，这就是典型的提供 RSS 订阅的标志，这个图标一般链接到订阅 RSS 信息源的 URL。随着 Web 2.0 技术的发展，RSS 已经成为普遍的应用功能，对一般订阅者提供一个免去重复搜寻的时间，同时以标题阅读的方式，提纲挈领地将订阅者关注的信息重点给予分类集中，省时与便利已经给使用者带来许多好处。在目前电子邮件泛滥的环境下，RSS 机制不仅让网友有一个自动过滤的机制，不会造成许多删除的困扰，而且把信息来源的决定权重新归还到使用者的手里。

二、RSS 的应用

目前对 RSS 应用的划分还没有形成定论，本文以 RSS 的传播形态为基础，综合各家意见将 RSS 的主要应用划分为：RSS 阅读器、RSS 内容聚合网站和 RSS 延伸服务三种类型。RSS 阅读器包括在线阅读和客户端阅读；RSS 内容聚合网站即提供 RSS Feeds 订阅的各类网站；RSS 延伸服务主要包括 RSS 搜索引擎、RSS 托管服务、RSS 广告、RSS 邮件服务、RSS 生成器和 RSS 验证器等。鉴于 RSS 阅读器应用范围广、影响大，这里做重点介绍。目前，RSS 阅读器基本分为两类：第一类阅读器是运行在计算机桌面上的单机应用程序，或称离线 RSS 阅读器，需要下载一款 RSS 阅读器，安装在电脑上。它通过所订阅网站和博客（Blog）中的新闻供应，可自动、定时地更新新闻标题。目前国内较流行的桌面 RSS 阅读器有周博通、新浪点点通、看天下、Sharp Reader、Feed Demon、RSS Reader 等等。第二类是 RSS 在线阅读网站，只需要到此类网站上注册一个账号，连接互联网即可使用。国内如抓虾、鲜果、和讯博览等优秀的 RSS 在线网站，使用 RSS 阅读器，无须不厌其烦地辗转于各个博客站点和逐一访问感兴趣的新闻网站，只需在软件上订阅这些网站的 RSS 频道，RSS 阅读器将为使用者读取最新的文章或新闻的标题与简介，当使用者感兴趣之后，再下载阅读全文。一般而言，对信息量需求大、信息源多样性要求高、信息管理功能要求高的用户及上网时间不足的用户，客户端 RSS 阅读器更加适用。在线 RSS 阅读服务的用户一般具有更大的流动性，他们更多的是通过学校、网吧等的公共设备上网，以休闲、娱乐为目的，因此对信息量和信息管理的要求相对低些。①

---

① 陈银凤：《RSS 技术的应用和发展趋势探讨》，载《内蒙古财经学院学报》2008 年第 1 期。

第二节　国内外 RSS 的发展状况

一、国外 RSS 的发展状况

由于种种原因，RSS 的发展历程显得十分曲折复杂，多方组织各自研制相关技术又未能达成一致意见，至今尚未出台一套放之皆准的规范。1996 年美国 PointCast 公司曾经开发出过类似 RSS 的一套系统，目的是向计算机终端传输经过用户个性化定制的新闻，但它没有包含新闻全文，而是以标题为主。真正意义上的 RSS 诞生在 1999 年，当时网景公司（Netscape）以建立一种新的新闻频道标准为目的，用类似“推”新闻的理念定义其语言，并试图用它把网站内容投递到自家公司的 Navigator 互联网浏览器上。但后来 IE 的出现并迅速普及使得网景公司受到极大冲击，加上公司自身在经营上出现问题，Netscape 在短期内几乎退出了人们的视线，RSS 的标准制定也随之滞停，最终只发布了一个 RSS 0. 9 版本的规范。尽管 RSS 的发展一波三折，但它并没有被业界人士抛弃，博客的逐渐风行使得作为其技术支持的 RSS 又重新浮出水面。2001 年，RSS 技术标准的发展工作被一家名为 UserLand 的商业公司接受，他们在原来 Netscape 发布版本的基础上先后推出了 RSS 0. 92、RSSO 0. 93、RSSO 0. 94 几个版本，这一系列版本随后被众多的专业新闻站接受和支持。随着 XML 技术的发展和博客数量的快速增长，RSS 技术开始逐渐被人们关注并被广泛地接受，其应用范围也从单纯的博客圈扩散，逐渐成为新闻传媒、电子商务、企业管理等众多领域的热门新宠。2004 年之后，RSS 技术由于其及时更新信息的特性而备受学者、商家关注，并借由博客、播客、Web 2. 0 等概念的风行得以迅速发展，有人甚至把 RSS 称为继万维网（www）之后的第二代网页浏览模式，预言它将要对互联网内容的浏览方式产生巨大影响。“RSS”一词也逐渐从技术领域扩散到网站、新闻出版、企业管理领域、电子商务等应用领域。

RSS 在西方发达国家，尤其在美国发展迅速，例如提供 RSS 内容的网站数从 2001 年 9 月 1000 多家激增至 2004 年 9 月的 195000 多家，3 年时间内增长了将近 200 倍，RSS 用户从 2001 年 8 月的 10 万用户激增到 2004 年 8 月的近 900 万①。RSS 应用的范围十分广泛，从个人博客站点、企业站点到世界级的门户都提供基于 RSS 的服务。不仅是新闻网站采用 RSS 技术，许多世界知名企业网站也在积极使用这项便捷的技术，这些网站包括 IBM 公司、雅虎中文、微软 MSDN 等等。在新闻网站方面，《华尔街日报》

---

① 张道银、蔡瑞英：《RSS 技术及其应用研究》，载《软件时空》2006 年第 6 期。

电子版于2004年初推出RSS信息内容服务，包括美国新闻、欧洲新闻、亚洲新闻、科技新闻、商业新闻、股市传真、专家评论、个人技术等8个频道，订阅年费为79美元。《华盛顿邮报》网站利用RSS发布自己的新闻并和网站上的文章链接。2004年5月起，英国路透社网站（Reuters. com）开始采用RSS，向其他网站提供其新闻标题，内容包括政治、国际新闻、娱乐与体育。之后，许多企业都以RSS作为重要的传播途径。美国迪斯尼公司利用RSS和博客技术，搭建公司内部信息共享平台。在线超市亚马逊在其站点上推数百个个性化的RSS提要，将图书、玩具、服装、电子产品等各类商品信息打包成相关的RSS频道，定期向订阅者发送，供电子商务顾客免费使用，此举被认为是对消费者使用新闻整合的巨大推动。① 苹果公司通过RSS向iTunes用户播报其最新音乐内容。eBay上的商品讯息和RSS联系在一起，用户可以透过RSS阅读器等工具实时了解感兴趣的产品讯息。RSS使这些企业大大提高了信息传播的针对性和时效性，RSS技术在企业信息管理领域有着相当大的发展空间。目前，美国的RSS发展已经达到相当大的规模，居世界领先地位。

二、国内RSS的发展状况

国内RSS服务商的目光最早主要是集中在博客领域，提供RSS服务的ICP② 站点不多，而且没有进行大规模的推广。2004年已有一些国内网站启动了RSS的运用。博客中国网站在2004年率先推出了RSS新闻服务，一共分为15个频道，这是国内网站首次采用RSS技术。在之后的一年时间内RSS发展迅速，据“看天下”调查数据，到2004年底，知道和了解RSS技术与用途的互联网用户达50万户，利用RSS阅读器软件阅读日常新闻和其他资讯的用户达20万~30万户③。2004年8月9日，新华网与“看天下”RSS阅读器合作，推出RSS聚合新闻，新华网和“看天下”分别担当内容供应和软件支持的角色，这是我国主流媒体首次大规模推广RSS新闻服务，对网络新闻来说具有里程碑的意义。推出试运行的聚合新闻有国内新闻、国际新闻、财经新闻、体育新闻等11个新闻频道，以及“纪念邓小平诞辰100周年”的专题频道。除了网站本身提供的各类信息服务外，在“每日新闻”频道组里还提供新华网各个新闻频道的RSS聚合新闻服务。紧接着，2004年12月9日百度新闻推出RSS订阅新闻服务。百度与Google新闻同样采取依托其搜索引擎技术采集来自千余个新闻源的信息，网民只需要在RSS新闻读器订阅自己感兴趣的百度新闻栏目链接，就可以通过RSS新闻阅读器自动

① 江泽文、李桂蓉：《RSS：即将到来的互联网新革命》，载《传媒观察》2005年第9期。

② ICP是Internet Content Provider的缩写，翻译为互联网内容提供商，即向广大用户综合提供互联网信息业务和增值业务的电信运营商。

③ 资料来源：《看天下RSS阅读器功能简介》，见http://www. donews. com/content/200602/。

获取众多新闻源的最新报道。百度新闻推出的 RSS 新闻栏目有国内、国外、体育、互联网、科技、财经、社会，同时提供和新闻搜索任意关键词的订阅。2005 年，新浪网推出了自己开发的 RSS 阅读器“新浪点点通”，提供 RSS 新闻定制、阅读、管理等一系列服务。自此，国内各大网站蜂拥而上，从大型主流媒体网如人民网、新华网，到商业门户网站如搜狐、网易，再到一些专业型网站如计世网、阿里巴巴和中国汽车网等等，纷纷提供 RSS 聚合新闻服务，从而形成一股影响遍及中国互联网的 RSS 热潮。

RSS 未来的发展必然建立在对其商业模式的完整建设上。比较国内外商业性企业在应用 RSS 的程度上看，国内对于 RSS 的应用还处于初级的阶段。但在未来的一段时间内，RSS 的用户群将会继续稳定增长。从 RSS 在线阅读的发展看，自 2005 年以来，国内 RSS 订阅器服务市场呈现了一股快速发展的潮流。在这一阶段，尽管出现了如狗狗订阅器改变经营思路，退出 RSS 订阅器市场，国内还是出现了如抓虾、鲜果、和讯博览等优秀的 RSS 订阅器，国外的 Google Reader、Bloglines 也在国内拥有了一批忠实的用户群。

第三节 RSS 的传播学解读

2004 年以来，随着各种被称为 Web 2.0 类型网站的不断产生，互联网站点数量增长速度在发生变化。对个人访问网络资源来说，就意味着需要访问的站点数量增大，信息来源多样化。信息访问者如何在有限时间内访问大量站点内容？如何及时掌握不同站点的更新信息？“RSS 阅读”就是在这种环境下重获新生的。RSS 之所以备受推崇，除了商业利益因素的驱动外，还可以从传播学的视角解读这种发展趋势①。

一、从传统的 Web 浏览方式到 RSS 订阅

传统的 Web 浏览方式要求浏览者打开多个浏览器窗口，进入不同的门户网站或者导航站，再从这些站点寻找感兴趣的标题，点击相应的链接后才能看到目标信息，在一些大的门户网站，用户往往需要三次甚至是更多次的点击才能看到最终的内容页面，并且这些内容往往是过期的。而 RSS 订阅用户可以在 RSS 聚合站点或 RSS 阅读器中有针对性地订阅自己感兴趣的信息。利用 RSS 技术，目标信息源将内容提要（Feeds）即时传送到聚合站点或者 RSS 阅读器中。用户只要访问一个自己定制的聚合站点甚至打开一个软件——RSS 阅读器，就可以获取所有感兴趣的信息，而且这些信息都是即时的

① 王涛：《RSS：作为一种传媒形态的传播学解析》，载《青年记者》2006 年第 8 期。

（见图12－1）。

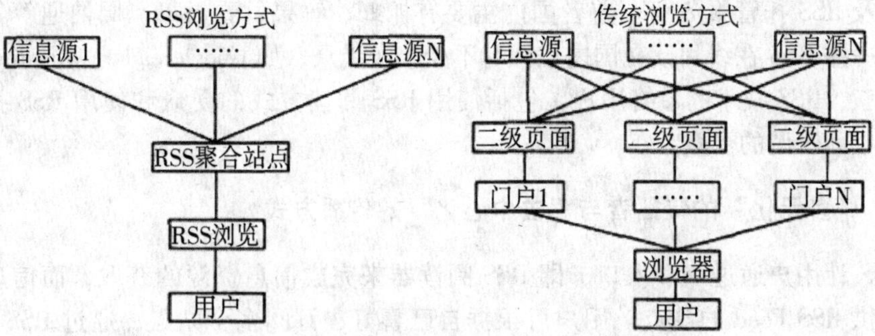

图12－1 传统的Web浏览方式与RSS订阅比较图

二、RSS的运作机理和传播链条

（一）RSS的运作机理

RSS的运作机理如图12－2所示。

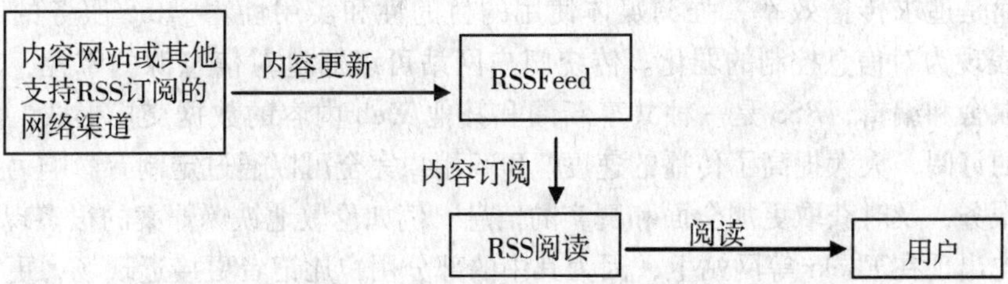

图12－2 RSS的运作机理图

（二）RSS的传播链条

根据图12－2 RSS的运作机理可见，一个完整的RSS传播过程至少包括以下三个链条：

第一，内容网站或其他支持RSS订阅的网站或频道。它们主要是利用RSS技术以信息源的身份向用户提供最新的网络信息和内容，为RSS提供空间和技术支持。国内提供RSS内容服务的网站大概有1000多家，其中包括电子商务网站、新闻出版业网站、高校图书馆以及门户网站等。同时，随着博客、播客的巨大发展，很多博客、播客都可以进行RSS订阅。商业企业的官方网站也有一些提供RSS内容，如迪斯尼、苹果等等，但就国内来说，目前还很少。

第二，RSS 的传播渠道，即提供 RSS 在线阅读功能或离线 RSS 阅读器的网络服务商，以及 RSS 托管服务商。前者国内主要有抓虾、鲜果、看天下、周伯通等等，同时国外的一些 RSS 在线阅读在国内也拥有不少忠实受众，如 Googlereader、Bloglines 等。

第三，RSS 技术的最终用户，包括使用 RSS 阅读方式的受众和使用 RSS 托管服务的用户，即所谓的受众。

三、"多元化"的传播者与"去中心化"的传播方式

RSS 让用户通过一个入口，即 RSS 阅读器来完成信息资源的获取，而信息的来源就是提供 RSS Feed 的站点。用户可根据自己喜好，订阅多个站点，通过 RSS 阅读器，就可浏览多个站点的内容。这不仅是让信息个人化、有序使用的前提和保障，而且 RSS 渠道的被采用使得沟通呈现多元的特点。传统的信息获取呈现一种"过量"提供中获取"不足"的现象，而 RSS 通过类别化设置，则是对信息源的巨大多元化潜力进行有效开发。在 RSS 中，机器与人共同担当了"传播者"的角色，它依赖机器的智能化自动处理，利用软件的自动抓取功能对新闻实时更新。同时，RSS 表现出一种典型的"去中心化"传播方式，个体主导信息的获取渠道和方式，传播系统内个体的主体地位被前所未有地提升，网络活动更多的已经不再是传统而原始的随机性浏览或者寻求趣味的冲浪，而是追求传播效率，强调媒体使用的目的性和实用性。① RSS 服务的"去中心化"还表现为对信息控制的弱化。传统门户网站可以通过对信息源的掌控，对传播内容进行取舍和编辑，RSS 是一种共享新闻和其他 Web 内容的数据交换形式，它提供了高效率的订阅，大大提高了传播的速度。RSS 用户完全可以通过定制有影响力的非门户网站的服务，及时获取更加全面和真实的信息。例如伦敦地铁爆炸案的很多现场图片和报道最先出现在 Flickr 等网站上，因为其中的部分用户比记者更接近现场，更有亲历的经验。所以，RSS 的其他用户在这个过程中得到的信息也就更加广泛和丰富。

四、传播内容的再整合

从内容来源上看，RSS 的创新之处体现在链接源被传递和使用的方式。所谓 RSS 链接源，就是一种用 XML 语言撰写的包含有站点内容信息的电子文档，如站点内容标题、摘要和 URL。RSS 文件由内容发布者创建，然后传递给预定了链接源阅读器请求的使用者，链接源阅读器定期检查内容的原创者，检查这些站点是否有新的内容，并下载它的元数据信息。在用户端，使用链接源阅读器可同时预定多个链接源，所有预定的链

① 王涛：《RSS：作为一种传媒形态的传播学解析》，载《青年记者》2006 年第 8 期。

接源都聚合在该软件的界面上，当有新的链接源进入程序时，用户只需单击文章标题即可链接到原创网站，系统自动拉回全文到阅读器中供用户阅读，真正实现"一站式"服务。①

从形式上看，RSS 传播内容最突出的表现是出现了摘要形式的索引。随着 RSS 逐渐成为在线内容提供服务的标准发行平台，简化形式的新闻标题和摘要索引的阅读将成为用户新的浏览习惯，而且在 RSS 阅读器中信息将被自动分门别类汇整在一起，简约地提供丰富的信息并被结构化地表现。此外，除了纯粹文本信息，RSS 亦可实现"有声有色"。例如迪斯尼公司利用 RSS 发布视频新闻，苹果公司则利用它向订户通报其最新的音乐内容，并且，这些网站上的所有内容都可以传输到各种各样的手持无线设备上。虽然从本质上讲，内容本身是一切传播活动的主体，但是 RSS 已经超出了作为一般信息载体或工具的范畴，它不仅能够使信息在更大范围内得到交换和共享，实现传播内容的整合，而且沟通大众化门户和由阅读器所定义的个性化的门户，进而实现传播关系的整合。

第四节 RSS 的传播功能及社会影响

一、RSS 的传播功能

（一）以受众"代理人"身份全方位监测信息环境

沃纳·赛佛林和小詹姆斯·坦卡德曾经在《传播理论：起源方法与应用》中提出代理人的概念。他们认为，随着信息的流动和个人可利用频道数目大量增加，人们需要将可利用的信息加以分类，并预言："帮助人们对信息进行分类的工作可能采用电脑机器人、电脑代理人或者数字化管家等形式。使用这些名称的机器具有一定程度的人工智能，被程序化后可为我们做各种事情。当我们离开电脑时，只要我们制定要其寻找的特定信息，它们就会花时间替我们搜寻。还有可能的是，在工作的过程中，它们会了解主人的信息需求。比如，它们可能向我们提供一条条的信息，并给我们标出，哪些用了，哪些没用。其后，这些只是可以用于修改后续的搜索标准。经过一段时期后，我们的代理人就会对我们的偏好有很好的了解并寻找出符合这一偏好的信息内容。"② RSS 就像

---

① 胡晓东：《RSS 技术的应用和发展趋势》，载《山西经济管理干部学院学报》2007 年第 1 期。

② （美）沃纳·赛佛林、小詹姆斯·坦卡德：《传播理论：起源方法与应用》，郭镇之等译，华夏出版社 2000 年版，第 9 页。

是受众的代理人，时刻都在监测着周围的信息环境，一旦信息有所更新，受众就会在第一时间收到信息。在速度方面，由于 RSS 阅读器是自动与各大网站保持同步更新，只要相关的信息进行了更新，读者无须紧盯屏幕时刻刷新网页，马上可以看到那些新出的内容。例如百度的 RSS 新闻网站，它每 5 分钟就对互联网上的 1000 多个新闻源检查一遍，每天要发布 8000～10 万条新闻，以保证新闻的及时性和全面性。用户要想从大量的内容当中快速找到自己所想要的信息是件很困难的事情。使用百度新闻 RSS 订阅服务，则可以避免这种情况。它可以省略搜索的步骤，阅读器自动搜索和提供新闻，省却了用户许多不必要的查找时间，在最大程度地减少与不想看到的内容的接触几率的同时，提高了信息传递的效率。在广度方面，只要用户愿意，就可以把提供 RSS 订阅服务的网站作为信息更新的对象，包括新闻网站、企业门户网站、博客等等。这样的优势，无疑使 RSS 在监测信息环境方面有着无法比拟的优越性。

（二）为传播者提供有效反馈信息

传播学认为，反馈是受传者在接收信息后做出的各种反应，反馈回的信息输入后，系统可以检查出偏差，从而能够有效指导传播过程的改进。由于互联网用户的匿名性与复杂性，我们很难准确地区分出用户的地域、年龄、身份和爱好等特征，分析互联网传播的反馈效果一直是个难题，大部分的互联网传播效果调查的途径是问卷调查、网友评论以及统计点击率。RSS 阅读器的出现可以改变这种状况。由于阅读器中有一个收藏夹功能，用户可以把自己经常收看的一些新闻类别与网站放入其中，假如他们希望长期关注某一类新闻或者某一个网站，他们只需要把这类新闻或网站加入 RSS 阅读器的订阅项目中，以后机器就会根据订阅需求自动到这些网站搜寻信息。长此以往，哪些网站被订阅的次数多，哪些内容的关注度高，都可以通过订阅的次数反映出来。另外，有效反馈信息对广告商来说尤其重要，由于 RSS 订阅具有个性化，它能帮助广告主和零售商以更精确的方式发现和“瞄准”用户。通过了解用户访问的信息，RSS 能够整合个人资料，解释消费者的兴趣成因，可以使广告主和零售商更准确地发现目标客户。①

二、RSS 的社会影响

（一）对网络新闻生产和消费的影响

首先，RSS 对现有的网络信息生产的革命性冲击在于颠覆了传统的“拷贝＋粘贴”模式。从 RSS 生产端（传播者）来看，它更多依赖机器的智能化自动处理，它在网站间自动完成，不需要人工介入。显然，“聚合新闻”模式在充分开发机器潜能的同时，对于以往通行的人工新闻的“拷贝＋粘贴”模式是一个挑战，对人的能力也提出了挑

① 岳晓华、杨洁丽：《RSS 的传播效果意义分析》，载《新闻知识》2008 年第 3 期。

战。Google新闻利用软件的自动抓取功能实现了每15分钟更新一次新闻，其效率是280人24小时不间断工作的3倍。RSS使得人机首次“一起”承担了“传播者”角色，最开始入库的编辑手段到发布模式都将因为RSS的出现而改变，传播者在规模和数量上都“巨大化”了，而且还会产生很多无编辑的RSS种子站来扮演传播者“中转站”的角色①。此外，信息内容可以采用分级的方式，使用户可以订阅不同数量、不同重要程度的信息，以便更好地适应个性化需求。这一切都意味着，网站编辑的智慧，将通过某种方式注入机器中，在基础的处理层面，网站生产的标准化、程式化程度会进一步提高。

其次，RSS改变了网络信息消费方式。一方面运用RSS，受众可以守株待兔般地等着信息推上门来，这意味着信息消费成本的降低。另一方面，信息消费将在更大程度上受到习惯的约束，或者说用户可以为自己制定消费制度，并受到这种制度的强烈制约。用户的频道定制决定了他们信息消费的范围与路径。以人的本性而言，习惯一旦形成，就会很顽固，对于网民来说更是如此。进一步说，RSS及相关技术将使网络信息消费朝着更加个性化的方向发展。用户信息消费的起点不再是某些大众化门户，而是由阅读器所定义的个性化的门户。个性化门户的产生，使个体的信息消费效率得以提高。但个性化可能带来的陷阱是，它使个体愈来愈远离人群。②“议程设置”理论的创始者之一唐纳德·肖指出，传统媒体是一种垂直媒体，它具有整合社会各个阶层、各种群体的作用。在媒体的分众化、个性化服务年代，仍然需要有一种方式进行社会的整合。社会化网络就是网络媒体的另外一种贡献。RSS技术不仅可以将来自大众网站的内容整合到一起，还可以将社区、博客等更好地整合在一起。

（二）对门户网站的冲击

RSS蓬勃发展的态势，将给门户网站带来挑战，首先是对网站流量和赢利模式的影响。采用RSS技术后，用户可以直接在RSS阅读器或RSS在线网站中阅读来自不同网站的新闻，而不必再打开许多窗口登陆不同的网站，这必然会导致某些新闻网站的页面浏览量大大降低。同时，页面浏览量的降低又使得网络广告的到达率急剧下降，从而带来整个网站重要赢利来源的丧失。但是也有学者指出，RSS订阅能够增加用户对网站的忠诚度，增加其黏度，因为以往的点击量只能代表用户曾经点击，并不能保证其进行了阅读。而网站如果推出RSS服务，则有利于吸引这些忠诚用户。

其次是引起网络门户与其他网站竞争格局的变化。由于RSS技术的运用，网络用户不必再看重一家网站内容的整体质量，而会更加关注其某一频道的质量，对于垂直信

① 易海燕：《新闻网站：用好RSS聚合新闻这把双刃剑》，载《中国传媒科技》2005年第6期。
② 彭兰：《RSS挑战网络信息生产与消费》，载《中国记者》2005年12期。

息的生产质量要求因此大大提高，这样就给了小的信息提供商一个与门户网站同台竞技的机会。对于用户来讲，为了某一特定信息每天去专门打开一个网站的成本是很高的，因此他尽可能地在一个网站内完成，当然，门户网站是首选。但是有了 RSS 后，小的信息提供商与门户网站就站在了同一起跑线上，这时候对某一行业更加精深的信息提供商将比门户网站更有优势。国内外的一些网站，开始将自己的信息透过 RSS 传播出去，这主要是一些中小型的企业以及个人博客。对企业而言，把自己的网站加入到 RSS 订阅后，可以花费较少的成本推广企业产品，而且从推广机会上与知名网站是平等的。对个人而言，把自己的博客设置为允许 RSS 订阅后，无须到处宣传就可能会引来许多志同道合者的关注，不失为推广自己意见的一个简便方法。美国的 Slashdot 网站就是其中的佼佼者，它是由一个 Linux 爱好者罗勃·马尔达的个人博客网站发展而来的，如今已经成为数百万技术人员必读的“出版物”。国内现在一些博客写手也已经尝到了甜头，比如著名网络作者和菜头的博客《槽边往事》，在抓虾有 20 万的订阅人数。RSS 技术使得博客的活动进一步冲出了个人的樊篱，使博客成为更加具有竞争力的信息来源。个人在未来的网络信息生产中，地位将继续提升。RSS 作为一种全新的网络浏览技术，被大家接受和采用只是一个时间问题，门户网站应采取各种措施，加大对 RSS 等新型网络技术上的研发力度，充分开发其市场价值，最终变成自己的竞争优势。

（三）对受众阅读习惯的影响

今天，人们已经习惯了打开 IE，通过门户网站、搜索引擎获取新闻资讯，然而，随着 RSS 技术的推广，网民将不再花费大量的时间在互联网上冲浪和下载新闻，而是利用 RSS 自动收集和组织定制新闻信息，实现“像收邮件一样看新闻”的效果。当然，作为一种新的网络技术，RSS 的出现和存在都有其合理之处，但也面临许多困境，例如使用局限于专业群体、赢利模式尚待探索、历史标准之争等等，至于它最终将向何处去并给互联网带来怎样的影响，尚需时间来验证。但是 RSS 所承载的并不仅仅是某种技术发明，而是更新的、更加人性化的传播理念。从一站式阅读到个性化定制，RSS 打破了传统互联网信息浏览模式，实现了高效率的“推送”式发布。这种主动推送机制是一种基于用户高度参与的内容阅读方式，从单纯的网页浏览到主动的个性化订阅，从大众化的页面到定制的页面，从范围狭窄的单个信息获取方式到来源广泛的多种获取方式，RSS 改变了人们的阅读方式，给信息传播的接收方式带来了一场重要的变革。

第十三章 即时通讯

随着互联网的普及，世界已经成为一个名副其实的“地球村”，人们为了打破传统媒体传播的时间、空间限制，实现真正的点对点同时的、异地的双向互动传播，并且能够运用文字、语音、视频等多媒体方式，建造一个仿真的面对面传播情景，即时通讯这一新兴媒体便应运而生了。

第一节 即时通讯的兴起与发展历程

一、即时通讯的概念

即时通讯（Instant Messaging，简称 IM）是一个允许两人或多人使用网络即时地传递文字、信息、档案、语音与视频，建立起直接联系并进行实时交流的终端软件。这种网络即时通讯软件的出现极大地扩展了人际传播的时空距离，已经成为人们在互联网上进行沟通交流的主要方式之一。目前在互联网上受欢迎的即时通讯软件有 MSN、QQ、Google Talk、Yahoo Messenger、NET Messenger Service、Jabber、ICQ、百度 Hi、Lets Talk、巴别塔企业通、清扬即时通讯等。

二、即时通讯的发展历程

即时通讯最早出现在 CTSS（Compatible Time Sharing System）兼容分时系统，该系统是由美国麻省理工学院在 1963 年成功开发的最早的通用分时操作系统之一，其中一些关键的资源管理技术至今仍有价值。在 20 世纪 60 年代初期，这些系统主要用于通知服务，但很快就被用于与登录到同一台计算机的用户进行沟通交流。随着网络协议的发展，出现了点对点协议，要与其他人交流就必须连接到同一台服务器上。在 20 世纪 80 年代 BBS（Bulletin Board System）发展的高峰时期，许多类似于即时通讯的聊天功能也被纳入该系统中，“圆桌会议”就是一个很好的例子。1971 年，默里·特沃夫（Murray Turoff）为紧急情况办公室开发了“紧急情况信息管理系统及参考索引”（Emergency

Management Information System and Reference Index，简称 EMISARI）以满足政府在紧急状况下进行快速通讯和控制的需要。即时通讯就是其中的一种功能，它使处于各地的用户通过一条电话线登录到一台中央电脑上，相互之间可以方便快速地进行信息交流，同时，用户可以通过与网络连接的电传打字机查看聊天的文字内容。EMISARI 的即时通讯功能主要是为了代替电话会议而开发的，因此也被称作 Party Line。

20 世纪 80—90 年代，量子链接的在线服务提供所谓在线留言式的用户之间的信息连接，其最好的化身就是由美国在线 1988 年开发的 AOL Instant Messenger（America Online IM）即时通讯软件。它在提供即时通讯的基础上还为用户设计了个性化的好友名单（Buddy List），用户可以将其他用户的 ID 加入到好友名单中，并可以知道名单上的好友是否在线，方便确定聊天对象。20 世纪 90 年代中期，基于 GUI（Graphical User Interface，图形使用者界面）的通讯客户端已经获得巨大的发展。ICQ（I Seek You）是最早应用 GUI 的即时通讯软件。1996 年 7 月，4 个以色列年青人——高德芬格、瓦迪、维斯格、Amnon Aimr，在使用因特网时，深感实时和朋友联络十分不便，于是在 Internet 上建立一个实时的联络方式，成立了 Mirabilis 公司。1997 年 5 月就有 85 万个使用者注册，在一年半后，就有 1140 万个使用者注册，每天还有将近 6 万人在进行注册。1998 年 6 月，美国在线公司（American Online，简称 AOL），收购了研发 ICQ 的以色列 Mirabilis 软件公司。2000 年 9 月，ICQ 2000b 正式版本面世①。进入 21 世纪以来，互联网上出现了大量的即时通讯软件，而且竞争激烈。目前全球公认的三大即时通讯软件是雅虎通、MSN 以及 AOL Instant Messenger。在我国，各种即时通讯软件也呈现出“百花齐放，百家争鸣”的局面，即时通讯市场的竞争越来越白热化。

三、即时通讯的分类

即时通讯按照使用主体的不同，可以分成以下类别：

1. 个人即时通讯。个人即时通讯主要是以个人用户使用为主、开放式的会员资料，方便聊天、交友、娱乐，如 QQ、雅虎通、网易 POPO、新浪 UC、百度 Hi、盛大圈圈、移动飞信（PC 版）、联通 UP 新势力等。此类软件，以网站为辅、软件为主，免费使用为辅、增值收费为主。

2. 商务即时通讯。此处的商务泛指买卖关系。商务即时通讯，有阿里旺旺贸易通、阿易旺旺淘宝版、惠聪 TM、QQ 拍拍网等。商务即时通讯实现了寻找客户资源或便于商务联系，以低成本实现商务交流或工作交流。

3. 企业即时通讯。企业即时通讯是一种以企业内部办公为主，建立员工交流的无

① 参见 http://baike.baidu.com/view/15095.htm? =retitle。

障碍实时协作平台，主要用于政府、单位和企业，例如巴别塔企业通。由于企业对信息类软件的需求还在“探索”与“尝试”阶段，所以会导致很多系统不能“互通”，这也成为即时通讯软件下一步需要改进的方向。当信息软件被广泛使用之后，是否具备“互通”接口，将成为软件被选用的重要条件。

4. 行业即时通讯。主要局限于某些行业或领域使用的即时通讯软件，不是大众所熟悉的，如盛大圈圈，主要在游戏圈内小范围使用。也包括行业网站所推出的即时通讯软件，如化工网或类似网站推出的即时通讯软件。

另外，现在还出现了一种所谓的泛即时通讯软件，即一些软件虽然带有即时通讯软件的基本功能，但以其他使用为主，如视频会议。泛即时通讯软件，对专一的即时通讯软件来说是一个极大的竞争与挑战。①

第二节　即时通讯的传播特征与功能

一、即时通讯的传播特征

1. 沟通的实时交互性。即时通讯是一种多媒体视角下的新兴同步传播媒介服务。根据 CNNIC 中国互联网络调查报告显示，即时通讯活跃用户占到网民的 59.8%，有 73.4% 的用户认为即时通讯已经对其他通讯方式产生了巨大冲击，超过四成的用户认为其已经成为主要的联系方式。即时通讯的最大特点就是信息的实时交互传播。如果好友或群成员在线，双方可以进行实时的同步文本信息交流。如果好友或群成员不在线，用户发送的文本信息将会自动保存在系统服务器当中，等好友或群成员上线后还可以进行异步传播。文字聊天是即时通讯最早提供的服务，也是其应用最普遍的功能。IM 传播的一个显著特点就是文本式循环的电子交流方式，即它的信息传播过程不是一次完成的。在这种双向互动的交流中，参与的成员既是传播者又是接受者。首先由对话的发起者发出信息，要求进行网络聊天，然后接受者及时反馈，同时也发出自己的话题，使谈话在不断产生新内容的环境中循环往复地进行，传者和受者也随着谈话话题的不断转换而进行角色转变。因而，在即时通讯媒介下的传播活动中，传者和受者的地位是模糊的，所有参与者都是传播过程的主体。IM 实现了多媒体信息的交互传播，用户之间可以自由地使用文字、语音、视频等进行交流。这种交流模式充分模拟了人际传播的特点，但是目前 IM 还不能完全复制面对面的人际交流。即时通讯下的同步人际传播情景

① 参见 http://baike.baidu.com/view/1526.htm。

只是对现实生活中的真实场景的无限接近，这种虚拟的人际传播与现实生活中的人际传播有很大的不同。由于成本低廉、使用方便等优势，即时通讯已经成为人们跨越时空限制进行异地通讯的主要方式。因为使用即时通讯工具，超过六成的用户减少了对电子邮箱的使用，超过七成的 MSN 用户和近 2/3 的 QQ 用户减少了对电话的使用。① 现在即时通讯工具不仅应用于亲人、好友、群体之间的联络需要，进行情感交流、信息传递、文件传输、语音视频聊天，同时还被越来越多的人用于学习和工作，出现了政府机关、单位、商务、行业等的专用即时通讯软件。例如 MSN 就被普遍应用于办公环境之中。阿里巴巴贸易通主要适用于中小企业的商贸活动。另外，IM 软件划分了不同的社会群体，例如工作时有同事群、客户群，午饭时有午餐群，下班后有逛街群、篮球群；个性化的好友群、爱好旅游的驴友群以及影视评论群等。这也许是麦克卢汉所预言的在“全球村”中新“部落”的形成。

2. 传播的无障碍性。美国新罕布什尔的传播学教授约书亚·梅洛维茨认为电子媒介提供了一种新的社会场景观念，即信息场景。不同的信息流通模式会对社会角色表演的舞台塑造不同的“场景”组合方式，并由此来改变人们的社会行为。② 在以即时通讯为媒介的传播活动下，进入传播“情景”的传播主体，打破了传统的时间、空间限制，可以进行几乎同时的、异地的双向互动传播。同时运用文字、语音、视频等多媒体传播方式，建造了一个仿真的面对面传播情景，这是在 Web 2.0 时代产生的全新的传播环境。与电子邮箱相比，即时通讯在传播的同步性和双向性方面的优势无疑是明显的。但在传播的安全性方面，即时通讯比电子邮箱更加脆弱，存在许多日益凸显的问题，主要表现为即时通讯病毒（简称 IM 病毒），它是通过 IM 软件传播的恶意计算机程序。它的传播过程是：当一个 IM 软件用户感染病毒后，病毒将冒充该用户向其好友发送恶意消息，如果其好友打开消息中的附件或者点击里面的 URL，则该好友将被感染，病毒完成一次传播过程。另外，IM 中的垃圾广告、ID 被盗、隐私威胁也已经成为较大的隐患。

3. 语言符号的兼容性。即时通讯下的交流传播大多使用文字语言，这是 IM 最早开发的功能，同时，IM 还不断兼容语音、视频等其他多媒体传输方式。根据调查显示，网络聊天除了正常的信息交流之外涉及最多的是情感问题，许多不愿意向亲人或朋友诉说的问题在这里得到宣泄。同时，由于网络而结成的不同社会群体也会使用自己群体内特定的语言体系来进行沟通交流。有用方言的，有用英文的，有中英文混用的。另外，

---

① 贺文华：《六成即时通讯用户曾染病毒 QQ 市场份额居榜首》，见 http://www.enet.com.cn/article/2006/1220/A20061220349095.shtml。

② （美）约书亚·梅洛维茨：《消失的地域：电子媒介对社会行为的影响》，肖志军译，清华大学出版社 2002 年版，第 16 页。

还有一些特殊的符号和用语，例如（＊^_ _^＊）、THX、我汗、…歪、囧（俗称火星文）。社会学认为，时尚是在大众内部产生的一种非常规的行为方式的流行现象。具体而言，是一个时期内相当多的人对特定的趣味、语言、思想和行为等各种模型和标本的随从和追求。时下，网络语言已成为一种新的时尚，网络流行语也愈来愈被广泛地日常化应用。

二、即时通讯的传播功能

即时通讯最基本的功能就是提供一个社会网络式的好友名单以及社会联系的平台，方便快捷地建立信息连接以及信息交流功能。目前，国内外的即时通讯软件很多，但其提供的即时通讯服务主要包括以下几种：

1. 联系人管理。各种即时通讯软件系统都为用户提供了个性化的联系人列表。用户可以通过查找和添加联系人工具找到自己想要的联系人，并在对方允许的情况下加其为好友或其他类别的联系人。除此之外，用户还可以自由地管理自己的联系人列表，修改联系人备注，删除联系人或将联系人放进黑名单。可以查看联系人的状态，比如在线、离开、忙碌、工作中、外出就餐、马上回来、隐身、离线、脱机等，而且还可以通过自定义状态来显示个性。

2. 文字交流。文字传播是即时通讯用户最常用的传播形式。用户可以向联系人发送文本信息进行交流。如果联系人在线，用户可以发送文本与其进行实时在线交流，如果联系人不在线，可以留言。虽然即时通讯媒介下的交流已经无限地逼近面对面的人际交流，但是，在现实生活中，文字表达与口语的交流有着本质的区别。语言学研究表明人在进行文字表达和口语表达时的思维是有很大差异的，语法的使用也有不同。文字表达的缜密性和逻辑性，使得交流更深刻，也可以表达出在面对面聊天时所不会有的内容，这更适合某些感情细腻而性格内向的人。而面对面的口语表达通常有更多的肢体语言，口语的生动性和描述性使得交流更鲜活，但是文字更倾向于理性化、抽象化和符号化。

3. 语音交流。借助语音的输入和输出设备，用户可以与在线的联系人进行同步实时聊天，还可以邀请朋友，发起多人语聊。譬如 Skype 是网络即时语音通讯工具，拥有安全的通话方式，所有的通讯都是以端对端的模式进行加密的。而且 Skype 在同类软件中首先提供了免费的多方语音通话，采用混音的方式，操作简便，音质良好，且尽可能地节省网络和机器资源。它可以免费高清晰与其他用户语音对话，也可以拨打国内国际电话，无论固定电话、手机、小灵通均可直接拨打，并且可以实现呼叫转移、短信发送等功能。虽然从表面上看语音聊天已经与面对面的人际传播非常相似，但是两者还是存在很大的不同。由于音频设备和技术的限制，即时通讯状态下的交流双方或多方需要保持一个合适的音高来讲话，声音过高或过低都会影响通话的质量。在实际的交流中，很多时候音高的起伏变化可以表现说话者当时的情绪状态，而这一点往往是网络聊天容易忽略的。

4. 视频交流。借助简易的数码摄像头可以与在线的联系人进行实时的视频聊天，双方都可以看到对方聊天时的状态。从视频方面来说，参与的双方只能看到对方的固定画面。而根据影像学的原理，在一个景别、焦距都没有变化的单一的固定镜头里是无法充分表现事物或人物丰富性的一面。况且对于很多互相并不熟悉的联系人，彼此都会有自我修饰的心理，总想把最好的一面展现给另一方。

5. 文件传输。用户可以进行在线点对点的传输和接收文件，也可以发送离线文件，传送文件的大小没有限制，也不影响其他的功能。

6. 网络视频会议。网络会议又称“远程协同办公”，它是利用互联网实现不同地点多个用户的数据共享。用户可以与同城乃至全世界的人共享文档、演示及协作。无须离开办公室，就可以利用网络电话来实现这一强大的功能。另外，使用网络会议还可以实现远程销售、远程客户服务、远程技术支持、远程培训、在线市场活动等等。

7. 群聊。使用即时通讯软件，可以根据需要与不同的联系人组成具有特定意义的群体，也可以根据自己的喜好加入某个群体。在一个在线的群成员中间由某人发起可以进行群体聊天。

8. 短信群发。主要适用于从计算机终端向手机用户发送短信。目前中国移动推出的飞信软件就具备此项功能。通过飞信从 PC 上向好友发送短信是无限量而且免费的。好友如果不在线，信息将以短信的形式自动转发到对方手机上，保证信息即时到达且不会丢失。

第三节　即时通讯的发展趋势

作为互联网最具增长潜力的应用之一，即时通讯的发展无论在基础应用还是在产品扩展方面都将经历质的改变。即时通讯未来发展的几大趋势包括：

一、走向互联互通

在经过了多年的相互较量之后，微软、雅虎、AOL 提出了一项平息多年纷争的和平协议。微软面向企业市场的 IM 软件 Live Communications Server（LCS）将与雅虎通、AIM 以及它自己的 MSN Messenger 相连接。虽然分属于三家公司的公众客户端依然不能互联互通，但是使用 LCS 的企业用户可以在这三家服务商的即时通讯用户中进行聊天。

这是三大巨头为方便不同体系的即时通讯用户而走向互联互通的一次重大突破。事实上，需要互联互通的不仅是企业用户，广泛的公众用户也需要这项服务功能。雅虎一直在游说和建议：互联互通不应当仅局限于企业内部。这一次的飞跃有机会最终实现与个人用户的互联互通。曾有业内人士表示，个人用户能否实现互联互通将取决于合适的商业模式。但是，企业市场的互联互通相对容易实现，而个人市场上的互通涉及的因素更多，各自的用户数、市场占有率、增值服务的提供、广告销售量、不同 IM 软件之间的差异性，更重要的是利润的分配问题，使得实现个人市场的互联互通还需要时间的检验。企业级软件的互联互通似乎开了个好头。另外，无线上网将成为未来网络发展的宠儿，未来互联网与无线网络的互联是必然的宿命，即时通讯也必将与无线网络互联互通。虽然即时通讯在技术和市场方面都不成熟，但毕竟代表了一种新的网络竞争方向、新的企业管理模式、营销方式信息化的新趋势。如果即时通讯软件能够克服自身的软肋，那么其具有不可估量的发展前景。

二、提供更多增值服务

以腾讯公司的手机 QQ 为例，它将 QQ 聊天软件搬到手机上，满足客户随时随地免费聊天的欲望。即使没有电脑，照样可以跟联系人在线聊天、语音视频、发图片，还能下载最新铃声和图片。新版手机 QQ 更引入了拍照、传输文件等功能，与电脑端无缝链接。音乐试听、手机影院等功能让使用者边聊边玩，填补旅途、等待、课间的每一秒空闲时间。手机 QQ 跟电脑 QQ 互联，能显示全部 105 个系统 QQ 头像，96 个 QQ 图形表情让聊天更有乐趣；可显示最近联系人、陌生人、黑名单；可在线查找、添加好友，查看好友资料和 QQ 秀，保存聊天记录；可进行个性化皮肤、声音设置，更改显示状态；手机 QQ 还可以发邮件，进行手机搜索、访问手机 Qzone、浏览手机腾讯网等等，为用户打造手机在线生活平台。对于手机 QQ 用户来说，其使用是完全免费的，网络运营商只收取 GPRS 流量费。在移动应用方面，IBM Lotus 基于下一代 Notes/Domino 推出支持移动应用等一揽子计划：包括与 SAP 进一步集成，对苹果公司 MAC 操作系统增强支持，由 RIM、诺基亚、Good Technology、Intellisync 公司提供更广泛的移动应用选择，这些计划将强大的开放生态系统为客户及合作伙伴大大提升其业务价值，而且 3G 技术将为即时通讯的移动增值服务带来更大的发展机遇。

三、强化娱乐功能

即时通讯的应用将会更加丰富，除了基本的功能之外，娱乐将会是未来的发展重点。这里主要是指大众级的 IM 软件。基于娱乐的需要，很多即时通讯服务商都在积极开发 IM 平台的丰富化应用，譬如虚拟形象、虚拟宠物、魔法表情等。

四、提升个性化的信息处理能力

个性化的即时通讯是 Web 2.0 时代的产物，主要基于用户需要而设计研发。更加凸显个人信息处理功能，个性化将会是 IM 软件在未来发展中的决定因素。即时通讯用户每天都会有文件和资料需要传输和接收，不管是文字信息、语音信息、视频信息还是图片、文案，每一个 IM 用户都需要更加便捷和个性化的信息管理空间。

五、搭建营销传播平台

即时通讯软件的注册和使用用户都在快速地增长，而且最重要的是用户已经把使用 IM 软件当做日常生活、工作交流的一种习惯。根据长尾文化，最大的财富孕自最小的销售。对细微服务、细小存在、分散个体的重视和价值挖掘构成长尾经济的文化基础。大规模的市场转化为数不尽的利益市场，长尾理论正在把以往无利可图的顾客、产品、市场变得有利可图。即时通讯下的传播，拥有足够的“长尾”，而且还可以形成良好的沟通和交易机制。即时通讯充满了聚焦差异化的创新营销的机会。21 世纪是强调小众群体精准化营销的年代。即时通讯在这种营销环境下，其营销威力有将新闻媒体、客户呼叫中心、销售平台等集于一身的销售平台。即时通讯可以进行文字、音频、视频等多样化的传播，这样的多媒体平台有利于企业宣传的进入，并可能产生较好的传播效果。即时通讯的传播模式可以使企业销售人员和客户服务人员对客户和消费群体进行一对一的快捷服务和沟通，提高企业效率，增强客户满意度。即时通讯用户所组成的群体是其最大的营销优势，由有着相同或相似的兴趣爱好、地理区域、环境背景、职业特征、消费需求、消费能力的使用者组成的群体是企业最佳的营销对象，他们往往有着相同或相似的消费方向，彼此之间沟通和交流频繁密切，最有可能产生连锁消费。即时通讯平台是由用户自发主动建立起来的，而用户主动的特点也是 21 世纪企业营销所追求的。另外，即时通讯平台有着良好的技术扩展性和再开发性，目前已经出现一些智能机器人的应用，这是代替大量接线员、客户服务人员等人工操作的好方法。

六、追求以用户为导向的发展目标

在未来一个强调产品受众导向的时代，即时通讯软件除了具备其基本的功能外，应追求以用户为导向开发更加多元化、综合化的产品。聊天、娱乐、休闲、购物、网络会议等层出不穷的增值服务需要源源不断地被添加，来满足用户多样化的需求。使用户在打开电脑时就可以通过即时通讯的软件平台做他们想要做的任何事情。即时通讯的出现和快速发展，重新建构了人们的传播环境。首先减少了人们对于电子邮箱和手机通话的使用，而更加频繁地使用即时通讯软件来与相关联系人进行沟通交流，进而在一定程度上改变了人们的生活、学习和工作状态。网络即时通讯所构建的虚拟社会给予用户心灵上的满足和物质上的方便，网上购物、网络联系、视频会议等便捷的 IM 功能以及 IM 未来的发展都有可能使人们在未来的某个时间实现在家里就可以解决生活、学习和工作一切问题的愿景。但是，这种虚拟化的网络生活毕竟不如现实生活来得鲜活、生动、真切，人与人之间需要这种真正面对面的交流，而且很多实际问题也不能仅仅靠 IM 的平台就可以解决，不管什么时候，人才是社会的主体，一切的发明应用都应满足人类社会的发展要求。

第十四章　维　　客

在博客、播客之后，维客又一次成为人们关注的焦点，有学者认为维客技术又一次满足了传播者自由传递信息的美好预期。的确，相对于博客、播客等其他新媒体形式，维客更具有互动性和开放性，它关注的主题也更具有公共性。人们在同一个平台上，创建、修改、删除页面，并可以随时修正错误，重新找回正确的版本。在这样一个前所未有充分开放而自由的平台上，人们就公共性的话题进行讨论，将已有的知识与他人共享，信息在其中得到充分的双向流动。与此同时，人们在这个过程中自然地形成社会群体。而这样的新媒体，并不需要掌握多么高深的Html复杂的语法，相反，只要有一台能上网并具备基础文字处理功能的电脑，任何人都可以在一两个小时内成为一个维客。

第一节　维客的诞生与发展现状

一、维客的诞生及内涵

（一）维客（Wiki）的诞生

维客（Wiki）诞生的历史不长。1995年，当时美国普度大学计算机中心的沃德·坎宁安（Ward Cunningham）正在开发一套名为波特兰模式知识库（Portland Pattern Repository）的工具，由他设计的这个作为波特兰模式知识库的模式定义和讨论的交互性场所的平台http://c2.com/ppr/就是世界上第一个维客网站。沃德·坎宁安建立这个平台最初是为和自己一起开发编程语言的人建立一个互相链接的交流平台，但是，当他认为人人都有渴望表达自己的欲望时，就将维客技术推而广之，用来激发所有人“讲故事”的本性，让每个普通人都能成为作者，不受约定俗成的文章格式、结构以及编辑把关的限制，从而自由、方便地表达自己的思想。① 1995年5月1日，世界第一个维客网站“模式名单的革新”发布，这是对波特兰模式知识库的自动补充。网站发布之

① 杨斌艳：《维客——网络上的另类生存》，载《中国传媒科技》2004年第3期。

初，便立即在“模式社区”（Pattern Community）中获得成功。1996—2000年，波特兰模式知识库围绕着社群的协作式写作，不断发展出一些支持这种写作的辅助工具，从而使维客（Wiki）的概念不断得到丰富。同时，维客（Wiki）的概念也得到了广泛的传播，在网络空间中出现了许多类似的网站和软件系统，其中最有名的就是Wikipedia（维基百科）。Wikipedia从2001年开始投入运行，如今Wikipedia已经有200余种语言版本，截至2008年10月21日，维基百科已经有2585000篇英文文章。

（二）维客（Wiki）的内涵

维客（Wiki）是一种互联网新技术，一种超文本系统，这种超文本系统支持面向社区的协作式写作，也包括一组支持这种写作的辅助工具。而参与其中的人被称为“维客”。“Wiki”一词来源于夏威夷语的“Wee Kee Wee Kee”，英文是“Quick”，中文就是“迅速”的意思。作为一种任何人都可以编辑网页的社会性软件，维客用户无须懂得让人望而生畏的Html语法，可以如同在写字板上编辑文字一样进行操作，方便地浏览、查询、创建、修改文本。同时，维客支持社群写作，Wiki站点可以有多人（甚至任何访问者）维护，每个人都可以发表自己的意见，或者对共同的主题进行扩展或者探讨。而维客的版本控制技术可以对不同版本内容进行有效控制管理，所有的修改记录都会被保存下来，不但可事后查验，也能追踪、回复至本来面目。这就意味着每个人都可以方便地对共同的主题进行写作、修改、扩展或者探讨，不仅保护了内容不会丢失，而且维护了系统的正常运行。当然，同一个维客网站的写作者们（Wikier）自然构成了一个社会群体，他们结集于一个网络平台，共同创作内容，一起分享知识。

二、国内外维客发展现状

维客（Wiki）自诞生以来，海外维客迅速发展。例如基于Alexa工具栏2007年6月9日至9月9日3个月的访问记录数据显示，世界上最大的维客系统Wikipedia访问量位居全球十大网站第九位，成为继Yahoo!、MSN、Google的又一大热门访问站点。但在中国，维客自2002年10月引入后，其应用发展却一直较为缓慢，不仅使用人数有限，而且影响力也非常有限。以维基百科中文版为例，截至2008年10月21日的条目数仅有207000条，相对于2585000条的英文维客条目而言还有相当大的差距。目前中文维基百科在各语言维基百科条目数排名中仅列第12名，目前中文维客中比较成功的例子是由新浪网与网同（Netor）联手推行的新浪“网同万家姓维客计划”。该计划旨在利用维客技术，动员世界各个角落的华人参与其中，通过任意添加、修订姓氏和建立族谱，谱写出一个完整、准确且具有开放性的中华姓氏大全，到2008年10月21日为止，已有3327个姓氏收录在案。表14－1和表14－2是中文维基百科的发展概况以及中国主要维客网站列表。

表 14－1　中文维基百科发展概况

2001 年 5 月	中文维基百科与阿拉伯语、荷兰语、德语、世界语、法语、希伯来文、意大利语、日语、葡萄牙语、俄语、西班牙语、瑞典语的维基百科协作计划一起成立，但没有人撰写条目。当时中文维基百科的域名为 zh. Wikipedia. com，不支持中文直接输入
2002 年 10 月 24 日	用户 Ghyll 在工具软件的帮助下撰写了中文维基百科第一个有意义的条目，HomePage
2002 年 10 月 27 日	中文维基百科移动到新服务器，软件正式升级到 Phase Ⅲ，域名改为 zh. Wikipedia. org
2003 年 6 月 14 日	中文维基百科有了华人管理员
2003 年 9 月 21 日	中文维基百科突破了 2000 条条目，但其中包括同一文章的繁简两个版本
2003 年 10 月 20 日	《中国电脑教育报》文章《我也来写百科全书》介绍中文维基百科，这是中文媒体第一次正式报道中文维基百科
2003 年 10 月 21 日	中文维基百科注册用户数突破了 1000 人
2003 年 11 月 21 日	中文维基百科突破了 3000 条条目，但其中包括同一文章的繁简两个版本
2003 年 12 月	中文维基百科出现多次争议
2004 年 1 月 6 日	中文维基百科注册用户数突破了 2000 人
2004 年 1 月 23 日	中文维基百科突破了 4000 条条目，但其中包括同一文章的繁简两个版本
2008 年 7 月 31 日	中文维基百科达到 200000 条条目，44 天增加 10000 条，平均 1 天增加 227 条
2008 年 10 月 21 日	中文维基百科达到了 207000 条目，拥有汉语、维吾尔语、朝鲜语、藏语、粤语等十多种语言版本

表 14－2　中国主要维客网站

网络天书 http://www. cnic. org/
维库 http://www. Wikilib. org/
天下维客 http://www. allWiki. com/
聚好吃 http://www. juhaochi. cn/Wiki/
中国零公里 http://www. china0km. com/
自助游攻略全书 http://www. tooyu. com/
中华维客 http://www. cnWikis. com/
灰狐维客 http://Wiki. huihoo. com/
浅水笔记 http:// vim. growup. net. cn/
天空维客 http://www. skyWiki. net/
大史记 http://abc8080. net/
中文 Wiki 网址大全 http://82828. net/
计算机世界中文 IT Wiki http://Wiki. ccw. com. cn/
互动维客 http://www. hoodong. com/

第二节　维客的应用及传播特点

一、维客的使用方式

常见的维客（Wiki）使用方式有三种：一是通过申请 Wiki 服务提供商的 Wiki 软件，即通过使用如 WikiFarms 上列出的各类免费或是收费的 Wiki 服务器，让个人用户无须安装任何附加软件建立自己的 Wiki 站点；二是使用桌面 Wiki 软件（如适用于 Windows 环境的 Wiki Writerv 2. 0 和 Pepys Wiki）；三是在服务器端自己架设 Wiki 平台，通常适应于拥有一定网络资源的企业。最早的 Wiki 是用 PERL 语言编写的，常用的维基脚本语言还包括 PHP、Python 和 ASP 等。

维客（Wiki）作为一种支持社区协作式写作的超文本工具，在社会生活中的使用越来越受到重视。例如，维客作为企业内部员工交流的平台，正在被越来越多的企业所采纳。正如 Google 创始人拉里・佩奇认为：“维客上涂涂改改的便捷非常适合现代管理制度下的职员交流，维客可以打破企业内部的各层隔阂，让那些靠压制手段来管理的主管们被群体的智慧淹没。”① 又如，基于主题的协作共创（Social Software Alliance Wiki）是国外一个基于主题的协作共创 Wiki，其探讨的主题就是关于社会性软件发展，本身也属于社会软件的一种。再如，共建资源目录（BlogLink）是用 Wiki 创作的一个关于 Blog 的链接目录索引，其页面写道：“中文 Blog 日益增多，和我相互链接的 Blog 的数目也在见涨，看着首页面上越来越长的 Blog 列表，心里想找个好的链接解决方式。在观察了众多 Blogger 的链接方案之后，最终决定采用这个 Wiki 页面。一来链接的数目不受限制，二来可以让有意者自己动手添加链接。”另外，维客（Wiki）在学术课题研究和在图书馆领域的应用也越来越普遍。

二、维客使用规范保障

由于维客网站的内容可以由任何人进行编辑修改，所以需要在维护维客网站内容的正确性上进行一些技术上的规范，这就是版本控制技术。它包括：一是保留网页。每一次更动的版本，即使有人对网页做出错误的修改，也可以找回原先正确的版本。二是页面锁定。一些主要页面可以用锁定技术将内容锁定，外人便不可再编辑。三是版本对比。Wiki 站点的每个页面都有更新记录，任何两个版本之间都可以进行对比，Wiki 会自动找出它们的差别。四是更新描述。用户在更新一个页面的时候可以在描述栏中留言，如所更新内容的依据，或是跟管理员的对话等，便于管理员了解更新页面的情况。五是 IP 禁止。Wiki 有记录和封存 IP 的功能，将破坏的 IP 记录下来并限制该 IP 的编辑权限。六是沙箱技术。Wiki 页面上的 Sand Box 可以让初学者在里面做试验，学习 Wiki 的各项功能。Sand Box 的页面和 Wiki 的普通页面是一样的，在这里所做出的修改都不会保存，它就像是为新手提供的仿真的练习本。七是编辑规则。任何一个开放的 Wiki 都有一个编辑规则，这个规则需要参与人共同来遵守，只有这样才能保证这个开放的 Wiki 内容的正确性和规范性。

Wiki 系统通过这些技术和规范保证了即使面对少数人恶意地修改和破坏网站内容、某些人无意中错误地修改了网站的内容，也可以随时找回以前的正确版本，维护网站信息内容的正确性。正如 IBM TJ 华生研究中心（IBM TJ Watson Research Centre）的研究员马丁·沃登博格（Martin Wattenberg）所说，“我们对破坏活动的频繁感到吃惊，但让我们再次感到吃惊的是这些破坏很快就被恢复了”。IBM 华生研究中心的一个研究小组最近发现，维基百科遭遇的多数破坏活动 5 分钟内就能修复。很多网友都在警惕捣乱

① 陈立华、徐建初：《WIKI 网络时代协同工作与知识共享的平台》，载《中国信息导报》2005 年第 1 期。

分子、狂热分子和被误导的人在该网站上的活动，大约有200个正式成员常年监督网站的编辑，另有大约1000人经常检测网站。① 这种版本控制技术是Wiki特有的，它使多人写作成为可能，也是Wiki正常运行的基础保证。

三、维客的传播特点

维客已经成为继博客、播客等新媒体之后出现的又一个使受众广泛并深度参与的新型传播媒体。在维客网站提供的写作平台中，读者即作者，维客以"知识库文档"为中心，以"共同创作"为手段，依靠"众人不断地更新修改"，开创了一种借助互联网创建、积累、完善和分享知识的全新模式。② 通过维客在网站上的互动，人们共同创作，分享知识，并在这个过程中结交志同道合的朋友，自然地构成一个社会群体。其传播具有以下特点。

（一）公共性

维客站点一般都有一个众人共同关注的主题，个性化在这里不是最重要的，众人本着追求真理的愿望，或是对某个议题共有的兴趣，自觉为网站添砖加瓦③。相对于博客、播客等追求个性化的新媒体，维客关注的主题往往都是大家共同关注的，它追求的是人们的普遍参与和自觉贡献，以达到知识的共享和内容的深入延展。

（二）开放性

同一维客网站的人们可以自由随意地增添、修改、删除页面，而且也可以自由地检查之前的版本。页面任何细小的变动都可以被访问者观察到。人们可以在不同版本中看到细小的差别以及修改理由并做出选择。

（三）易操作性

维客抛弃了复杂的Html语言，使用简化的语法来降低内容维护的门槛。用户只需会使用Web界面的简单编辑工具，就可以轻松地在系统页面上创建、查找、修改超文本页面，这也就是为什么叫做"Wiki"的原因。维客直接以关键词来建立链接，方便人们查找与主题有关的所有相关信息。

（四）组织性

维客整个超文本的组织结构也是可以修改和演化的，系统内多个内容重复的页面也可以通过链接被组织起来置于某个页面之中。通过新建关键词链接以及修订记录页面的历史，知识在维客系统中形成了具有组织脉络的系统。

---

① 杨斌艳：《维客——网络上的另类生存》，载《中国传媒科技》2004年第3期。
② 宫承波：《新媒体概论》，中国广播电视出版社2007年版，第128页。
③ 夏少昂、许静：《维客：开放、平等、合作、共享的理想》，载《南京社会科学》2008年第2期。

（五）平等性

在维客网站里，每个人都可以发表自己的言论，更正他人的言论。参与其中的每个人，既是参与者也是维护者，既是阅读者也是网站编辑。在这里，从某种意义上来说，每个人地位都是平等的，人们根据自愿原则，遵循自己的兴趣来参与创造和共享知识的过程。

第三节　维客的传播学解读

一、维客颠覆了传统媒体传播模式

传播者指的是传播行为的发起人，是借助某种手段或工具、通过发出信息主动作用于他人的人。传播者处于传播过程的首端，对信息的内容、流量和流向以及受传者的反应起着重要的控制作用。报社、电台、电视台等媒体机构是从事信息的采集、选择、加工、复制和传播的专业组织，就其生产规模的巨大性和受传者的广泛性而言，我们把它们称为“大众传播者”①。维客的出现颠覆了传统的既有传播模式，它自身的某些特性自然地成就了人们的传播理想。平等、开放、共享、共创便是维客传播理念的精髓，具体体现在：人人都处于平等的地位，并有着相同的责任和权利，人人既是编辑，也是作者；维客平台是个开放性的平台，每位维客参与者都可以创建、修改或者删除页面；维客的共享性是指每个人在维客中都将已有的知识和信息与他人共享，整个系统所呈现的全部内容都可以被访问者以及维客社群的每一个成员共同分享。维客中所有的条目都是集体智慧的结晶，因此维客要求每位成员具有合作精神，共同参与创作。

（一）人人是作者，个个是编辑

Web 2.0 取代 Web 1.0 之后，P2P 的交互模式就取代了曾经的“网站—用户”的传统模式，似乎人们可以跨过“把关人”直接将信息向社会公布。而维客的出现，让我们看到一种更新的“把关人”角色，即“隐形把关人”。之所以称为“隐形”，是因为维客成员的身份并不像传统媒介中的记者或编辑那样有着具体的角色扮演和明晰的工作划分。在这里，每个人都不会刻意凸显自己的职业和身份，隐匿的参与者只会留下自己的 IP，而不会有任何多余的个人信息，他们所呈现的是一种“隐性”的状态，默默贡献自己宝贵的思想。② 在 Wiki 里，访客不需要具有特殊的资格就能作出贡献，他们只

① 郭庆光：《传播学教程》，中国人民大学出版社 1999 年版，第 28 页。
② 宫承波：《新媒体概论》，中国广播电视出版社 2007 年版，第 128 页。

需要书写关于既有知识的条目文章。这表示任何年龄、来自不同文化或社会背景的人都可以撰写维基百科条目，任何人只要能连上网络，都可按下“编辑本页”来编辑维基百科的大部分内容，只要是参与到Wiki里的人都是平等的，人人是编辑，人人是“把关人”，人人都有职责来维护网络的公共环境。

（二）海纳百川，有容乃大

“海纳百川，有容乃大”是中文维基百科首页上的宣言。的确，在维客出现之前，没有一个媒体能够像维客那样完全开放。在传统媒体中，传播媒介的内容由大众传播媒介控制和制约，受“把关”标准的制约，信息的传达往往不免带有片面性。网络媒体虽然相对开放，特别是BBS和Blog使得传者和受者的互动性大大加强。但是，即使这样，人们也不可以随便更改其他人的帖子或页面，阅读依然是被动地接受，反馈的只能是一种评论。而维客允许每个成员自由表达自己的意见，或者对共同的主题进行深入探讨，它就像一张“网络白纸”，每个人都带着自己的“铅笔”和“橡皮”在上面随意涂改，而维客的版本控制技术保证了维客在这种开放性下的“客观性”。天下维客的创始人韩玉文在做客新浪时曾谈到维客的开放性：维客是一个开放的体系，如果一个人发现维客上的内容有错误，都可以加以完善，而维客的内容是供全社会使用的。任何人、任何网站都可以对维客网站的内容进行转载或者进行商业使用，唯一的要求是要写上资料的原始出处。①

（三）独乐乐，不如众乐乐

维客的平等性和开放性吸引了大批维客狂热者，他们热心地贡献出自己所知道的，不计报酬甚至放弃版权，他们的劳动所得就是可以免费使用知识条目。维基深信真知藏于民间，借助互联网创建、积累、完善和分享知识的全新模式，最终实现全民百科的理想。在这个公共空间里，任何人都可以自由获取和贡献知识。因此，有人把维客形容为知识的“大同世界”②。“独乐乐，不如众乐乐”，维客将全球的网民聚集起来共同创造和分享知识。

二、维客传播主体的隐身性

（一）“永远无法完成的草稿”

在维客诞生之初，“维基百科之父”威尔士曾坦言“维基百科永远不会完成”。一个条目被反反复复地修改，维基百科每天都在上演无休无止的“编辑战”。因此，威尔士推出一项计划，就是为维基百科的一些条目设置“固定版本”，即由一些责任编辑或

---

① 宫承波：《新媒体概论》，中国广播电视出版社2007年版，第129页。

② 许亚荃、周次敏：《维客：在理想和尴尬之间传播》，载《今传媒》2005年第10期。

者管理员审核过的版本。在不损害维客自由开放性的前提下，采取相对“固定版本”的“草稿”虽然是无奈之举，却也是没有办法的办法。

（二）“我”究竟在哪里

维客的新手们往往会遭遇个人身份和个人价值的认同危机，因为在反反复复的修改中，维客新手会发现自己的心力之作被更改得面目全非，似乎做的全是“无用功”。忙活了半天，“我”究竟在哪里？但从表面上看，维客作出的“贡献”似乎被否认，其实不然，即使被更改或变得面目全非，但你的每次记录都被保存下来了。如果能给他人以启发，那么你的个人传播行为在这一社会化的互动中得到了某种意义上的深化和升华。因此每次善意的“贡献”都是一次积累，每个贡献者最终都能得到身份和价值的认同。这种认同只有显性和隐形的区别。①

（三）对权威的挑战

虽然维客使用了特有的版本控制技术，但是在开放和自由的平台中，捣乱的人还是在所难免的。就像前任《大不列颠百科全书》主编罗伯特·麦克亨利给出的比喻那样，把维客百科上了解某一个话题以及确定某些事情是否属实看做是“上公共厕所”。一方面，他对维客的内容质量表示担忧，另一方面对维客的权威提出了质疑。② 的确，维客参与者的水平参差不齐挑战了传统的百科全书的权威性。但从技术层面上说，Wiki 版本控制功能可以随时找回之前的正确版本；从社会层面上来说，维客是社群协作的写作模式，即使有人恶意捣乱，管理员和参与者都会行使自己的权利进行维护，况且传统的百科全书也不都是绝对客观的。

三、维客的社会影响

首先，Wiki 以立体多元的报道形式，让网络保持动态，并且相对于传统媒体，维客作为独立媒介参与了事件进程的始终，创造了传统新闻不曾有过的报道局面。其次，维客有意无意地“集合”众多参与者的即时在线点评、新闻背景揭露、多视角分析、预测未来事件的走向、判断事务发展进程等方面，为网络新闻报道发掘新的深度，也再现了网络报道即时性新闻事件的能力。例如在 2001 年亚洲海啸灾难报道中，维客新闻网在海啸当日就刊登了一篇题为《东南亚发生 40 年来最强烈地震》的新闻，字数不足 200，但是该报道不断被数以百计的维客补充、修改，很快成为了一篇几乎涵盖整个事件方方面面的深度报道。③ 可见，维客由博客“一对多”的模式转换成为“多对多”

---

① 宫承波：《新媒体概论》，中国广播电视出版社 2007 年版，第 130 页。
② 同上。
③ 刘超洋：《Web 2.0 打造 E 时代的新闻传播方式》，载《新闻爱好者》2008 年第 4 期。

的传播模式，人和人的关系也在以内容为纽带的协作式写作模式中延伸。从这个意义上讲，维客成为了人类历史上第一个以独立社会个体的自主内容创造为基点、面向所有社会公众开放话语权的大众媒介。换句话说，个人价值在网络社群层面上的延展，个人与社群在信息网络上的有机融合，成为维客最鲜明的特质。① 简言之，维客就是这样一个人人皆作者，个个皆编辑，充分享有自由公开可供协作的知识共享的超文本系统，一个开放、自由、平等的传播平台。

① 宫承波：《新媒体概论》，中国广播电视出版社 2007 年版，第 129 页。

第十五章　搜索引擎

搜索引擎是由英文名"Search Engine"翻译过来的，以前通常指的是因特网上专门提供查询服务的一类网站，这些网站通过网络搜索软件（又称为"网络搜索机器人"）或网站登录等方式，将因特网上大量网站的页面收集到本地，经过加工处理而建库，从而能够对用户提出的各种查询，包括自由词全文、题词、分类检索及其他特殊信息的检索等做出响应，为用户提供网址、网页、文章搜索以及综合服务①。现在，搜索引擎的导航功能正在向全方位发展，并成为人们搜索信息的捷径、进入因特网的向导。

第一节　搜索引擎的兴起与类别

一、搜索引擎的兴起

1990 年，加拿大麦吉尔大学的三名学生 Alan Emtage、Peter Deutsh、Bill Wheelan 在当时万维网还未出现的情况下，发明了被视为搜索引擎雏形的 Archie 程序（Archie FAQ）。Archie 是一个可搜索的 FTP 文件名列表，用户必须输入精确的文件名，然后 Archie 会告诉用户哪一个 FTP 地址可以下载该文件。该程序是世界上第一个自动搜索互联网上匿名 FTP 网站文件的程序，其工作原理与现在的搜索引擎很接近。Archie 是基于一个类似机器人的应用程序。这里的机器人（Robot）指某个能以人类无法达到的速度不间断地执行某项任务的软件程序。由于专门用于检索信息的机器人 Robot 程序像蜘蛛（Spider）一样在网络间爬来爬去，因此，搜索引擎的 Robot 程序被称为 Spider 程序（Spider AQ）。Gopher 是另一种应用程序，它可以将检索到的信息资源通过菜单形式显示给用户。由苹果计算机等公司开发的 WAIS 系统也是一个数据库查找系统，用户可以同时搜索很多因特网服务器。随着计算机价格下降，网络用户大增，网络信息爆炸，大部分免费数据库可供搜索，而各种程序的开发也提供了快速获取信息的功能，因特网发

---

① 贾红英：《网络搜索引擎探析》，载《情报资料工作》2002 年第 3 期。

展到这一步，万维网即应运而生。

在万维网出现之后的1993年，英国NEXOR公司的马亭·科斯特（Martin Koster）开发出AliWeb（Archie-Lide Index of the Web），它可以被看做是Archie的HTTP版本。AliWeb不使用网络搜寻Robot，如果网站主管希望自己的网页被AliWeb收录，需要自己提交每一个网页的简介索引信息，类似于后来大家熟知的Yahoo!。同年，六名来自美国斯坦福大学的毕业生开发出了世界上第一个搜索引擎World Wide Web Worm（后来改名为Excite），它通过分析字词关系，对互联网上的大量信息做出更有效的检索。这一搜索引擎的诞生对于当时面对信息海洋无从下手的网民来说无疑是个巨大的福音，虽然当时它收集到的网页总数仅为11万页，但是，因为处于互联网发展初期，网站较少，用户使用World Wide Web Worm查找到所需要的信息还是比较容易的。然而，随着互联网信息爆炸式的激增，人们很快发现要查找到自己真正感兴趣的内容是一件极其耗时耗力的事情，就如同在大海里捞针。人们需要一种技术，它能够像导游一样把你带到最有趣的旅游景点。"有需求就有市场"，1994年7月，现代意义上的搜索引擎出现。迈克尔·莫尔丁（Michael Mauldin）将Spider程序接入其引索程序中，创建了后来被人们熟知的Lycos搜索引擎。也是在同一年，美籍华人杨致远与其同窗好友大卫·费罗（David Filo）将索引网页进行分类，创立了被视为网络时代成功楷模的搜索引擎Yahoo!

1995年，为了消除人们逐一登陆各搜索引擎进行同一搜索的繁琐操作，华盛顿大学硕士生埃里克·塞尔伯格（Eric Selberg）和奥伦·奇奥尼（Oren Etzioni）推出了元搜索引擎（MeteCrawler）。元搜索引擎通过一个统一用户界面帮助用户在多个搜索引擎中选择和利用合适的（甚至是同时利用若干个）搜索引擎来实现检索操作，是对分布于网络的多种检索工具的全局控制机制，自此网络搜索引擎的大致格局出现。1995—2000年，短短五年间，HotBot、Google、AllTheWeb、Openfind、北大天网、百度等著名搜索引擎粉墨登场，搜索引擎的发展进入了黄金时代。2006年的"虐猫门"事件使得"人肉搜索"这个名词出现在人们视野之中，随后这种依赖人工的搜索开始盛行至今。而在2008年7月，微软亚洲研究院发布了"人立方关系搜索"，突破了以往单一平面化的搜索理念，将人置身于立体的社会关系中，并化无形为有形，以一张"关系图"清晰地呈现出来①，人立方关系搜索被视为开创了网络搜索的全新时代。

二、搜索引擎的类别

按照搜索引擎的工作原理，大致可以将其分为以下六种：

---

① 《微软亚洲研究院发布人立方关系搜索》，见 http://news.guoxue.com/article.php?articleid=17212。

1. 目录式搜索引擎。它搜集互联网上的资源，并按照资源的类型分成不同的目录，再一层层进行分类，用户可以按照分类的目录索引查找自己感兴趣的内容。其典型代表有 Yahoo!、新浪、搜狐、网易。

2. 基于网络机器人的搜索引擎。它由网络机器人程序沿着页面链接 Web Graph 爬行，检索文档，并建立索引库、服务器端的 CGI 或 Servlet 处理由客户端发送来的检索请求，并以检索结果作为响应返回至客户端①。这类搜索引擎的代表有 Google 和百度。

3. 垂直搜索引擎。这是一种专业的搜索引擎，它将注意力集中在某一特定领域和特定的用户需求上。垂直搜索引擎可以说是基于网络机器人的搜索引擎的细分，它同样也是利用网络机器人程序（蜘蛛程序）在互联网中不间断搜集网页，之后，按照对象不同，对搜集到的网页所包含的信息进行区分，然后分门别类地将内容信息集成到对象信息库中。在网络抓取、对象分类和内容集成之后，垂直搜索引擎就可以利用这些结构化的对象信息为用户的特定需求提供全面、专业、有深度的服务。垂直搜索引擎适用范围极为广泛，如医学搜索、法律搜索、农业搜索、图片搜索、音乐搜索等。目前还没有非常有名的垂直搜索网站，但是，在其他搜索网站中，它已经得到了运用，如在 Google 和百度，都有专门的音乐搜索和图片搜索。

4. 元搜索引擎。它是用户同时登陆到多个搜索引擎进行信息检索的媒介，通过一个统一用户界面帮助用户在多个搜索引擎中选择和利用合适的（甚至是同时利用若干个）搜索引擎来实现检索操作。此类搜索引擎没有自己的网页采集机制，也没有属于自己的独立索引库，而是对分布于网络的多种检索工具进行全局控制，处于其他多个搜索引擎之上，因此又被称为"搜索引擎的搜索引擎"。这类搜索引擎的代表有国外的 InfoGrid、ProFusion，国内的 BaiduGoo、索天下、北斗搜索。

5. 更多依赖人工的"人肉搜索"。"人肉搜索"指的是一种更多地利用人来提炼搜索引擎提供的信息的机制，网友利用各网站的搜索引擎，通过查阅被搜索人的网上 IP 地址，攻破其网上个人空间，获取相关的资料，再发动各个聊天群确定其具体位置、地点而后发动"攻击"。② 更形象地讲，人肉搜索就是利用现代信息科技，变传统的网络信息搜索为人找人、人问人、人碰人、人挤人、人挨人的关系型网络社区活动，变枯燥乏味的查询过程为一人提问、八方回应，一石激起千层浪，一声呼唤惊醒万颗真心的人性化搜索③。

6. 建立人际关系的"人立方"。人立方关系搜索是微软发布的一款新型社会化搜索

---

① 蒋望东：《互联网上的搜索引擎综述》，载《中国科技信息》2008 年第 13 期。

② 《人肉搜索不要成为网络社会的黑恶势力》，见 http://bbs.ynet.com/viewthread.php? tid = 570386。

③ 杨速炎：《网络时代的人肉搜索》，载《政府法制》（半月刊）2008 年第 15 期。

引擎，就中国市场来说，它能够从超过10亿的中文网页中自动地抽取出人名、地名、机构名以及中文短语等，并根据搜索关键词和与其相关的人名之间的关联度强弱自动地计算每一个人名与关键词直接的距离、数据大小以及具体的摆放位置等等，并通过一条标明了人际关系的细线连接他们并使其发生社会化关系。①

第二节　搜索引擎的传播特征及功能

一、搜索引擎的传播特征

从1994年现代意义上的搜索引擎出现至今，只有15年，然而，就是在这短短的15年间，搜索引擎已经经历了第一代和第二代，目前正处在第三代，而代表更新技术和理念的第四代也已经出现端倪，科学技术发展之快令人咋舌，而传播技术的发展又带来了人们的兴趣、思维方式、学习方式等方面的改变。1994年前后，以Yahoo！为代表的第一代搜索引擎出现。第一代搜索主要是依靠人工分拣的分类目录搜索，正因为需要依靠人工分拣，这一时期的搜索引擎有一个明显的特点，那就是一般索引都少于10万个网页，极少重新搜集网页并去刷新索引，而且其检索速度非常慢，一般都要等待10秒甚至更长的时间。② 衡量这一时期搜索引擎好坏的标准往往取决于搜索之后反馈结果的数量，因此，第一代搜索引擎以“求全”为最显著的特征。以Google为典型代表的第二代搜索引擎出现在1996年之后，是依靠机器抓取的、建立在超链接分析基础上的网页搜索，大多采用分布式方案（多个微型计算机协同工作）来提高数据规模、响应速度和用户数量，它们一般都保持一个大约500万网页的索引数据库，每天能够响应100万次用户检索请求③。这一时期的搜索引擎的主要特征是除了能够提供更快的检索服务外，更重要的一点是它们提高了搜索的查准率，即追求搜索结果的精确度。这里着重介绍我们现在正在使用的第三代搜索引擎以及初见端倪的第四代搜索引擎的特征。

（一）第三代搜索引擎的传播特征

1．互动性。指在用户查询和搜索引擎返回结果的人机交互过程中，搜索引擎根据用户的查询内容，智能展开多组相关联的主题，帮助用户快速地找到相关搜索结果。通俗地讲就是，在用户输入一个查询词时，搜索引擎尝试理解用户可能的查询意图，给予

---

① 百度百科：人立方，见 http://baike.baidu.com/view/1765704.htm。

② 新浪爱问：什么是第三代搜索引擎，见 http://iask.sina.com.cn/b/2287088.html? from = related。

③ 同上。

多个主题的搜索提示，引导用户更快速地准确定位自己所关注的信息内容。互动性是第三代搜索引擎最显著的特征，因此，很多人将第三代称为“互动式搜索引擎”。

2. 网页搜集更新速度快。第三代搜索引擎每天都会搜集、更新大量网站和网页，这使搜索用户能够及时搜寻到他们感兴趣的最新信息内容。

3. 索引数据库的规模在原有基础上迅速扩大。现在一般的商业搜索引擎都保持在几千万甚至上亿个网页的数据库规模。

4. 精准率得到提高。以搜狐为例，运用先进的分词引擎，并利用搜狐4000万用户名优化分词引擎的人名识别。在查询结果中，剔出页面中仅在链接文字上包含查询词的网页数据量，提高了搜索结果的精确度。

（二）第四代搜索引擎的传播特征

1. 主题搜索引擎。主题搜索运用人工分类和提取特征等智能化策略，因此比前三代搜索引擎更加有效、准确。

2. 速度更快。采用错码校正功能，有效防止潜在的软误差，使得第四代搜索引擎的速度更快，基于第四代架构的首批产品每秒可以执行10亿次搜索，较现有解决方案的搜索性能提高了四倍。①

3. 社区化。如果说以前的搜索引擎分别以关键词、超链分析为特征，那么第四代搜索引擎则是以社区化为特征。以“百度知道”为例，作为一个汇聚网民智慧的互动平台，作为社区型与知识型并重的网络搜索工具，“百度知道”为网民搭建了一个学习、交流的互动平台，“怎样煮饺子才好吃”、“我的银行卡丢了怎么办”、“地球为什么是圆的”，这样的问题在“百度知道”上能迅速得到满意的回答。“百度知道”提倡学习与知识分享，用户在不断地学习与竞争答题过程当中，达到了自我实现的价值。“寓教于乐”，“学到老，活到老”，“人人为我，我为人人”，“百度知道”的理念被广大网民所认可。自正式上线以来，“百度知道”以每天4万问题数的速度爆炸式增长，仅上线第一年就实际解决各类问题近600万个，日访问用户数约500万户，成为了最大的社区类搜索互动平台。通过庞大的社区力量，“百度知道”在对搜索引擎进行有力补充与支持的同时，也改变着用户使用搜索引擎的习惯。同时，通过社区化，搜索引擎聚集了一大批网络用户常驻，使其成为该搜索引擎的忠实拥趸。

二、搜索引擎的功能

长久以来，搜索引擎一直是最受欢迎、最热门的互联网业务之一，排名仅次于电子邮件。在日益复杂的互联网世界里，面对海量信息，搜索引擎为人们使用并体验互联网

---

① 冯英健：《什么是第四代搜索引擎》，见 http://www.marketingman.net/FAQ/1010.htm。

所带来的好处提供了不可替代的工具和手段。因为具有极大的实用性，搜索引擎从一出现就得到了追捧，这一点可以从不断刷新的搜索数量记录得到证明。从2002年以来，搜索引擎再次发力，其强劲势头引起了整个互联网行业的高度关注，全球最大的网络调查公司CyberAtlas做过的一项调查表明，网站75%的访问量都来自于搜索引擎。另一家美国权威顾问公司IMT Strategies调查发现，新网站的有效途径中，搜索引擎占85%；自由冲浪占6%；口碑宣传占4%；Banner广告占2%；偶然发现、报纸、电视各占1%。由此可见，搜索引擎作为网站推广的首选媒介，有着不可忽视的作用，甚至有人声称：一场由搜索引擎创新引发的互联网行业大变局正在酝酿和发生之中。搜索是互联网世界的制高点①，这种说法一语中的地指出了搜索引擎在互联网中的地位和价值。搜索引擎具有的以下几点功能，注定了它能在互联网世界中拥有如此不容忽视的价值和地位：

1．帮助人们发现信息。通过搜索引擎的这一功能，网络用户容易找到和发现以前所不知道的信息，这也是搜索引擎最初和最重要的功能。

2．帮助人们处理信息。信息处理是一个使信息从无序到有序、从粗糙到精细的过程。人们可以通过搜索引擎从信息海洋中得到自己想获知的较准确的信息内容，这一功能帮助人们节省了宝贵的时间。

3．拥有网页快照功能。这是目前大多数搜索引擎都具有的功能，当存有网页的服务器暂时出现故障时，用户仍然可以通过网页快照浏览该网页的内容，并且在快照中使信息私有化。通过更加智能化、个性化的搜索引擎，人们可以在大量信息中获取自己想知道、感兴趣的信息内容，构建自己的信息库。

4．发现隐藏于信息之中的知识。通过搜索技术与专家介入（人工筛选编辑）进行信息个性化和私有化，对信息进行知识挖掘，进一步发现隐藏在信息背后的知识。

5．为广告商找准目标受众。信息和知识都是相互关联的，与搜索关联的信息和知识也与其他方面的信息（例如广告和广告目标受众的信息）和知识相关联——这正是搜索排名广告和内容相关联广告得以大行其道的基础。原理上，网络广告的效率和成本与广告目标的精确程度密切相关，而网上搜索行为（例如关键词的选择）则对网民的偏好有所揭示，两者结合的结果更加精确地定位和细化了网络广告的目标受众，大大提高了广告的有效性，从而对广告主形成巨大的吸引力。②

6．与其他互联网业务协同整合。由于搜索引擎有着不可比拟的优势，搜索业务将与越来越多的其他互联网业务协同整合，甚至成为一个新的应用平台，创新、发展大量

---

① 彭鹏、梁春晓：《搜索革命》，企业管理出版社2004年版，第56页。
② 同上书，第33页。

基于搜索引擎的新业务，如“百度知道”、“百度贴吧”等都是这种新业务的体现。

从以上分述的六个功能来看，作为新媒体的搜索引擎具有显著的一个传播特征，那就是以受众为本位，无论是发现、处理信息的功能，还是网页快照的功能，无一例外都充分考虑到了受众，而搜索引擎具有的为广告商找准目标受众的功能，又使其不得不以受众为本位。

第三节　搜索引擎的发展前景与社会影响

一、搜索引擎的发展前景

互联网的魅力在于其发展之快往往超越人们的想象，常常在意想不到的地方给人以惊喜，搜索引擎近年来的腾飞又在展现这种魅力。在互联网世界，实现信息“公共化”向“私人化”过渡的重要环节是搜索；实现商业价值由信息的“发送端”向“接收端”转移的支点是搜索；实现价值、知识与其他网络服务有效协同的整合者是搜索。互联网正在从“内容为王”的时代走向“搜索为王”的时代，“称王”是搜索引擎在互联网世界未来的整体发展趋势。在未来，搜索将成为一切网站服务和功能的基础，将居于网站商务模式架构的中心位置。以上是搜索引擎在宏观上的发展前景，而从微观上来看，搜索引擎主要有以下几个发展趋势：

一是个性化。一项新的调查结果显示，网民对于搜索引擎几乎不存在忠诚一说。这是因为搜索引擎过于雷同，没有个性，人们很容易用一个搜索引擎代替另外一个搜索引擎。因此，搜索引擎为了提高竞争力，提供个性化及特色服务势在必行，如为用户建立信息库，按照用户的兴趣爱好排列检索结果，方便用户使用。在这一点上，Google 可谓先行者，它正在尝试两项新的搜索业务：个性化 Web 搜索服务（Personalized Web Search）和 Web 提醒服务（Web Alerts）。用户要使用个性化 Web 搜索服务，首先要填写个人喜好、兴趣等信息，之后该项服务就可以根据用户的兴趣为用户提供搜索结果。例如，如果用户表示对音乐有偏爱，当他输入“Bass”关键字进行搜索的时候，所获得的搜索结果就会大多与音乐相关，而不会给用户提供大量的关于鱼的信息（注：Bass 在英文中有男低音和鲈鱼两种含义）。同时，用户还可以通过调整自己对某一领域的关注程度，改变搜索结果中各项内容的比例。①

二是智能化。人们使用搜索引擎可以获得很多有用的搜索结果，但不可否认的是，

① 彭鹏、梁春晓：《搜索革命》，企业管理出版社 2004 年版，第 23 页。

搜索结果中也存在着为数不少的垃圾信息。这是因为，目前的搜索引擎主要依靠计算机程序对互联网上的海量信息进行筛选，人工智能技术的不完善常常导致搜索引擎答非所问，在搜索结果中，位置靠前的有相当一部分是和用户搜索目的无关的，还需要用户自己一条条地进行二次筛选。因此，在搜索引擎中，人的作用不容忽视，人工直接参与搜索过程是搜索引擎智能化的一个重要部分，虽然现在有些搜索引擎已经开始使用“专家筛选”，但其效果显然不够，智能化仍有待加强，这样，查准率能较现在提高很多。智能化的另一个表现在于它能够实现分词技术、同义词技术、概念搜索、短语识别、句子理解以及机器翻译技术等，因而，搜索引擎能将信息检索提高到基于知识（或概念）层面，具有智能化和人性化特征，能够实现利用自然语言进行信息检索。

三是人性化。说到搜索引擎的智能化趋势，必然要说到它的人性化趋势，因为智能化本身就是促使其人性化的一部分。人性化还体现在以下三个趋势上：首先，查询语言自然化。自然语言是相对于计算机语言而言的，自然语言的输入将更加方便用户使用，人们可以用自己最习惯的语言来使用计算机，而无须再花大量的时间和精力去学习不很自然和不习惯的各种计算机语言。自然语言的使用可以使用户更精确地表达自己的要求，也更易于用户与搜索引擎的交互，人们还可通过它进一步了解人类的语言能力和智能的机制。为了克服关键字查询与目录查询的不足，自然语言智能查询业已出现。用户可以输入诸如“ Where can download the java developing kit?”，搜索引擎可采用多种方式逐步与用户进行交流，达到理解用户真正意图的目的，进而提供给用户更满意的结果。其次，加强交叉语言检索。即用户输入检索词，形成一个源语言的搜索式，系统对搜索式进行语言识别，识别出语种后再进行句法和结构分析，然后翻译成各种语言的搜索式，最后把这一系列的搜索式提交给系统进行检索。

四是多媒体化。对于数据量高速增长的视频、音频等多媒体信息的搜索，现在仍然是搜索引擎无法突破的难题。但是，随着宽带技术的发展，开发出可查寻图像、音频、视频的搜索引擎是其新的发展方向。

五是专业化。这是就搜索范围而言的。浩如烟海的网络资源正在快速增长，单个的搜索引擎无法搜集全所有主题的网络信息，即便是信息主题收集得比较全面，也由于主题范围太泛，使得搜索引擎很难将各主题做精做专，从而导致检索结果中信息垃圾过多，查准率大大降低。网络用户对具有高度专业化的面向主题搜索引擎的热情日益看涨。如百度、Google 就在图片、音乐等主题搜索中进行了有效发展，可以想见，日后定是一个主题搜索大行其道的时代。

六是多元化，即元搜索引擎。这类搜索引擎将用户的查询请求同时向多个搜索引擎递交，将返回的结果进行重复排除、重新排序等处理后，作为自己的结果返回给用户。其最大优点是返回结果信息量较普通搜索引擎更大、更全，因而具有良好的发展前景。

二、搜索引擎的社会影响

大量传播学研究都证明了这样一个事实：传播技术的变革必然会对社会产生深远的影响。作为传播技术的一种，搜索引擎的出现，使得人们不必外出搜集资料，也不必泡在图书馆翻阅大量的书籍文献，只需通过网络输入关键词就能轻轻松松获知自己想知道的信息，这就极大地降低了人们获取信息的成本，打破了时间、空间对获取信息的阻隔，促进了人类知识、文化的传播，从这一点来说，搜索引擎在增进社会福利、促进社会发展等方面功不可没。然而，这种由搜索引擎带来的便利，大量信息资讯唾手可得，一定程度上造成了人们在阅读、学习方面的惰性，同时，这也影响到了社会的学习风气，近些年来频频出现的抄袭侵权案等都与使用搜索引擎脱不了干系，而提供搜索引擎的服务商也面临着类似的侵权官司，如2005年9月26日，环球唱片有限公司、华纳唱片有限公司、金牌娱乐事业有限公司、EMIGROUP香港公司、索尼BMG等多家公司将百度告上法庭，状告其侵犯信息网络传播权。2006年发生的“虐猫事件”不仅使“人肉搜索”迅速火了起来，而且让人们第一次强烈地感觉到了“搜索”对社会的巨大影响。2006年2月，网民“破玻璃渣子”在网上公布了一组虐猫视频截图，截图中一女子残忍虐猫的行为引发了网民公愤，从网友在猫扑网发出第一道“宇宙通缉令”开始，到“虐猫女”被挖出来，短短六天之间，被激怒了的网民通过人格分析、私人信息比对和发出通缉令等手段，就将发布虐猫视频的三个嫌疑人锁定，在彰显网络搜索巨大能量的同时，也将“人肉搜索”上升到了广为人知的标志性事件，并第一次拉开了虚拟世界极大影响“被通缉者”现实工作、生活秩序的大幕。① 网络上流行着这么一句话，形象的说明了“人肉搜索”的巨大影响：“如果你爱他，把他放到‘人肉引擎’上去，你就会知道他的一切；如果你恨他，就把他放到‘人肉引擎’上去，那里就是他的地狱。”这就带来了一个很大的道德法律问题，即“人肉搜索”侵犯他人隐私。被“人肉搜索”盯上的人往往并不是十恶不赦的人，然而，“人肉搜索”却挖出了当事人甚至其亲友的大量隐私资料，将普通人赤裸裸地“晒”在公众视野中，给当事人及其亲友造成了极大的困扰，甚至导致他们中的很多人被迫离职退学、背井离乡。

但是，值得注意的是，正如一把双刃剑，“人肉搜索”也在维护社会正义、弘扬社会真善美等方面起到了很大作用。如2007年4月的“钱军打人”事件，“人肉搜索”的启动，使网络判决开始影响社会判决；2007年底的“华南虎事件”事件，“人肉搜索”的层层推进，则显示了网民们难得的群体理智和相对克制。2008年“5·12”四川

---

① 陈朝晖：《透视“人肉搜索”的发展演变》，载《传媒观察》2008年第7期。

大地震中，以“谷歌”为代表，包括天涯社区、百度贴吧、搜搜搜吧、新浪和网易等网站的数千个相关网页，紧急启动的专项搜索引擎——“寻找灾区的亲人”则彰显出“人肉搜索”前所未有的人文关怀和凝聚力。①

① 陈朝晖：《透视“人肉搜索”的发展演变》，载《传媒观察》2008 年第 7 期。

第十六章　SNS

传统的即时通讯如 QQ、MSN 等都是基于集中管理的网络模式，它们需要在后台拥有成千上万的服务器，这些服务器在分配给用户进行文字聊天时的资源消耗量不是很大，因此对于依赖服务器的方式，文字聊天应用并没有出现太大的问题。但如果进行音频或视频聊天，用户所占用的服务器资源就会相应增大，也会影响到通讯的质量。而且随着即时通讯软件用户数量的快速增长，服务器的管理模式越来越捉襟见肘。相比于 IM，SNS 最大的特点和应用价值就在于它是为那些没有服务器资源，但有强大的信息创造和生产能力，需要大量免费网络应用程序的个人及小型公司提供的新型网络操作系统。那些只拥有一台或几台设备的个人或公司，因为没有大型的网络服务器而使活动受限，但一经安装 SNS 平台就可进入一个崭新的网络世界。

第一节　SNS 的内涵、发展与功能

一、SNS 的内涵与发展

SNS 源自 Social Network Service（社交网络服务）、Social Network Software（社交软件）、Social Network Site（社会性网络服务网站）等三种英文的缩写形式。SNS 是根据六度分割理论和 150 法则（Rule of 150）建立的。1967 年，哈佛大学的心理学教授 Stanley Milgram（1934—1984）创立了六度分割理论，即“你和任何一个陌生人之间所间隔的人不会超过六个，也就是说，最多通过六个人你就能够认识这个世界上任何一个陌生人”。这说明社会关系中普遍存在着弱纽带，但是它却发挥着非常强大的作用，通过弱纽带，人与人之间的距离开始缩短。按照六度分割理论，每个个体的社交圈都不断被放大，最后成为一个大型的社会网络。150 法则是指从欧洲发源的赫特兄弟会有一个不成文的严格规定：每当聚居人数超过 150 人的规模，他们就把它变成两个，再各自发展。把人群控制在 150 人以下似乎是一个管理人群的最佳和最有效的方式，150 成为普遍公认的人们可以与之保持社交关系人数的最大值。无论你曾经认识多少人，或者通过

一种社会性网络服务与多少人建立了弱链接，那些强链接仍然在此时此刻同时符合150法则和二八法则，即80%的社会活动可能被150个强链接所占有。以上两种理论是SNS得以建立的早期依据，后来有人根据这些理论创立了面向社会性网络的互联网服务，通过“熟人的熟人”进行网络社交拓展，以认识朋友的朋友为基础，扩展自己的人脉，并且无限扩张自己的社会关系网，在需要的时候，可以得到该关系网的及时帮助①。

具体说，SNS是一个采用分布式技术，即采用P2P技术构建下一代基于个人社会网络的基础软件。SNS通过分布式软件编程将现在分散在每个人设备上的CPU、硬盘、带宽进行统筹安排并赋予这些设备以更强大的能力。这些能力包括计算速度、通信速度、存储空间等。② 国内比较著名的SNS社区有：校内（www. xiaonei. com）、豆瓣（www. douban. com）、个人时代（www. selftimes. com）、海内（www. hainei. com）等。国外比较著名的SNS社区有：Facebook、Frendster、Myspace等。社交网络服务提供商针对不同的受众进行不同的定位。最初的社交网站主要用于交友，例如美国的Friendster、Linkedin。另外有些网站专门为商务人士交友提供服务，比如中国的天极网、德国的OPENBC。华人地区类似的网站有位于美国的聚贤堂（chinaworks. cn）和My Danwei等。不过目前赢利前景最大的网站还是婚恋交友网站以及面向年轻人及大学生的SNS网站，例如被默多克新闻集团以高价收购的Myspace，针对美国大学生的社交网站Facebook以及中国的校内网等。基于“熟人的熟人”而建立的社交网站，只是社交拓展的一种方式，并非社交拓展的全部。因此，现在一般所谓的SNS，其含义已经远不止“熟人的熟人”这个层面。比如根据用户经历进行凝聚（如Facebook、校内）、根据空间主题进行凝聚（如Qzone、百度空间）、根据社交游戏进行凝聚（如开心网、社交游戏）等，都被纳入SNS的范畴。而且许多WEB 2.0网站都属于SNS网站，如即时通讯软件（IM）、交友网站、视频分享、博客、播客、网络社区、音乐共享等，它们在人们的网络生活中扮演的角色越来越重要。

SNS（P2P）不是一个应用产品，而是一个像Windows那样的技术平台。SNS可以在自身的平台上开发与应用自己和他人的产品，这是SNS最大的独特性。例如Skype通过应用P2P技术克服了因为庞大的服务器集群难以有效管理这种通讯量大、处理过程复杂的多媒体网络通讯业务的不利因素，成功进入了语音市场。但是，如果一旦应用了SNS，其传输速度是Skype的8倍以上，因为SNS相对于Skype来说，优势不在于简单的P2P语音链接，而是提高了整个网络的带宽速度。

SNS的市场定位是提供一个平台，帮助每个人通过自己手上的设备，在网络中发挥

---

① 参见http://baike. baidu. com/view/1456803. html? wtp = t。
② 参见http://baike. baidu. com/view/1273604. htm。

自己的力量，中间不需要任何服务器的管制，这就是基于受众主导的 Web 2.0 时代下的新型网络平台应用模式。在这个新的应用模式下，谁充分地掌握最广泛的受众和提供最深入的受众参与，谁就拥有最大的市场利益。基于 SNS 平台的社交网络的优势在于网络身份的真实性和可靠性，其价值不仅源于真实性，而且体现在实用性上。通过认识"朋友的朋友"找到自己需要的人，扩大自己的人脉关系，科学地管理个人的关系网络。SNS 以现实的社会关系为基础，模拟或重建现实社会的人际关系网络，力求回归现实中的人际传播，着力为用户打造一个更加透明、活跃的网络社交圈子①。

SNS 属于显性的社会性软件，即比较关注直接的社会朋友关系的建立，具有社群性质，朋友之间可进行人力资源分享，有直接的应用目的指向性，在建立社会关系的过程中完成或解决了具体的应用问题②。另外，SNS 化的网络生活为用户提供了更加综合、立体和人性化、个性化的个人信息展示和应用的平台，使得用户可以最大化地展示自我，个人的后台被最大限度地搬到了前台。而且 SNS 平台对用户的网络技术要求很低，它本身提供了多种现成的制作个人网络空间的模版，用户可以按照个人的喜好和需要使用不同的模板。

二、SNS 的传播功能

用户一旦使用 SNS 平台系统，就可以拥有创新型的个人化网络功能：

一是创建个人的社会网络，并科学地管理自己的社会关系圈。可以通过使用个人电台、电视、商店、网站等方式和朋友进行交流，能把认识的或不认识的人组织到自己创建的这个 SNS 私人社交网络中，关键是这个私人社交网络自己有一定的控制权。

二是创建个人的网站，在不需要懂得任何专业计算机技术的情况下，可以根据 SNS 提供的平台制作和管理自己的网站。所有访问该 SNS 个人网站的人，都可以和站主进行即时交流，包括使用文字、网络电话，或者面对面地视频交流。

三是创建个人的网络电台，类似于网络播客的形式。可以允许那些被用户许可了的或不需要被许可的人来收听站主的电台节目，寻找共同爱好，希望进行下一步的交流。

四是使用 SNS 的用户还可以邀请朋友和其拜访者一起卡拉 OK、DJ 等，类似于线下的大众娱乐休闲场景。

五是通过 SNS 平台，用户可以收看网络电视。SNS 最大的优点是不需要改变现有的任何基础设施也能很方便地观看网络电视，还可以与朋友分享和讨论共同感兴趣的节目。同时，还可以创建个人的网络电视频道，制作和管理自己喜欢的电视节目，展现个

---

① 吴加录：《校园 SNS 向大学生热情招手》，载《中国计算机报》2007 年 8 月，总第 1545 期。
② 参见 http://baike.baidu.com/view/5507.htm。

性，寻找有共同点的朋友，并且可以设置访问的权限，例如只允许朋友才能观看自己的网络电视。

六是创建个人的商店，在自己的商店里发布个人的商品信息，并且可以即时在线和那些对这些商品感兴趣的顾客面对面地讨价还价。同时还可以逛一下他们的商店，甚至相互交换一下各自商店的物品。

七是进行社交游戏，用户可以参与那些在SNS上开发的网络游戏，而不需要解决集中服务器和宽带投入的使用费用。

八是使用SNS来制作自己的音乐串烧，配上个人喜欢的装饰点缀，做网络里的个人DJ。

九是SNS提供不同于传统电子邮箱模式的电子邮件功能。用户可以行使控制和管理权限，只允许一小部分人进入自己的社会网络，利用自己的社会网络中的邮件程序来发送邮件，这样就减少了来源不明的垃圾邮件，增强了网络的安全性。

十是通过SNS上的星巴克功能，用户可以在三维空间里的“星巴克”店中进行聊天，彼此交流，这种形式更接近于现实生活中的社会交往。

另外，通过使用SNS，人们可以实现个人数据处理、个人社会关系管理、可信的商业信息共享，可以安全地与信任的人群分享自己的信息和知识，利用信任关系拓展自己的社会性网络，达成更加有价值的沟通和协作。通过SNS，人们的社会性资本得到累积，这样的平台体系在未来可以服务于各种社会活动，并带来巨大的商业和社会价值。

第二节　SNS的拓展与社会影响

SNS网站的出现成为近几年互联网上最热门的话题和网络应用的亮点之一。2003年3月，SNS网站悄然从美国兴起，短短的几个月内SNS就风靡整个北美地区。据统计，在硅谷工作的三个人当中就有一个人使用SNS来拓展自己的交际圈。SNS网站也受到了风险投资的追捧，有些SNS网站还获得了巨额的投资。

一、SNS的拓展

SNS的拓展首先体现在从“跑马圈地”到细分化生存，专注于不同应用群体的清晰定位。从2003年开始，一系列SNS网站如雨后春笋般出现。最初的SNS网站大多数是模仿美国Facebook的模式而建立的，如校内网、亿聚网、占座网等。初创的成功大部分来自“跑马圈地”，就像千橡集团CEO陈一舟所说，“我们现在的首要任务就是要想办法黏住用户。这就像滚雪球，当我们把雪球滚过之后，地上留给别人的雪（市场份额）就不多了。”陈一舟眼中的“雪球”是千橡旗下的校内网，一家原本以学生为主要用户的社交网站，在正式宣布进军白领、高中端市场之后，不久又悄悄上线第一个商业礼品活动。或许正是遭遇到了 SNS 应用增长的“天花板”，校内网开始进军高中端以及白领市场，目前已经开放了 1800 所高中端和 4660 家公司，其中包括 IBM、Google、联想、蒙牛、三星等国内外大型企业。陈一舟解释说，进军白领市场有两方面的考虑，一是以前的很多大学生已经成为白领了，二是看到 Facebook 开通白领后，增长非常迅速。①

其次，SNS 在商务领域的拓展。信息技术与互联网对人们的工作、学习、生活有着无处不在的渗透作用，其中对商务工作的影响越发重要。对于拥有固定上网环境、有着明确上网目的、致力于通过互联网进行商务活动的人士来说，他们也同样是上网一族中最为稳健可靠的部分。网络对商务的帮助和商务人士对网络的使用，形成一个不可分割的联合体。SNS 最初所建立的真实的网络人际社会，有助于解决电子商务工作中最重要的“信誉”问题，通过 SNS 在工作圈、商务合作圈中建立良好的信誉，实现的将是多方共赢。SNS 将与电子商务相结合，将电子商务带来的渠道、价格、管理优势与 SNS 自身的人脉网络优势相结合，带来更为广阔的发展空间。以联络家（Linkist. com）为例，它是一家面向华语世界专业人士的 SNS 网站。在注册成为网站会员后，人们可通过网站建立和管理自己的人脉网络。与其他中文 SNS 网站相比，联络家的会员来自各行业的专业人士，在联络家，用户结识到的是和其真实工作和研究方向需求相一致的朋友。最新数据显示，联络家已拥有逾 3 万个会员，并以 2% 的日增长率在稳步提高。联系家的会员中，以 25 ~40 岁的白领人士和中高级管理人才居多，他们具有较高的社会地位，拥有灵活、先进、易接受新生事物的思维方式，对于网络的应用和依赖更为显著。为了适应这批专业人士的商务需求，联络家提供了一个建立真实、诚信、可靠的沟通和评价体系。在这里，注册用户将获得更多的工作机会，拥有更有竞争力品质和价格的商品，联系到更多的销售渠道，抢先一步掌握商机，等等，这都是在其他交友网站所不能实现的。②

最后，SNS 加强了在人际关系领域的拓展。人际关系就是生产力，努力把人际关系开发成可利用的资源是 SNS 网站的又一拓展。例如人和网就立足于为各种行业中的中高级人才提供更好的发展人际关系和利用人际关系的平台，打造的 SNS 网络招聘功能，协助所有的注册用户在找工作时都能够得到到朋友圈、关系网的帮助。个人在找工作的同时，所有的朋友都能帮你找工作，而且个人所有的朋友认识的其他朋友也有各种信息

① 参见 http://www. topfo. com/News/200712/NR20071228_ 194273. shtml。
② 参见 http://baike. baidu. com/view/5507. htm。

可以提供给个人来找工作。这就意味着，个人可以在基于SNS的网络平台上建立自己专有的“猎头”。

二、SNS的社会影响

SNS的应用指向体现在试图把人与内容的关系深化为人与人的关系。虽然SNS也强调内容的生产，但是内容生产的主体已经由专业网站扩展为个体，从专业组织的制度化的、组织把关式的生产扩展为更多“自组织”的随机的、自我把关式的生产。个体生产内容的目的，也往往不在于内容本身，而在于以内容为纽带和媒介，延伸自己在网络社会中的关系。因此，SNS使网络不再停留在传递信息的媒体这样一个角色上，而是使它在成为一种新型社会的方向上走得更远。这个社会不再是一种“拟态社会”，而是成为与现实生活相互交融的一部分。① 既有现实的社会关系网被搬到网上，也有通过网络社交平台来编织新的社会关系网，网络生活已经渐渐地成为现代生活的重要组成部分。SNS最终给我们带来的将是超越内容的社会网络以及文化网络，是人与人之间关系的重构，它不仅建立了一个个人与社会沟通的平台，还成为了一条社会纽带，是个体能量放大成社会能量的转换器。但是SNS所提供的社会交流平台也有令人担忧的地方。个人通过不断地展示和完善自己的信息，试图呈现一个完整的自我，逐渐将本属于个人的后台前台化，基于后台的自我在前台的环境里得到不恰当的“表演”；与此同时，网络的公共空间也在不断地被放大，吸纳和侵蚀了部分的私人空间，个人的能量也有可能激荡起整个社会的波澜。

实际上，SNS进入市场的战略结盟属于掠夺式和侵略性的。一方面，掠夺基于服务器运营和成本高昂的硬件设施的互联网公司的用户资源；另一方面，和创造了信息本身及服务本身的产业伙伴结盟，扩大行业发展优势。免费许可电信运营商在SNS的系统平台中广泛地建立电信传统业务。例如QQ短信，免费许可移动运营商使用，而不收取运营商的分成费，但SNS要收取他们的按用户数许可的人头费。另外，一个行业的发展壮大还需要其他行业的辅助，首先与银行结盟，使在SNS上进行交易的人们可以方便地利用银行的支付系统进行交易活动。SNS许可支付运营商免费地直接在SNS上从事这项业务。但SNS要收取支付运营商面向交易者收取的手续费中的一部分，作为代理方式获得。其次与有形产品供货商、交易安全保险商合作。SNS就是一个ebay那样的系统，但完全免费开放给供货商、内容供应商使用。其中有需要交易安全保险服务者，可以购买与SNS合作的保险公司的服务业务。但SNS收取其保险费中的一部分作为代理费。除此之外，更重要的就是与个人信息创造者亲密合作。SNS之所以能够获得

---

① 参见http://media.people.com.cn/GB/40628/5276761.html。

迅猛的发展，它的生命线就是广大的受众资源。那些富于创造信息的个人，可以通过SNS提供的系统平台来建立自己的网络世界，这是Web 2.0时代网络技术的生存法则。

自2007年5月24日，美国社交网站Facebook向全球软件开发者开放API（应用编程接口）以来，这家全球炙手可热的社交网站已经吸引了全球成千上万的开发者为其开发各种应用软件，并以此形成了一个围绕在Facebook周围的庞大的应用开发商群体，这些都促成了Facebook的用户增长。2008年6月，Facebook的每月独立访问人数首次超过了Myspace，晋升为全球社区之王。Facebook通过开放API所带来的巨大增长，使其他的社交网络社区也纷纷开放或欲开放其应用编程，这意味着社交网络创业者可以做一个和Facebook一样的网站，同时共享到无数应用商为Facebook开发的软件。整个SNS的产业链因为开放而产生巨变，形成了几个标准服务商、若干平台服务商和无数应用服务商所构成的新的产业链。就像当年微软和苹果在个人电脑上的竞争，当年的苹果就是没有意识到标准的重要性而陷于被动，而今天作为SNS市场竞争主角的微软和Google，它们都有很清楚的标准意识，未来的标准之争将会是一个更加硝烟弥漫的战场。虽然中国现在的SNS市场还远不如国外成熟，社交网站的平台还不够规模，以及众多应用服务开发者的阵营还不完善等制约条件使得中国的社交网站平台的开放显得迟疑不决，但是，就像当年苹果在标准之争中失败一样，标准的建立是发展的必然趋势，为了各自的市场利益，关于标准的斗争也在所难免，中国社交网站的开放同样是大势所趋。有专家预测，SNS网站有可能取代现有门户网站概念成为第二代门户网站。也有人预测SNS平台不能单独运营，还是需要借助门户网站来进行深度和综合的挖掘，一旦现在的各大门户网站开始采纳SNS系统，其竞争将会是另一番景象。

第十七章　社会书签

当你在网上遇到好的网页或者网站时，便可以将链接收藏下来，以便将来再阅读，或者和别人分享你的收藏。在收藏链接的时候，用户可以添加一些评注以备日后参考，或者方便别人检索。在收藏链接的时候，用户还可以对链接进行归类，一般的做法是给链接加上不同的标签（Tag），双向的交流（Two-Way Communication）和沟通、点对点（Peer-to-Peer）的联系成为了人们获得信息的新趋势，而社会书签正是应需而生的产物。

第一节　社会书签的产生与应用

一、社会书签的诞生

社会书签（Social Bookmarking）是一种超链接收藏和分享的社交性软件或网站。因为收藏的超链接可以被许多人在网络上分享，因此也有人称之为“网络书签”。使用者需要到社会性书签网站上进行注册，并得到网络存储网址、添加存储标签、设置存储网址的隐私性等服务。用户可以通过它来收集、整理、聚合感兴趣的网络信息，例如新闻、图片、资料、网站等，并在世界上任何一个可以上网的计算机那里找到自己曾存储的网络信息。同时，用户可以和其他人分享自己的个人收藏，并从其他用户的收藏中发现信息，快速找到感兴趣主题的网站。社会书签的使用很简单，只需要几个简单的操作，就使得从前难以整理的“收藏夹”变得轻松管理，而且还可以与他人共享。

社会书签的发展历程并不长，但它自诞生起就引起了人们普遍的关注，它极大地改变了人们获取信息、整合信息、聚合信息的习惯。其实，在 Web 技术出现后不久，人们就可以把超链接收藏起来和大众分享，例如，雅虎就是通过收集和分类网站开始逐渐发展成门户网站的。在互联网发展早期，用户依靠集中化网站来处理收集信息。随着网络的发展，特别是搜索技术的使用，用户获取信息的途径和习惯也由单面走向多元，由定点走向搜索。2003 年底，最早的社交性书签服务 Del. icio. us（美味书签）由 Joshua

Schachter 推出，它简洁的风格和各种功能立刻吸引了大量用户，在这其中，Blogger 们成为了推广美味书签的原动力，其开放式 API 更是吸引了大量的程序设计师们的参与，针对美味书签的各种辅助工具和另类的拓展使用层出不穷。Del. icio. us 被普遍认为是 2004 年最出色的网络服务之星，使用人数超过十多万。与此同时，在中国也出现了第一家社交性社会书签——天天网摘。

二、社会书签的应用

社会书签把网络上的信息资源实现人性化的、更为广泛的、更为平等的共享和交流，其应用特点体现如下。

（一）信息搜集的便携性

使用书签网站的用户可以把所有的书签保存在一个地方，然后可以在任何时间、任何地方，只要有一台可以上网的电脑，就可以看到自己收藏的书签。用户上网浏览信息，可以把自己喜欢的网址或信息资源地址拷贝下来，复制到书签网站提供的管理器中，或者使用书签网站提供的右键存储工具进行快捷的收藏，而不用再像以前那样，保存的链接只能在一台电脑上显示，换一台电脑就看不到了。

（二）信息管理的个性化

用户只要将收藏的书签贴好标签，所有的书签将自动按照分类有组织地排列。以往人们往往采用收藏夹的办法来整理收藏书签，这样的方法在书签不多的情况下是有效的。但是，当收藏的书签越来越多的时候，找到想要的书签就会变得越来越困难。而社会性书签则不会出现这样的情况，通过标签和索引工具，用户就可以轻松地找到保存的链接。

（三）信息传递的共享性

用户收藏的书签可以通过设置隐私被指定的人浏览、分享，还可以通过电子邮件发送给其他人，同时也可以看到到底是谁在分享自己的书签。人们不仅可以通过浏览书签标题和用户评语获得书签的简洁信息，还可以通过网站的统计数据获知该书签被多少人做了收藏，以及这些标记人的书签库链接地址，由此，人们可以发现志同道合的人，并将他们加入到自己的网络之中，查看他们以往收藏的书签，与他们再进行更多的信息交流。

（四）信息搜集的快捷性

用户可以通过查看一个标签下最受欢迎的书签，以最快的速度掌握最重要和最受关注的信息资源，随时掌握相关内容的动态。而且，通过订购 RSS，用户可以随时跟踪最新发生的信息，而不必费劲地去寻找，大大节省了寻找信息的时间。

(五) 信息聚合的扩展性

在信息共享基础上，兴趣相同的用户会通过收藏相同的资源而产生关联，你可以轻易地找到和你收藏同样书签的人，甚至可以建立共同的收藏夹，共享书签资源。在朋友众多的情况下，可以用RSS显示朋友最新的书签而不必登录他们每个人的书签库。你可以在具有相同兴趣的人那里发现自己关心的话题的不同方面，这就像是个知识引爆器一样，在信息的扩展聚合中对知识引爆。

第二节 社会书签的服务功能及影响

社会书签为信息组织和资源分类开启了新方式。用户收藏网址时为每条资源加上标签，这就产生了一个以用户为导向的信息分类方法。社会性书签服务表明，谁创建了一个个人社会性书签，就为访问这个人的收藏网址列表提供了途径，所以，用户间可以方便地就任一感兴趣的主题建立社会联系。用户可以查看有多少人使用了某个标签，或查看标有同一标签的所有网址。社会书签的出现打破了用私有文件夹方式来组织信息的模式，创造了一个真正的资源网络和连接网络——不是局限于个人和各自文件夹，而是反映社区用户的兴趣和判断。①这就是所谓的“大众化分类”（Folksonomy）。Folksonomy是Thomas Vander Wal于2004年8月提出来的，由“Folk”和“Taxonomy”复合而成，前者是“人们、种族”的意思，后者是“分类、分类学”的意思。由于参与自由分类的人不是专业人士，他称之为“自下而上的社会化分类方法”（Bottom-up Social Classification），有人把它称为“分众分类”，也有人将之解释为Social Classification（社会分类或自由分类法）。Folksonomy与社会书签紧密相关，因为这个合成词就是由社会书签服务中最具特色的自定义标签（TAG）功能衍生而来的。简单地说就是用户自发地用标签对自己感兴趣的资料进行分类，并与他人共享标签的过程和结果②。

社会书签的非正式的组织结构，为用户提供了对信息和资源表达不同观点的机会。在这个过程中，志趣相同的人可以发现共同的爱好，同时也可以形成新的用户社区，并对资源的大众化分类和公共标签的改进产生持续的影响。使用大众化分类工具做研究后，我们可以从其他人那里得到相关研究线索，即使彼此的研究领域看上去没有明显的关联。比如，你正在找航海方面的资料，可能发现其他人看到了航海和船只维修之间存

① 参见 Cyprien P. Lomas. 7 *Things You should Know About Social Bookmarking*, http://net.educause.edu/ir/library/pdf/ELI7001.pdf。

② 强臻：《社会书签对外语教学资源建设的探究》，载《现代教育技术》2008年第7期。

在着联系，这会为你提供新的、有潜在价值的线索。由于大众化分类和资源的收集是不断调整的，所以这类工具也支持用户不断地对资料进行复原和重组。这很容易让人想到给个人资源附上一个值，就产生了一个具有合作过滤功能的排名系统。① 社会书签的技术并不复杂，这种在信息上添加标签以减少信息搜索成本的方式正被融入其他的应用中，例如多媒体文件或是电子邮件。这种对正式分类进行的转换，对用户社区的生成及运行可能有重要的意义。随着在线资源的面貌发生变化以及新的资源分类系统出现和成熟，数据库自身的设计和功能也许最终要适应信息管理的新方式而做出改变。

当然，社会书签的使用也面临潜在的问题。因为社会书签的分类是由业余人员完成的，缺乏监管，而且也没有科学完善的制定标准，其有效性往往受人质疑。例如，如果一个用户以“凤梨”为标签保存了一个链接，而没有使用“菠萝”，那么也许这条链接就不会被找“菠萝”的人发现。此外，现在最大的社会书签网站美味书签还是一个免费网站，它的赢利方式也是个亟待解决的问题。就中国而言，社会书签的网站已有不少，但是其发展还处于初级阶段，很多人对社会书签还是感到陌生。据 2007 年 9 月对中国科学院博硕士研究生调查的 263 份有效问卷显示，超过六成的学生没有接触社会书签（“不会使用”的占 27.4%；“从未听说”的占 26.2%），但是学生整体对于社会书签的了解意愿则将近六成（“尝试了解”的占 58.2%）。就用户对社会书签的认知方面，八成的学生希望浏览他人的社会书签（“愿意”的占 84.1%），超过七成的学生希望他人浏览自己的社会书签（“愿意”的占 75.6%），但是对于自己肯不肯花时间制作社会书签，则持保留态度（“愿意”的占 52.3%，“不愿意”的占 47.7%）。② 可见对于社会书签的使用还需要进一步普及，但是我们可以从数据中看到社会书签的发展潜力，大部分人还是希望了解如何去使用，而更多数人还是希望可以通过这种方式来浏览他人的社会书签，获取信息。

---

① Cyprien P. Lomas. 7 *Things You Should Know About Social Bookmarking*，见 http://net.educause.edu/ir/library/pdf/ELI7001.pdf。

② 顾立平：《Web 2.0 用户行为调查研究——以中国科学院学生使用社会软件为例》，载《图书情报工作》2008 年第 1 期。

第十八章　虚拟社区

虚拟社区是一个与实体社区相对应的概念，是通过现代网络技术将拥有相同利益、目标或兴趣的人集合在一个虚拟空间里，在这个虚拟空间里，人们可以像在现实社区中一样自由交流、相互帮助、进行交易等。虚拟社区是互联网世界中不可或缺的重要组成部分，一般包括 BBS、Email、新闻组、在线聊天室、博客等功能。

第一节　虚拟社区的兴起与类别

一、虚拟社区的兴起

随着计算机科学和网络技术的兴起，虚拟社区开始走进人们的视野，给人们工作生活的各个方面带来极大的冲击与挑战。一般认为，虚拟社区（Virtual Community）的概念是由英国社会学家霍华德·瑞格尔德（Howard Rheingold）在其著作《虚拟社区：电子边界的家园》中提出来的。他认为，虚拟社区是指以虚拟身份在网络中创立的由志趣相同的人组成的均衡的公共领域，这一社区是以共享价值和利益为中心，将人群聚集在线上。① 在明确虚拟社区这一概念时，需要将它同两个类似的名词“虚拟团队”和“网络化社区”区分开来。虚拟社区是网络上许多人讨论公共议题、表达情感和形成网上人际关系后形成的一种社会性的集聚。虚拟团队虽然和虚拟社区一样，都存在于网络空间中，但虚拟团队一般是某个组织为了攻克某个难题或完成某项任务而有意识成立的，目标一旦实现，虚拟团队就会解散。而虚拟社区是人们在兴趣的驱动下自愿参与并形成的不同群体，关系相对稳定且长期存在。网络化社区则是指安装了网络信息系统的传统社区，传统社区的成员可以利用网络技术进行相互交流，开展社区活动，网络化能

---

①（英）戴维·冈特利特：《网络研究——数字化时代媒介研究的重新定向》，彭兰等译，新华出版社 2004 年版，第 23 页。

提高传统社区的互动性，但不能改变传统社区的真实性质①。

世界上第一个虚拟社区 The Well 诞生于1984年，由 Brand 和 Brillant 创建，是一个拨号虚拟社区，用户通过拨号登陆到论坛、讨论组等，首次实现了“虚拟邻里关系”的交互讨论和协商。1990年 The Well 引进 Cyberspace 的名称，成为最著名的虚拟社区之一。现代虚拟社区形成的基础是 BBS，早在1978年，克瑞森（Krison）和苏斯（Russ Lane）就开发出了计算机公告牌系统（Computer Bulletin Board System）。BBS 是通过网络来传播信息的公告牌，无论来自世界上哪个国家或地区，人们都可以通过互联网向 BBS 发送自己的公告，即帖子。虽然早期的 BBS 内容枯燥、形式简单，但毕竟突破了单向传播的局限，可以算是具有改变媒介传播方式的划时代的意义，自此，人们开始利用网络媒介进行社会化互动交流。随后出现的网络聊天室，使人们开始实时交流，一大群素昧平生的人由于趣味相投而经常在线聚会。在 BBS 基础上建立的虚拟社区，则以共同的利益、目标、兴趣为纽带，将身处不同国家、地区且互不认识的人们联结到了一起。网易建立了中国第一个虚拟社区，随后，新浪、搜狐等门户网站也相继建立了虚拟社区，天涯、西祠胡同等虚拟社区也面世，中国网民迅速喜爱上了这些虚拟空间，陆续成为各虚拟社区的成员。以天涯为例，2001年的在线人数通常是几百人。2002年这一数字超过1000人。2003年的时候，在线人数通常有6000人左右，高峰时能够突破1万。到了2004年在线人数超过1万则已经成为了常态。2005年以后，人数多的时候可高达10万人，人数少的时候也有几万人。伴随着计算机硬件和软件技术方面的提升，2007年的 Second Life 红遍全球，3D 虚拟社区开始进入公众的视野。所谓3D 虚拟社区，是指采用互联网技术、三维数字技术、游戏引擎技术、即时通讯技术等手段创造出来的，具有与现实生活相似或部分相似的，用户可以进行虚拟活动的空间②。3D 虚拟社区成员都有一个虚拟化身（类似于网络游戏人物），通过下载的客户端，在社区中交流、交易，完全模拟现实社区，用户与用户之间可以像在现实社会中一样开展互动，如邀请亲朋好友到自己的家中做客，一起工作、学习、购物，举办派对……能让用户充分发挥创造能力，同时也强化用户在虚拟社区交互的“现实感”。目前，国内的3D 虚拟社区发展迅速，其代表有由我世界（uWorld）、海皮士（HiPiHi）以及创想王国（Novoking）等。

二、虚拟社区的类别

约翰·哈格尔三世（John Hagel Ⅲ）和阿瑟·阿姆斯特朗（Arthur G. Armstrong）

① 徐小龙、王方华:《虚拟社区研究前沿探析》，载《外国经济与管理》2007年第9期。
② 《3D 虚拟世界开启互联网全新时代》，见 http://news.csdn.net/n/20081024/120240.html。

在他们的《网络利益》一书中提出，虚拟社区的真正意义在于把人们聚集在一起，通过网络建立起互动的基础，满足人们的兴趣、幻想、人际关系或交易等需求。那么，可以根据虚拟社区满足人们不同需求的角度将其分为以下四类：第一类是兴趣社区。聚集相同兴趣的用户对专门的话题进行广泛的讨论，交流和分享有关这些兴趣的信息。第二类是幻想社区。如新近出现的3D虚拟社区都能够使用户在充满幻想和娱乐的网络空间中把自身的虚拟人物塑造成自己一直幻想着的角色。例如一直想变瘦的胖女孩可以在虚拟社区中将自己塑造成苗条淑女，满足用户在幻想方面的需求。第三类是关系社区。为处在共同生活圈、拥有共同经历的用户提供一个场所，让他们可以聚在一起交流、分享彼此的经历、经验。第四类是交易社区。主要是促进商品与服务的买卖，用户可以在此交换交易信息，如“拼团购物”、“跳蚤市场”等。这四种由需求构成的虚拟社区可以是单独的，也可以作为一个综合性虚拟社区的组成部分，四者并不互相排斥。

按照用户属性，我们还可以将虚拟社区分为以下五种：一类是适合普通大众，以兴趣爱好、休闲娱乐为主。比如天涯社区、网易社区、由我世界3D社区。第二类是适合在校大学生，以大学校园学习生活为主。现在很多大学都有这样的虚拟社区，比较出名的有清华大学的“水木清华”社区。第三类是各教育网站、网校，针对教师、学生和在职人员继续教育的教育社区。如新东方教育在线。第四类是适合企业或个人做交易，起到中间商的作用。如阿里巴巴、淘宝、易趣等。第五类是居民小区社区网。这是一类以大规模真实社区为基础而形成的虚拟社区，虚拟社区的成员大多都是真实社区的成员，因此，这类虚拟社区的成员之间的认同感和信任感往往比其他虚拟社区的要高。另外，按照交易双方的角色，还可以将交易型虚拟社区分为企业对企业、企业对个人、个人对个人等类型。根据沟通的实时性，也可以把虚拟社区划分为同步和异步两类。同步虚拟社区指的是网络游戏等，而异步虚拟社区则指的是BBS、新闻组等。

第二节　虚拟社区的传播特点及功能

一、虚拟社区的传播特点

在说明虚拟社区的传播特征之前，让我们先了解一下它所具有的一般特点：一是虚拟性，这是虚拟社区的本质特征。尼葛洛庞帝在《数字化生存》中指出：“比特没有颜色、尺寸或重量，能以光速传播。它就好比人体内的DNA一样，是信息的最小单位。”按照他的思路，信息时代区别于以往任何时代的重要标志就是“比特”取代了“原子”。“原子”是物理的，“比特”则是数字化的。在虚拟社区中，人是以“比特”为元素，将物理的人替换为虚拟的人，将现实中的人与人的关系，替换为虚拟的数字化关系①。二是匿名性。这是依托着虚拟性而存在的一个特征。虚拟社区的成员一般都采用匿名的方式，隐藏起自己在现实生活中的真实姓名、身份等信息。这种去身份化使得成员在虚拟社区中可以扮演和现实生活迥异的角色，甚至是完全相反的角色。这也使得很多人在虚拟身份的掩护下，更少地顾虑外界因素的影响，从而能够更加大胆直率地发表言论，其表达方式和语言具有更强的个性化和更大的随意性。在这种环境中，人的心理状态更接近他的“本我”。三是非地域性。虚拟社区的成员来自世界各地、五湖四海，不受地域的限制。四是空间性。虚拟社区虽然没有地域的限制，但也有着相对固定的空间，和现实社区不同的是，虚拟社区的空间不是地理上的，而是借助计算机技术、远程通讯技术建立起来的电子空间。五是非时间性。虚拟社区中的文本交流方式克服了现实社区交流受时空限制的局限性。任何地点的人在任何时间都可以聚集在网络空间，围绕共同感兴趣的话题进行不间断的交流，而且交流可以通过文本形式延续下去。在虚拟社区里，一个话题可能在沉寂一段时间之后又会出现跟帖者，往往又掀起新一轮讨论。六是开放自由性。任何人，无论来自哪里，拥有什么样的文化背景和宗教信仰，都可以自由加入虚拟社区，也可以自由退出。②

在上述这些一般特点的基础上，细剖作为新媒介的虚拟社区，其传播特征包括：一是属于多种传播类型的集合体。在虚拟社区中，成员不仅可以群聊，也可以私聊，可以参与广泛的讨论，还可以在小圈子里议论，这就包含了人际传播、群体传播、组织传播、大众传播等多种传播类型。二是具有非线性传播互动模式。在虚拟社区中，每个成员不仅可以自由地参与到感兴趣的话题中进行讨论，把自己的信息发到社区里，与其他成员分享，还可以发起话题、调查、同其他成员私聊等，这种一对一或一对多的交流形成了一种散布型的网状传播模式。三是拥有“把关人”。虚拟社区中的管理员、版主等就发挥着“把关人”的作用。虽然在大多数的虚拟社区中，加入和退出都不需要得到特别的认证，但是，在每个虚拟社区中都有着一份规则，一旦在社区中的言论破坏了规矩，如发布淫秽言论、图片、视频等，轻则会被管理员、版主删除此帖，重则会被清除出该社区。四是虚拟社区是传受者同一的传播。在这里，传者和受者拥有平等的发言权，用户既是受者，又是传者，实时对话，信息反馈及时，这是传统媒介无法比拟的优点，这也成为了反映民声的有效渠道之一。五是信息传播客体的固定性和分散性并存。信息传播客体即信息传播的内容，从宏观上来看，一个虚拟社区的信息传播是分散的，充满了各种各样不同的话题、言论，但是，从微观上来看，虚拟社区划分出不同的子论

---

① 周德民、吕耀怀：《虚拟社区：传统社区概念的拓展》，载《湖湘论坛》2003 年第 1 期。
② 徐小龙、王方华：《虚拟社区研究前沿探析》，载《外国经济与管理》2007 年第 9 期。

坛和栏目，它们都有着特定的主题，如“旅游休闲”、“职场天地”、“创业家园”等等，这种区分的讨论方式决定了虚拟社区中的信息传播内容一般都固定在其所属的主题区域。六是存在意见领袖。虚拟社区中有些人比较活跃，经常热衷关心自己群体之外的事情，出入不同的版面或频道中，信源渠道广泛，因此很容易成为意见领袖。

二、虚拟社区的功能

虚拟社区在形成之后一般发挥以下几方面的功能与作用：一是为人们提供了一个分享信息、扩大交往的新型生活交往环境。依赖计算机技术和远程通讯技术建立起来的数字化虚拟社区，为现实生活中的人们提供了一个区别于以往生活感受的空间，在这里，人们可以交换分享各种各样的信息，结识天南地北的人。二是为民意的形成和表达提供了新的渠道。在虚拟社区中，由于人们的身份是匿名的，用户可以顾虑较少地表达自己的真实情感和对现实生活中某些事情的看法，当大量网民对某一事件达成了某种共识，形成了巨大声势，往往会影响到现实社会。如 2007 年 4 月的“钱军打人”事件，由于各大虚拟社区、论坛的网民的热议和声讨，网民集合力量，最终网络判决开始影响到现实的社会判决。三是具有议程设置功能。虚拟社区的议程设置来自现实生活中人们普遍关心并讨论的话题，但与传统媒体不同的是，这种议程设置更加直观。从宏观上来看，虚拟社区有根据相关议题而专门辟出来的子论坛或栏目板块，使信息传播更为集中；从微观上来看，在不同的子论坛和栏目板块之下还会分为更细致的内讨论区，这种讨论区涉及某一个具体的问题，管理者和版主也会相应地指定一些讨论内话题，于是，虚拟社区在潜移默化中完成了它的议程设置。四是拥有娱乐功能。虚拟社区富有人性化的娱乐空间给人们以艺术的享受、运动的快感、游戏的轻松、旅游的情趣……它让人们在虚拟的时空中得以放松，以调适自己的现实生活。五是提供生活服务功能。在虚拟社区中，成员可以轻松地、全方位地得到诸如健康咨询、家庭装饰、服装时尚、寻亲访友、求职招聘、财经信息、市场行情等方面的服务。特别是利用虚拟社区的人气而建立的电子商务，正改变着传统的商业经营模式。随着现实社会发展对网络社会发展支持度的提高，如配送中心、支付手段的完善等，虚拟社区带给人们的服务，无论从内容的丰富上还是在方便的程度上，都将大大地超越现实社区。虚拟社区所具有的服务功能，让人真正体验到它不是虚幻的，而是一种崭新的人类生活的方式。六是具有开放式教育功能。这一功能在教育类虚拟社区中最为明显，充分利用了网络的信息传输与反馈技术，打破了时间、空间限制，使人们可以自主地安排学习时间，自由地选择所需的课程。这种教育方式不仅最大程度地利用和共享教育资源、节约教育成本，而且扩大了公民享受终身受教育的权利。这种开放式的教育环境将现实社会传统的教育方式由单向性改变为交互式，把传统教育内容由单一性转变为多元化。①

第三节 虚拟社区的发展前景与社会影响

一、虚拟社区的发展前景

目前，虚拟社区已经成为了网络世界的重要组成部分，也成为了信息时代的一种社会结构形式。随着科学技术日新月异的发展，整体上讲，虚拟社区的发展前景颇为明朗。随着网络技术知识的普及，虚拟社区的用户对社区的设计、更新升级等方面会提出越来越高的要求，这就需要虚拟社区善于利用高技术，在未来为用户提供更加多元、更加人性化的虚拟空间。虚拟社区通过它所具有的功能，如娱乐、生活服务等功能让成员在现实生活中生活得更加美好。所以，在未来的发展过程中，虚拟社区可以通过不断发展的计算机技术等，将其与现实社区进行某种程度的接轨。方式之一就是3D虚拟社区，鉴于它对现实社区的仿真性，无疑可以成为虚拟社区的一大发展趋势。方式之二则更具有吸引力，那就是居民小区网络社区化，居民同住在一个小区，生活环境的相近能够使成员产生高度的信任感和认同感，这类虚拟社区现在发展势头迅猛。如北京最有影响力的居民小区社区网“回龙观社区网”，目前的注册用户就已经高达274578人了，足以证明这种以大规模真实社区为基础的虚拟社区拥有强大的活力。同时，虚拟社区未来在运作时，需要引导成员多谈论一些现实社会问题，通过有利于身心健康的活动，促使社区成员真诚沟通、交流。在提供生活服务时，注重网上购物、网上教育等，给用户带来真正的实惠。

另外，商务社区逐渐成为趋势，虚拟社区能够分众，并且能够建立社区成员间的相互信任，这些正是电子商务所需要的。随着电子商务门槛的降低，支付方式和手段的普及，社区已经普遍内嵌了电子商务的应用，如“支付宝”等工具已经成为许多社区的标准配置。虚拟社区两分化也是发展趋势之一，即分化为高度媒体化和高度个人空间化。一部分虚拟社区开始走向媒体化，其典型代表就是2006年“猫扑”网站宣布向门户网站转型，虚拟社区BBS充分挖掘社区信息的价值与社区高度结合，形成虚拟社区基础的门户网站。另一部分虚拟社区则寻求高度个人空间化，社区不断强化用户的交流体验，挖掘出淹没在信息背后的活生生的人并建立社会关系，建立趋于真实社会生活的网上生活社区空间。

---

① 《虚拟社区的功能与管理》，见 http://www.qnr.cn/zy/biz/bfudao/200809/77890.html。

二、虚拟社区的社会影响

虚拟社区和现实社会并不是完全隔开的，二者相互影响。虚拟社区来源于现实社区，是现实空间在虚拟空间的“投影”。例如虚拟社区的各子论坛和板块大部分都根据人们的现实需要来设置，那么现实社会中人们的生活观念和方式等就必然会影响到虚拟社区的建构。另外，虚拟社区中提供的生活服务也被视为现实生活服务的延伸和提高，如由传统的利用以纸为媒介的信件传递，发展为 Email 传递，虽然两者的介质和速度大不一样，但是 Email 的内容格式仍然和传统的信函格式相同。在受现实社会影响的同时，虚拟社区的信息公开透明、匿名性、开放自由性、重视个体等特征也深刻反作用于现实社会，影响着人们的现实生活，这些影响既有正面的也有负面的。

（一）虚拟社区的正面影响

1. 虚拟社区能够增强社会凝聚力，反映一个社会或民族的整体观念。现在很多大型虚拟社区，如天涯、西祠胡同等虚拟社区的用户高达百万，日访问量高达数十万，聚集了很高的人气。这些社区讨论的话题几乎囊括了现实社会的所有重要事件和重要现象，人们在虚拟社区讨论这些话题的过程中，往往能够形成共识，这就在一定程度上提高了社会各阶层的凝聚力。同时，通过人们关于话题的讨论，可以一定程度地反映社会或民族情绪聚合的观念水平。

2. 虚拟社区是下情上达的有效渠道。虚拟社区赋予了每个人充分且平等的话语权，又因为它具有的匿名性，使得普通民众易于发表自己对社会和政府的意见，有些甚至能够产生合力，形成民意，政府可以更直接地从中了解民情、民意，可以实现低廉高效的社会管理。

3. 虚拟社区能促进人际关系良性发展。虚拟社区中，成员使用着共同的语言，对此语言有共同的态度和反应，完全能够建立起一般性的社会纽带。虚拟社区的互动使得参与其中的成员形成独特的语言使用方式及原则，按照这些原则，成员得以分享经验与意义。同时，通过在虚拟社区中进行的讨论和争鸣能够解决一些现实存在的问题，促进良性的互动环境并建立良好的人际关系。

4. 虚拟社区加强了不同阶层、不同地域人们之间的沟通。虚拟社区为陌生人接触陌生人提供了大量机会，延伸了现实生活中人际关系的范围，使得人际关系可以跨越地域、阶层的限制，人们拥有平等的话语权，双向互动的传播方式加强了这种沟通。

5. 虚拟社区产生了大量新的语言使用方式和表意符号，即“网络语言”。例如2008 年流行的“雷人”、“囧”等。虚拟社区中大量使用这些表意符号，一方面可以弥补部分网络情境，另一方面也会影响到人们的现实生活。一个有意思的现象就是，在现实生活中，如果一个年轻人不懂得网络语言，就会被他的同学、朋友视为“老土”，网络语言成为了时尚的一部分。而商家也很会利用网络语言来迎合年轻消费者，比如运动品牌“李宁”趁现在“囧”字大行其道的时机推出了印有“囧”字样的运动鞋，据称一面市就卖到断货，为商家赢取了可观的利润。

6. 虚拟社区创造了大量的商业价值。虚拟社区正以其强劲的势头吸引着数以亿计的网民，而这些网络用户在现实生活中又是具有相当规模购买力的消费群体，虚拟社区的各个子论坛和板块将兴趣相同的成员集中在一起，这可以带来信息交流和商业交易的机会，商家可以从中得到大量消费者的信息，如消费者的人口和心理统计，他们对产品、服务和问题的看法，他们在社区中的交易行为数据等，并依此进行有效的广告投放，扩大市场份额。而且，通过虚拟社区，商家可以改善与客户之间的关系，不仅能够提高组织信息和交易的能力，而且能够满足广泛的社会需求。

（二）虚拟社区的负面影响

1. 由于是虚拟的数字空间，科学技术无法做到和现实社会一模一样，虚拟社区在本质上是不真实的。网民，尤其是年轻网民往往沉迷于虚拟社区中的虚拟世界，把虚拟生活当成现实生活。现实生活中的一切他们都要在虚拟世界寻找依据和答案，这样一来会造成他们与现实社会的脱节，虚拟社区的成员常犯的一个错误是把理想和现实混淆，强烈的反差使他们对现实充满了失望、误解、愤怒、不和谐、挫折，甚至还有几分悲哀和沮丧，这对他们的社会生存会造成不良的影响。

2. 虚拟社区成为某些人逃避现实的避风港，虚拟社区的匿名性发挥着某种隔离作用，一方面会使沉迷其中的人对现实越来越冷淡，忽略现实的人际关系；另一方面，有些人会混淆虚拟社区中的“我”和现实生活中的“我”，造成自我混乱和自我迷失。

3. 虚拟社区在对现实社会的复制过程中，会有意或无意地删除或夸大一些细节，造成了虚拟社区的信息失真和迷乱。特别是目前，由于立法、道德建设的相对滞后，虚拟社区管理基本来自于个体自身的道德良心，致使虚拟社区的信息传播存在着很多问题。有资料显示，仅仅是在2007—2008年这两年，在虚拟社区就发生了数百起有案可查的各类民事、刑事案件，涉及名誉权、著作权、隐私权等的纠纷，涉黄、涉黑以及与意识形态相关的负面信息传播也屡有发生。

总体来讲，作为一个现代科技的产物，虚拟社区的存在和发展，对于现实社会有利也有弊，关键在于具有主观能动性的人们如何去使用它、对待它。

主要参考文献

1. (美) 保罗·莱文森. 手机——挡不住的呼唤 [M]. 北京: 中国人民大学出版社, 2004
2. (美) 罗杰·菲德勒. 媒介形态变化: 认识新媒介 [M]. 明安香译. 北京: 华夏出版社, 2004
3. (英) 约翰·汤林森. 文化帝国主义 [M]. 上海: 上海人民出版社, 1999
4. (法) 古斯塔夫·勒庞. 乌合之众 [M]. 冯克利译. 北京: 中央编译出版社, 2000
5. (澳) 约翰·多克. 后现代主义与大众文化 [M]. 沈阳: 辽宁教育出版社, 2001
6. (美) 默克罗比·安吉拉. 后现代主义与大众文化 [M]. 田晓菲译. 北京: 中央编译出版社, 2001
7. (美) 斯蒂芬·贝斯特, 道格拉斯·科尔纳. 后现代转向 [M]. 陈钢等译. 南京: 南京大学出版社, 2002
8. (美) 詹姆斯·索罗维基. *Wisdom of Crowds* (群众的智慧) [M]. Non Basic Stock Line, 2005
9. (法) 波德里亚. 消费社会 [M]. 全志钢, 刘成富译. 南京: 南京大学出版社, 2001
10. (美) 约翰·费斯克. 理解大众文化 [M]. 王晓珏, 宋伟杰译. 北京: 中央编译出版社, 2001
11. (美) 尼尔·波兹曼. 童年的消逝 [M]. 吴燕莛译. 桂林: 广西师范大学出版社, 2004
12. (美) 尼尔·波兹曼. 娱乐致死 [M]. 章艳译. 桂林: 广西师范大学出版社, 2004
13. (加) 马歇尔·麦克卢汉. 理解媒介 [M]. 何道宽译. 北京: 商务印书馆, 2000
14. (美) 罗杰菲德勒. 媒介形态变化: 认识新媒介 [M]. 明安香译. 北京: 华夏出版社, 2000
15. (英) 罗杰·迪金森. 受众研究读本 [M]. 单波译. 北京: 华夏出版社, 2006
16. (美) 沃纳·赛佛林, 小詹姆斯·坦卡德. 传播理论——起源方法和应用 [M]. 郭镇之译. 北京: 华夏出版社, 2000

17. (美) 克里斯·安德森. 长尾理论 [M]. 乔江涛译. 北京: 中信出版社, 2006
18. (美) 马克·波斯特. 第二媒介时代 [M]. 范静哗译. 南京: 南京大学出版社, 2005
19. (英) 詹姆斯·库兰等. 大众媒介与社会 [M]. 杨击译. 北京: 华夏出版社, 2006
20. 吴满意. 网络媒体导论 [M]. 北京: 国防工业出版社, 2008
21. 王菲. 媒介大融合 [M]. 广州: 南方日报出版社, 2007
22. 宫承波. 新媒体概论 [M]. 北京: 中国广播电视出版社, 2007
23. 匡文波. 手机媒体概论 [M]. 北京: 中国人民大学出版社, 2006
24. 蒋宏, 徐剑. 新媒体导论 [M]. 上海: 上海交通大学出版社, 2006
25. 吕萌. 媒介形态变化与电视文化传播 [M]. 合肥: 合肥工业大学出版社, 2006
26. 衣俊卿. 现代化与文化阻滞力 [M]. 北京: 人民出版社, 2005
27. 吴炫. 中国当代文化批判 [M]. 上海: 学林出版社, 2004
28. 王岳川. 媒介哲学 [M]. 开封: 河南大学出版社, 2004
29. 纪华强. 广告媒体策划 [M]. 上海: 复旦大学出版社, 2003
30. 彭鹏, 梁春晓. 搜索革命 [M]. 北京: 企业管理出版社, 2004
31. 刘芹华. 天涯虚拟社区: 互联网上基于文本的社会互动研究 [M]. 北京: 民族出版社, 2005
32. 张海鹰. 电子媒体导论 [M]. 上海: 复旦大学出版社, 2006
33. 罗岗. 视觉文化读本 [M]. 桂林: 广西师范大学出版社, 2003
34. 尼古拉斯·米尔佐夫. 视觉文化导论 [M]. 倪伟译. 南京: 江苏人民出版社, 2006
35. 毕耕. 网络传播学新论 [M]. 武汉: 武汉大学出版社, 2007
36. 董天策, 刘琛. 博客文化解析 [J]. 新媒体, 2006 (6)
37. 周婷婷. 博客私人日志: 一个"独立叙事"的公共空间 [J]. 广西大学学报, 2007 (6)
38. 赵莉. 博客: 假想的女性主义传播新基地 [J]. 湖南人文科技学院学报, 2007 (2)
39. 贾红英. 网络搜索引擎探析 [J]. 情报资料工作, 2002 (3)
40. 徐小龙, 王方华. 虚拟社区研究前沿探析 [J]. 外国经济与管理, 2007 (9)
41. 肖叶飞. 移动电视的传播特性和发展前景 [J]. 传媒, 2005 (5)
42. 袁靖华. 论公交数字移动电视的传播特性与传播策略 [J]. 中国广播电视学刊, 2005 (9)
43. 仲灵毓, 仲富兰. 楼宇液晶电视形态初探 [J]. 新闻记者, 2005 (9)
44. 颜纯钧. 博客和个人媒体时代 [J]. 福建论坛 (人文社会科学版), 2003 (2)

45. 胡疆锋. 草根体验：在名人和博客名人之间 [J]. 中国图书评论，2006 (12)
46. 陈志强，李萍萍. 中国博客的媒介特质浅析 [J]. 新闻知识，2007 (9)
47. 余伟利，陈敏利. 从“两会”博客现象看博客的社会传播价值 [J]. 现代传播，2006 (3)
48. 蒋艳芳. “两会”博客与公共领域的建构 [J]. 青年记者，2006 (10)
49. 张雷，委成武. “政治博客”的发展现状及其未来趋势 [J]. 中山大学学报，2006 (4)
50. 刘苏芬. 传播学视野下的“名人博客”现象 [J]. 青年记者，2007 (5)
51. 赵雅文. 名人博客“火”与“衰”的原因探析 [J]. 天津师范大学学报，2007 (2)
52. 殷瑜，殷俊. 名人博客现象分析 [J]. 今传媒，2006 (8)
53. 周海英. “博客”的传播学分析 [J]. 江西社会科学，2004 (7)
54. 杨柳. 从“博客元年”之争透视中国博客发展 [J]. 新闻知识，2006 (7)
55. 胡春晖，贾甲. 美国新闻博客的主要特征 [J]. 今传媒，2005 (6)
56. 李建武，李冬山. 博客文学：后现代色彩的虚拟狂欢 [J]. 怀化学院学报，2007 (1)
57. 方兴东. 博客与大众传播——互补与融合 [J]. 新闻实践，2006 (5)
58. 田智辉，张颖. 主流媒体应对博客 (Blog) 策略探析 [J]. 现代传播，2006 (5)
59. 吴晓明. Web 2. 0 时代博客新闻的传播形态 [J]. 徐州师范大学学报，2006 (5)
60. 赵志立. 博客“热”的“冷”思考——对新闻博客的传播学解读 [J]. 南京邮电大学学报，2006 (6)
61. 刘继忠，马晓青. 博客的个人化与公共性的冲突与平衡分析 [J]. 湖南大众传媒职业技术学院学报，2007 (11)
62. 陆一. 博客言论的法律解读：自由与限制 [J]. 重庆工商大学学报，2007 (4)
63. 黄进，刘文佳. 博客的传播学研究和道德诉求 [J]. 南通大学学报，2006 (11)
64. 杨状振. 中国 IPTV 运营模式研究 [J]. 现代视听，2008 (9)
65. 孙萌. 全球 IPTV 发展概况及运营模式 [J]. 通信世界，2007 (10)
66. 郝志刚. 社会书签：一种网络信息资源共享的新模式 [J]. 新世纪图书馆，2007 (1)
67. 强臻. 社会书签对外语教学资源建设的研究 [J]. 现代教育技术，2008 (7)
68. 顾立平. Web 2.0 用户行为调查研究——以中国科学院学生使用社会软件为例 [J]. 图书情报工作，2008 (1)
69. 彭远方，陈冲. 青少年 QQ 聊天行为分析 [J]. 新闻界，2008 (1)

70. 徐玮．即时通讯传播特点浅析［J］．才智，2008（10）
71. 陈朝晖．透视“人肉搜索”的发展演变［J］．传媒观察，2008（7）
72. 朱江梅．“播客”现象与传播学观照［J］．中国传媒报告，2005（10）
73. 刘瑞生．播客：Web 2.0时代的典型传媒形态——国内播客现状研究［J］．中国传媒科技，2006（5）
74. 段莉，卢家．播客：下一个互联网富矿？［J］．传媒，2006（3）
75. 章浩．解析博客的文化意义［J］．中国青年研究，2007（6）
76. 张健康．DV传播：自由及其批判［J］．中国传媒报告，2003（3）
77. 李永刚．互联网络与民主的前景［J］．江海学刊，1999（4）
78. 周德民，吕耀怀．虚拟社区：传统社区概念的拓展［J］．湖湘论坛，2003（1）
79. 张荣，曾凡斌．论虚拟社区的“治理”［J］．江淮论坛，2007（1）
80. 王俊秀．虚拟与现实——网络虚拟社区的构成［J］．青年研究，2008（1）
81. 李永刚．互联网络与民主的前景［J］．江海学刊，1999（4）
82. 方兴东．大集市模式的博客传播理论研究和案例分析［J］．现代传播，2006（3）
83. 李福春、赵英学．IPTV的运营模式和营销策略［J］．西部广播电视，2008（2）
84. 朱荣．中国IPTV市场的五种商业模式［J］．中国新通信，2008（2）
85. 费琼琼．IPTV与数字电视，谁主沉浮？［J］．当代电视，2008（3）
86. 边凯．即时通讯的新挑战［J］．*CIO weekly*，2007（32）
87. 蒋望东．互联网上的搜索引擎综述［J］．中国科技信息，2008（13）
88. 杨速炎．网络时代的“人肉搜索”［J］．政府法制，2008（15）
89. 陈金国．走向互通的即时通讯［J］．互联网周刊，2004-07-26
90. 吕离．播放帝国：广播革命［J］．中国新闻研究中心网，2005（4）
91. 陈慧．Web 2.0及其典型应用研究［D］．华东师范大学2006届硕士研究生学位论文
92. 杨艳．虚拟社区中的知识交流和共享行为研究［D］．浙江大学硕士学位论文
93. Juan Carlos Perez. *Del. icio. us: Social bookmarking phenomenon* [J]. Del. icio. us
94. 马化腾．即时通讯未来的六大应用趋势［J］．*IT Time Weekly*，2005-6-20
95. 张亮．社会书签、内容索引和网上个性化服务［J］．2005年中国索引学会暨学术讨论会论文集
96. 吴文虎，黄桂萍．草根文化浪潮里的声像本质——播客社会文本的意义解读［J］．第九届全国传播学研讨会，2006-04
97. 郭炜华．新媒体凭什么攻斗旧媒体？［J］．新经济导刊，2006-03-06
98. 童小玲．中国博客的新闻化发展趋势初探［J］．中山大学学报，2006（26）

99. 赖浩锋. 数字移动电视：又一块诱人的“蛋糕”[J]. 浙江在线·中国新闻传播学评论
100. 仲灵毓，仲富兰，高子华. 移动电视的受众市场和赢利模式[J]. http://www.xaydtv.cn/ydds_detail.asp? id=162
101. 胡兴荣. 后现代哲学与大众传播[J]. 传媒学术网
102. 原永涛. “氩原子模型”——网络传播模式的模型化建构[J]. 中国传媒网
103. 胡翼青. 试论21世纪受众在传播中的地位[J]. 传媒学术网
104. 赵振宇. 民主、公开、参与——传统媒体迎接新的挑战[J]. 传播人网
105. 隋新. “博客”：“后分众化传播时代”的代言人. 传媒学术网
106. 3D虚拟世界开启互联网全新时代. http://news.csdn.net/n/20081024/120240.html
107. 周伟. 借“壳”说事的视频改编短片——从《一个馒头引发的血案》看一种新兴的网络影视模式. 传媒学术网
108. 虚拟社区的功能与管理. http://www.qnr.cn/zy/biz/bfudao/200809/77890.html

后　　记

近年来，伴随着网络传播技术的日新月异，新型传播媒体如雨后春笋般层出不穷，一种新媒体问世后刚刚为市场及消费者认识，马上又有另一种更新的媒体形式开始进入人们的视野，其更替速度之快，用“令人眼花缭乱”来形容并不过分。作为传媒领域里的一名资深从业者和研究者，作者对新媒体发展的关注从未松懈过，记录整理这些新的媒体形式，并将其功能、特点、影响编辑成文告知大众，是作者的研究方向所在，也是工作兴趣使然。

连续多年的关注，使得作者可以不断形成和整理关于新媒体发展及新媒体特征效用的资料和数据，为本书的写作提供了整体思路和基本框架。而多年来与各类媒体组织的接触和合作，大量来自业界一线的现实问题和个案实例，不仅丰富了作者对新媒体的理解，也为本书的写作提供了丰富的一手资料和鲜活案例。作为跟踪研究新媒体的阶段性成果，本书重点论述当前新媒体最新发展状况，这个领域里更深更远的目标有待本研究进一步深入后逐步达成，后续的研究成果将为本书的下一步修订与完善提供素材。

本书由王长潇拟定整体框架和写作大纲，并对全书进行总纂和定稿，以下人员参与了前期资料的收集以及相关章节初稿的写作：王辉，第一章、第十二章；陈璐，第二章；魏晋，第三章；张草、王长潇、张懿奕，第四章、第五章、第六章；王长潇、刘永涛，第七章；王长潇、高瑞，第八章、第九章；张晓达、王长潇，第十章、第十一章；赵艳，第十三章、第十六章；高原，第十四章、第十七章；姚佳，第十五章、第十八章。

在成书过程中，中山大学出版社副编审邹岚萍做了大量细致入微的工作，对本书进行了妥善组织和精心协调。这里，作者对邹岚萍以及中山大学出版社表达由衷的谢意。

同时，还要感谢那些新媒体研究领域里的专家学者，他们的研究成果为本书的写作提供了极有价值的参考，书中许多观点和数据直接或间接来自他们公开发表的学术成果，有的已在书中注明，有的或许存有遗漏，在此一并说明并表示由衷的感谢。由于作者掌握资料及写作时间的有限性，加上新媒体发展及研究尚处在起步阶段，本书或有不全之虞，欢迎有识之士批评指正。

作者

2009 年早春